Perspektiven des Sportsponsoring

Sportpsychologie

Herausgegeben von
Prof. Dr. Henning Haase, Frankfurt am Main

Band 2

PETER LANG
Frankfurt am Main · Berlin · Bern · New York · Paris · Wien

Jens-Uwe Babin

Perspektiven des Sportsponsoring

PETER LANG
Europäischer Verlag der Wissenschaften

Die Deutsche Bibliothek - CIP-Einheitsaufnahme

Babin, Jens-Uwe:

Perspektiven des Sportsponsoring / Jens-Uwe Babin. -
Frankfurt am Main ; Berlin ; Bern ; New York ; Paris ; Wien :
Lang, 1995
(Sportpsychologie ; Bd. 2)
Zugl.: Frankfurt (Main), Univ., Diss., 1994
ISBN 3-631-48111-X

NE: GT

D 30
ISSN 4721-4111
ISBN 3-631-48111-X

Printed in Germany 1 2 3 4 6 7

Vorwort zur Reihe "Sportpsychologie"

Der nun vorliegende zweite Band der Reihe "Sportpsychologie" stellt eine Arbeit vor, die wie die erste als Dissertation am Institut für Sportwissenschaften der Universität Frankfurt entstanden ist.

Der Sport, ehemals als die "schönste Nebensache der Welt" apostrophiert, hat sich inzwischen zu einer "Hauptsache" entwickelt. Als bedeutsame Institution im gesellschaftlichen, politischen, kulturellen und vor allem auch wirtschaftlichen Leben unserer Zeit wird er zunehmend Gegenstand wirtschaftlich begründeter Steuerung.

Trotz einer Vielzahl imponierender Arbeiten ist der Problemgegenstand "Sport" erst ansatzweise für die Disziplin der Psychologie erschlossen. Die Reihe soll beitragen, den wechselseitigen Transfer zwischen Wissenschaft und Sportpraxis zu intensivieren. Sie richtet sich an Studierende und Hochschullehrer nicht weniger als an Sportlehrer, Trainer, sportpsychologische Berater und Organisatoren des Sports.

Großer Wert wird auf die Darstellung pragmatisch-problemorientierter und damit anwendungsnaher Thematiken gelegt. Diese und die künftig zu publizierenden Arbeiten setzen auf einer mittleren Komplexitätsstufe ihrer Fragestellung an. Überschneidungen mit Problembereichen angrenzender sportwissenschaftlicher Disziplinen sind unvermeidbar - sie sind gewünscht.

Die nächsten Bände werden in lockerer zeitlicher und inhaltlicher Systematik erscheinen. Es werden zumeist Dissertationen und Forschungsarbeiten des Instituts für Sportwissenschaften an der Universität Frankfurt am Main sein.

Frankfurt am Main, im September 1994 Henning Haase

Die Erstellung dieser Arbeit wurde mir durch die freundliche Unterstützung von vielen Seiten erheblich erleichtert. Ich betrachte es daher als angenehme Pflicht, allen zu danken, die zur Veröffentlichung dieser Arbeit beigetragen haben.

Mein Dank gilt dabei ganz besonders Herrn Prof. Dr. Henning Haase, der mich bei meiner Dissertation betreute, und mir stets mit fachkundigem Rat und wertvollen Anregungen zur Seite stand. Darüberhinaus möchte ich mich bei den zahlreichen Entscheidungsträgern auf der Seite der Wirtschaft und des Sports bedanken, die mich ungeachtet ihrer in der Regel knapp bemessenen zeitlichen Ressourcen mit wertvollen Informationen unterstützten.
Für ihre fachkundige Hilfe bei der Gestaltung meines Manuskriptes an den Erfordernissen einer drucktechnischen Reproduktion danke ich außerdem Willi, Jost und Andrea.

Darüberhinaus war mir die moralische Unterstützung durch meinen Vater von größter Bedeutung. Mein ganz besonderer Dank gilt Konny.

Frankfurt, November 1994 *Jens-Uwe Babin*

Vorwort

Mit dem zweiten Band der Reihe "Sportpsychologie" wird abermals eine Forschungsarbeit vorgestellt, die im Überschneidungsbereich gleich mehrer wissenschaftlicher Disziplinen steht. Das Sportsponsoring, primär ein Instrument privatwirtschaftlicher Kommunikationspolitik, ist als Gegenstand und Problem mindestens in sechsfachen Wechselbezügen zwischen den Institutionen Unternehmen, Sport, Medien und Zuschauer zu sehen. Die wirtschaftlichen Austauschprozesse der Institutionen sind sicherlich wesentliche, weil grundlegende Momente der Gesamtveranstaltung "Sponsoring". Man würde indes das Phänomen nur unzureichend verstehen, wollte man sich allein auf eine rein ökonomische Perspektive zurückziehen. Vielfältige soziologische und psychologische Mechanismen sind nicht weniger bedeutsam für die Erklärung der intendierten Funktionen des Sponsorings als die geldwerten Transaktionen zwischen den Beteiligten. Insofern läßt sich die Aufnahme der Arbeit von Jens-Uwe Babin in die Reihe "Sportpsychologie" rechtfertigen. Der gewählte Ansatz ist im besten Sinne des Wortes interdisziplinär. Der Leser mag ihn aus den wechselnden Perspektiven seiner Interessen als Sponsor, als Sportfunktionär, als Medienmanager oder als Vertreter zwischengeschalteter Sportvermarkter lesen. Der Autor gibt nicht nur Antworten zur Struktur der aktuellen Szenerie, zu den eher pragmatischen Fragen organisatorischer und rechtlicher Implikationen, sondern auch zum Gesamtsystem, vor dem die Einzelmaßnahme erst ihren Sinn findet.
Die Fülle des vorgelegten Materials ist imponierend. Imponierend ist nicht weniger die innere Differenzierung, die das Phänomen in den vergleichsweise wenigen Jahren seiner Institutionalisierung erfahren hat. Jens-Uwe Babin verfolgt diese Entwicklungslinien bis ins Detail der Einzelaktionen, ohne sich darin zu verlieren. Die konzeptionelle Klammer eines wirtschaftlichen Interaktions- bzw. Transaktionsansatzes hält die weite Palette von Daten und Fakten theoretisch zusammen.
Aus der Sicht des Sports sind vorallem die Abschnitte von Bedeutung, in denen der Autor das Aufeinandertreffen marktwirtschaftlicher Zielsetzungen von Unternehmen und gemeinnütziger als Idealverein konstruierter Sportorganisationen diskutiert. Es ist schwierig, Ursachen und Folgen in solchen Konterten zu separieren. Das Ergebnis ist jedoch eine schleichende, teils galoppierende Kommerzialisierung und Professionalisierung des Sportbetriebs auf fast allen Ebenen seiner Erscheinungsweisen. Das hat nun eine Reihe von Konsequenzen für das historisch gewachsene "Kulturgut" Sport. Sie strahlen ab auf seine ursprüngliche Konstituierung, verändern sie, indem wesentliche normative Elemente tragender Säulen wie Amateurismus, Freiwilligkeit, Gemeinnützigkeit tendenziell in einen Marktmechanismus hineingezogen und darin ausgehöhlt werden. Im Hochleistungssport ist der Wandel weitgehend vollzogen. Die Sanktionsmacht verliert ihre ehemals hochgehaltene Autonomie in den Zwängen von Marktgesetzen. Dem wäre vielleicht nicht nachzutrauern, wenn der Hochleistungssport sich entschlösse, im freien Spiel des Marktes als Unterhaltungsgewerbe zu bestehen.

Die Umwandlung von Vereinen in Kapitalgesellschaften deutet diesen Weg an. Bedauern muß man solche Entwicklungen prinzipiell nicht. Sie bieten Chancen, aber auch erhebliche Risiken, deren Symptomatik jedwedem inzwischen aufgegangen sein dürften. Der Autor gibt Beispiele vom ruinösen Wettbewerb, in dem Niederlagen sportlicher Art nicht mehr wie ehemals Verschiebungen in Tabellen- und Ligenplätzen bedeuten, sondern Outplacement im Markt der Anbieter. Dieser Markt versagt insofern nicht, wenn sich ein Verein oder ein Sportler als Marktteilnehmer versteht. Aber genau das ist es: sollte er sich so verstehen?

Man mag darüber rechten. Weniger gelassen wird man der Diffusion vom Kommerzgedanken des Hochleistungssport in die Gesamtinstitution des Sports zuschauen.

Dem Sponsoring wird man gewiß nicht eine Verursacherrolle zuschreiben wollen.

Es ist eine Ursache, insoweit die Begehrlichkeit des Sports nach Finanzierung seiner Happenings und die wirtschaftlichen Absichten der Medien und Unternehmen das Instrument fördern und begünstigen, es ist zugleich Symptom einer tiefgreifenden Veränderung der letztlich entscheidenden Interessen der Bevölkerung am Sport und am Zuschauersport.

Die mögen sich wandeln mit externen Bestimmungsgründen, auf die alle Beteiligten am Sponsoring kaum Einfluß haben, aber auch mit internen Mechanismen wildwüchsiger Überforderung des Sports als kommunikativer Träger privatwirtschaftlicher Botschaften.

Jens-Uwe Babin gibt Antworten auf die zur Zeit nur latent geahnten Probleme des Sportsponsorings. Seine Forschungsarbeit ist wertvoller noch, indem sie erstmals in einem wohlbegründeten theoretischen Konzept die Einzelphänomene einordnet, ihre wechselseitigen Abhängigkeiten darstellt und den zentralen Beweggründen einer Umstrukturierung der "Sportlandschaft" nachgeht.

Sie regt im besten Sinne des Wortes sportpolitische Fragestellungen an, die derzeit noch unter ephemeren Tagesaktualitäten der sogenannten Macher des Sponsoringgeschäftes nicht recht gesehen werden.

Indes erweisen sich mehr und mehr beiläufige Friktionen in der Zusammenarbeit zwischen Wirtschaft und Sport als Anzeichen einer potentiellen Krise. Der Autor, wenn man ihn nicht schon loben sollte, das schillernde Panorama euphorischer Sponsoringblüten zumindest dargestellt zu haben, leistet nicht zuletzt analytische Arbeit in der Bestimmung von Kriterien, nach denen man jene Zusammenarbeit rational gestalten könnte.

Henning Haase

Frankfurt am Main
September 1994

Inhaltsverzeichnis

Abbildungsverzeichnis

Tabellenverzeichnis

Abkürzungsverzeichnis

a.a.O.	am angegebenen Ort
Abb.	Abbildung
ABC	American Broadcasting Corporation
Abs.	Absatz
ADT	Arbeitsgemeinschaft Deutscher Turnierveranstalter
AG	Aktiengesellschaft
AKSU	Arbeitskreis für Sport und Umwelt
AO	Abgabenordnung
ARD	Allgemeine Rundfunkanstalten Deutschland
Art.	Artikel
ATP	Association of Tennis Professionals
Bd.	Band
BGB	Bürgerliches Gesetzbuch
BKK	Bundesverband der Betriebskrankenkassen
bzgl.	bezüglich
bzw.	beziehungsweise
CBS	Columbia Broadcasting Corporation
CI	Corporate Identity
DAK	Deutsche Angestellten Krankenkasse
DDR	Deutsche Demokratische Republik
DEB	Deutscher Eishockeybund
DFB	Deutscher Fußballbund
DHB	Deutscher Handballbund
Diss.	Dissertation
DM	Deutsche Mark
DOG	Deutsche Olympische Gesellschaft
DSB	Deutscher Sportbund
DSF	Deutsches Sportfernsehen
DTB	Deutscher Tennisbund
DTM	Deutsche Tourenwagen Meisterschaft
e.V.	eingetragener Verein
EBU	European Broadcasting Union
EG	Europäische Gemeinschaft(en)
EM	Europameisterschaft(en)
ESPN	Entertainment and Sports Programming Network
etc.	et cetera
FAZ	Frankfurter Allgemeine Zeitung
FIFA	Fédération Internationale de Football Association
GmbH	Gesellschaft mit beschränkter Haftung
GUS	Gemeinschaft unabhängiger Staaten
Hrsg.	Herausgeber
IAAF	International Amateur Athletic Federation
idR.	in der Regel
IMG	International Management Group
incl.	inclusive
IOC	International Olympic Committee
ISL	International Sports and Leisure Marketing AG
ISPR	Internationale Sportrechte-Vermarktungsgesellschaft

Kap.	Kapitel
KG	Kommanditgesellschaft
KStG	Körperschaftssteuergesetz
LBS	Landesbausparkasse
LSBH	Landessportbund Hessen
LSB	Landessportbund
max.	maximal
Min.	Minuten
Mio.	Millionen
Mrd.	Milliarden
MTV	Music Television
MwSt.	Mehrwertsteuer
NBA	National Basketball Association
NBC	National Broadcasting Corporation
NFL	National Football League
NHL	National Hockey League
Nr.	Nummer(n)
o.V.	ohne Verfasser
PJA	Pro Showjumping Alliance
PR	Public Relations
PS	Pferdestärke
RTL	Radio Tele Luxembourg
S.	Seite(n)
s.	siehe
sog.	sogenannte
T.E.A.M.	Team Event Agency Marketing
Tab.	Tabelle
TDM	Tausend Deutsche Mark
TV	Television
u.a.	unter anderem, unter anderen
UEFA	Union Européenne de Football Association
Ufa	Universum-Film-AG
USA	Vereinigte Staaten von Amerika
u.U.	unter Umständen
UWG	Gesetz gegen den unlauteren Wettbewerb
v.	vom
VDE	Vereinigung deutscher Eishockeyspieler
VDV	Vereinigung deutscher Vertragsfußballer
Vgl./vgl.	Vergleiche/vergleiche
VIP	very important person(s)
WFLA	World League of American Football
WISU	Das Wirtschaftsstudium
WM	Weltmeisterschaft(en)
z.B.	zum Beispiel
z.T.	zum Teil
z.Vfg.	zur Verfügung
z.Zt.	zur Zeit
ZAW	Zentralausschuß der Werbewirtschaft
ZDF	Zweites Deutsches Fernsehen
ZGB	Zivilgesetzbuch

1. Einleitung

1.1 Problemstellung

Mit dem Ende des öffentlich-rechtlichen Rundfunk- und Fernsehmonopols Mitte der achtziger Jahre kam in Deutschland Bewegung in den Markt für Sportübertragungsrechte. Insbesondere die privaten Fernsehanstalten nutzen seit dieser Zeit den Sport als Programmware zur Erhöhung ihrer Marktanteile und Einschaltquoten. Sie schufen damit die Voraussetzung für die rasante Entwicklung des Sportsponsoring nicht nur in Deutschland. Die Wirtschaftsunternehmen, auf der ständigen Suche nach neuen Kommunikationsmöglichkeiten für eine effektivere Zielgruppenansprache, entdeckten im Sport plötzlich das Kommunikationsmedium, das ihnen aufgrund des großen Medien- und Zuschauerinteresses erstaunliche Kontaktchancen bei vergleichsweise niedrigen Preisen in einem mit positiven Imagewerten besetzten Umfeld versprach. Folglich haben sich die Sportsponsoringaufwendungen in Deutschland seit Mitte der achtziger Jahre nahezu verzehnfacht. Parallel dazu verlief die Preisentwicklung bei den Übertragungsrechten für die bedeutendsten Sportarten und Sportveranstaltungen.

Zwischen dem Sport und der Wirtschaft bzw. den Medien entwickelten sich dabei Geschäftsbeziehungen mit Voraussetzungen, wie sie unterschiedlicher hätten nicht sein können. Auf der einen Seite sind die Vertreter des Sports, den Rechtsstatus von Nonprofit-Unternehmen innehabend, mit ihren ethischen Werten, dem Amateurgedanken und der ehrenamtlichen Arbeitsstruktur. Auf der anderen Seite sind die Wirtschaftsunternehmen, sich ausschließlich am Postulat der Gewinnmaximierung orientierend.
Die Fundamente der Sportbewegung als Folge der sich verstärkenden Kommerzialisierungs-, Professionalisierungs- und Mediatisierungsprozesse drohen einzustürzen. Den wirtschaftlichen Geschäftsumfängen nicht mehr angepaßte Organisations-, Entscheidungs- und Managementstrukturen, die finanzielle Abhängigkeit von Staat, Medien und/oder Sponsoren oder auch die Entwicklung eines neuen Sportverständnisses in der Gesellschaft, sind nur einige der Probleme, die es für den Sport zu bewältigen gilt.
Bei vielen Sponsoren ist die Anfangseuphorie über das neue Kommunikationsmedium einer gewissen Ernüchterung gewichen. Die Reklameflut im Umfeld des Sports, steigende Preise, die vielfältige sportimmanente Problematik, die Unsicherheit über die Wirkung des Sportsponsoring in Verbindung mit eigenen Unzulänglichkeiten im Umgang mit dem Sport bzw. Sportsponsoring und die momentane wirtschaftliche Situation haben viele Unternehmen zum Nachdenken über Inhalt und Umfang ihres Sportsponsoringengagements veranlaßt. Die Sponsoringgelder werden sparsamer eingesetzt, die sportiven Partner sorgfältiger und gezielter ausgewählt.

Das Überangebot an sportlicher Programmware hat beim Fernsehzuschauer zu ersten Sättigungserscheinungen und einer selektiveren Auswahl der Sportübertragungen geführt. Vor dem Hintergrund sinkender Einschaltquoten beginnen einige Fernsehanstalten ihre bisherige Politik bei Sportübertragungen zu überdenken.[1]

So gesehen scheint es um die Zukunft des Sportsponsoring und damit auch des Sports in Deutschland nicht besonders gut zu stehen. Die derzeitig rückläufigen Wachstumsraten werden von zahlreichen Experten als erste untrügliche Anzeichen für einen baldigen "Overkill" des Sportsponsoring gesehen, verbunden mit dem abrupten Ende des Sportsponsoringbooms und weitreichenden Konsequenzen für den Spitzensport in Deutschland.[2]
Die Frage nach den Perspektiven des Sportsponsoring stellt sich damit fast schon von alleine.

1.2 Vorgehensweise

Der Sport hat sich als unmittelbare Folge seiner Ökonomisierung zu einem Wirtschaftsfaktor mit Milliardenumsätzen entwickelt. Mit der zunehmenden Professionalisierung des Sports wächst die Notwendigkeit, die vielfältigen ökonomischen und außerökonomischen Interaktionen im Sportsponsoringmarkt wissenschaftlich und theoretisch darzustellen und zu analysieren und daraus Schlußfolgerungen für die Praxis zu entwickeln.
Gegenstand dieser Arbeit ist die Entwicklung eines Modells für den Sportsponsoringmarkt, um die komplexe Funktionsweise des Sportsponsoring samt seiner Problematik darstellen und mögliche Entwicklungsperspektiven aufzeigen zu können.[3]
Die kommerziell verwertbaren Leistungen des sportlichen Outputs sind Gegenstand der Austauschprozesse zwischen den beteiligten Parteien am Sportsponsoringmarkt. Zur Darstellung des Marktmechanismus des Sportsponsoring wird unter Berücksichtigung der charakteristischen Eigenschaften des Sports, der bedingten Eignung des Sportsponsoring für kommunikative Zielsetzungen, den Zielen der beteiligten Parteien und ihrem interdependentem Bezie-

[1] Die Refinanzierung der Sportübertragungsrechte gestaltet sich auch für die privaten Fernsehanstalten immer schwieriger, insbesondere dann, wenn nationale Stars oder Mannschaften frühzeitig aus dem Wettbewerb/der Veranstaltung ausscheiden. Bei RTL, das die Fernsehrechte für die Champions-League in den Jahren 1991/92 und 1992/93 für jeweils rund 30 Millionen erworben hatte, liefen nach dem zweimaligen Scheitern eines deutschen Fußballmeisters im Achtelfinale (1991 der 1. FC Kaiserslautern und 1992 der VfB Stuttgart) bereits Überlegungen, angesichts der zwischenzeitlichen Verluste künftig auf Fußballübertragungen zu verzichten (o.V. 1993_6). Die Furcht vor Marktanteils- und Imageverlusten gerade gegenüber dem Konkurrenzsender SAT. 1 hat RTL vorläufig davon abgehalten.

[2] Haase sieht in dieser Entwicklung eine momentane Stagnation des Sportsponsoringmarktes, eine auf vielen Wachstumsmärkten zu beobachtende Reaktion auf eine vorangegangene stürmische Entwicklung (Haase 1993).

[3] Verbesserungsmöglichkeiten im Sinne einer strategischen Optimierung des Sportsponsoringsystems zum mittel- bis langfristigen Vorteil aller Beteiligten: der Vertreter des Sports, der Wirtschaft und der Medien.

hungsgeflecht ein Ansatz zur Darstellung und Erklärung der Funktionsweise des Sportsponsoringmarktes entwickelt. Kernpunkte sind die vielfältigen, interdependenten, monetären und nicht monetären Beziehungen zwischen Wirtschaft, Sport, Medien und Zuschauer sowie ihre Auswirkungen auf die Ziele der Beteiligten und/oder für das gesamte Sportsponsoringsystem.

Die Arbeit ist damit zugleich eine wirtschaftswissenschaftliche wie auch eine sportwissenschaftliche Arbeit, weil sie sich anhand eines wirtschaftswissenschaftlichen Instrumentariums mit sportspezifischen Problemen auseinandersetzt. Sie soll damit einen Beitrag zur Entwicklung einer Sportökonomie als interdisziplinäre Wissenschaft leisten.[4]
Anhand dieses Sportsponsoringansatzes werden dann im weiteren Verlauf der Arbeit die folgenden Punkte untersucht und analysiert:

- die Bestimmungsfaktoren (der Marktmechanismus) des Sportsponsoringmarktes,
- die Probleme innerhalb des Beziehungsgefüges des Sportsponsoringsystems,
- das Potential des Sports,
- die externen Größen, die die Entwicklung des Sportsponsoringmarktes beeinflussen,
- die Erfassung der künftigen Entwicklungstendenzen im Sport.

Die Analyse dieser wichtigen Punkte ermöglicht Rückschlüsse auf notwendige Veränderungen innerhalb des Beziehungssystems der am Sportsponsoring Beteiligten und auf die weitere Entwicklung des Sportsponsoring.

[4]Interdisziplinäre Wissenschaft insofern, als daß die Übertragung wirtschaftswissenschaftlicher Betrachtungsweisen auf den Sport unter Berücksichtigung seiner ideologischen und organisatorischen Besonderheiten erfolgt.

2. Grundlagen des Sportsponsoringsystems

2.1 Die Rolle und Bedeutung des Sports

2.1.1 Der Begriff "Sport"

Das Wort Sport hat sich aus dem mittellateinischen "disportare" (= sich zerstreuen, vergnügen), über das altfranzösische "desport" (= Erholung, Zerstreuung) zum englischen Wort "sport" entwickelt. Anfang des 19. Jahrhunderts taucht der Begriff "Sport" auch im deutschen Sprachraum auf (Sport-Brockhaus 1984).
Der Brockhaus definiert Sport als eine Sammelbezeichnung für die an spielerischer Selbstentfaltung und am Leistungsstreben orientierten Formen menschlicher Betätigung, die der körperlichen und geistigen Beweglichkeit dienen und sie weiterentwickeln (Sport-Brockhaus 1984).[1] Im weitesten Sinne ist Sport also ein universelles Kultur- und Gesellschaftsphänomen, das an die Wiege der Menschheit zurückzudatieren ist, das in verschiedenen Kulturen sehr unterschiedlich verstanden wurde oder in anderer als der heutigen Form existierte (Norden, Schulz 1988).[2]
Der Sport mit seinen noch heute gültigen Merkmalen des Leistungs-, Konkurrenz- und Wettkampfprinzips entwickelte sich in England ab der Mitte des 18. Jahrhunderts und hat seine geistigen Wurzeln im Rationalismus und Liberalismus des Aufklärungsdenkens, was in der zeitlichen und geographischen Entwicklung und in der Identität der Strukturen mit der Industrialisierung zum Ausdruck kommt.[3]

Wesensmerkmale des Sports sind die körperliche Bewegung, die Leistung, die Regeln und die unmittelbare Folgelosigkeit der sportliche Handlungen.[4] Die wesentlichen Attribute des Sports sind die Motivation zum sportlichen Handeln, politische und pädagogische Funktionen

---

[1] Sport bedeutet noch heute im Englischen neben seiner Bedeutung als Sammelbegriff für die Leibesübungen Vergnügen, Spaß, Erholung und auch faires Verhalten (Sport-Brockhaus 1984).

[2] Die Wurzeln des Sports liegen im Bewegungsdrang und Spieltrieb des Menschen sowie seinem angeborenen Aggressionstrieb (Bohus 1986).

[3] Sport und Arbeitswelt zeigen identische Strukturen. Leistung und Leistungsvergleich prägen die moderne Industriegesellschaft und den Sport. Das Konkurrenzverhalten wurde zum tragenden Prinzip der liberalen Marktwirtschaft und zu einem der Grundprinzipien im Sport (Bohus 1986).

[4] Benner und Volkamer sehen in der Folgelosigkeit der sportlichen Handlungen ein weiteres Wesensmerkmal des Sports, da insbesondere die sog. Sportspiele ihrer Meinung nach im Grunde genommen konsequenzlos, unproduktiv, künstlich oder reiner Selbstzweck sind. Als Beispiele führen sie das Basketballspiel an, bei dem der Spieler einen Ball durch den nach unten offenen Korb wirft, so daß der Vorgang beliebig oft wiederholbar ist, oder ein Rundstreckenläufer, der genau wieder zum Start zurückläuft (Benner 1992, Volkamer 1984).

sowie seine Eigenschaft als Mittel zur Erreichung bestimmter Zielsetzungen durch die verschiedensten ihn tragenden oder tangierenden Personen oder Institutionen.[5]
In den letzten Jahren ist eine deutliche Verlagerung zu mehr individualtypischen Funktionen wie festzustellen, wie etwa der Selbstverwirklichung oder auch der Kompensation gesellschaftlich bedingter Defizite.

Mit dem Begriff Sport werden in unserer Gesellschaft vielfältige Ausprägungen verbunden, z.B. Hochleistungssport, Spitzensport, Breitensport, Freizeitsport oder Gesundheitssport.

2.1.2 Die Rolle des Sports in der heutigen Gesellschaft

Steigende Technisierung und Automatisierung haben in unserer Gesellschaft einseitige körperliche Belastungen und Bewegungsmangel gefördert.[6] Die Intensivierung der Arbeit und der Konkurrenzkampf am Arbeitsplatz haben bei vielen Menschen zu psychischen Belastungen und vielfältigen Zivilisationskrankheiten geführt, die Urbanisierung und Arbeitslosigkeit vielerorts die traditionellen Sozialformen aufgelöst. Die Steigerung der Produktivität sowie eine demokratische Entwicklung haben zu mehr Freizeit, größerer Mobilität und neuen kulturellen Interessen geführt (Schulke 1990).[7] Hinzu kommt ein höheres Bildungsniveau, gestiegene Gesundheitsansprüche und ein verstärktes Interesse an sozialer Kommunikation.

Als Folge dieser Entwicklung verlieren seit Mitte der achtziger Jahre materialistische Werthaltungen wie Leistung, Karriere, hohes Einkommen und Disziplin in unserer Gesellschaft zunehmend an Bedeutung, während postmaterialistische Werthaltungen, wie Wohlbefinden, Lebensqualität, Kreativität, Selbständigkeit etc. verstärkt an Einfluß gewinnen (Opaschowski 1989).[8]

---

[5] Als immer wieder problematisch erweist sich die Beziehung zwischen Sport und Politik. Insbesondere in totalitären Gesellschaftssystemen, angefangen im Dritten Reich, über die DDR bis hin zum China der neunziger Jahre wurde und wird der Sport zur Stabilisation dieser Herrschaftsstrukturen mißbraucht.

[6] Körperliche Aktivität und Bewegung werden in den Bereichen "Produktion" und "Haushaltsarbeit" künftig eine noch geringere Rolle spielen.

[7] Eine Steigerung der Produktivität kann auch durch Arbeitszeitverkürzungen in Verbindung mit flexiblen Arbeitszeiten erreicht werden. Beispiele sind die 28 Stunden-Woche bei Volkswagen oder auch die 6 Tage-Woche im BMW-Werk in Regensburg.

[8] In den östlichen Bundesländern haben materialistische Bedürfnisse aufgrund der jahrzehntelangen, politisch erzwungenen Enthaltsamkeit im Konsumbereich und der mit der Wiedervereinigung verbunden wirtschaftlichen Probleme einen deutlich höheren Stellenwert (Opaschowski 1991).

Die Lebensideale haben sich in der deutschen Gesellschaft gewandelt. Die Freizeit spielt im subjektiven Bewußtsein der Deutschen nach Gesundheit, Familie und Freundeskreis mittlerweile eine wichtigere Rolle als die Arbeit (Anders 1987).[9]

Der Sport schafft Abhilfe für das menschliche Verlangen nach Bewegung, individueller Erfüllung und sozialer Anerkennung, die in hochspezialisierten und vielfach unübersichtlichen Arbeitsprozessen, wo die Bewertung nach isolierten Leistungsmerkmalen erfolgt und daher an der Person vorbeigeht, nicht gestillt werden können. Im Sport suchen und finden viele genau das, was ihnen gerade im Beruf verlorengegangen ist: Sinnbezug, Eigenaktivität, Selbstdarstellung und Erfolgserlebnis. Der Sport gewährt den Menschen die Möglichkeit des Gesehens- und Geschätztwerdens, er bietet den Menschen ein Feld zur Verwirklichung der eigenen Person (Schulke 1990).

Der Sport reflektiert also die jeweilige Gesellschaft (Weiß 1990). Kenntnisse über die Organisation, Formen und Ausübung des Sports oder auch die Behandlung von Siegern und Verlierern lassen Rückschlüsse auf die Gesellschaft zu.[10] Mit der Veränderung der Gesellschaft wandeln sich also auch die Werte des Sports, mit weitreichenden Konsequenzen für das gesamte Sportsystem.[11] Auf Ursachen und Auswirkungen solcher sportimmanenter Veränderungen wird in den nachfolgenden Kapiteln noch ausführlich eingegangen.
Die spezifischen Entwicklungen der verschiedenen Gesellschaften haben dazu beigetragen, daß sich schwerpunktmäßig unterschiedliche Sportarten zu Nationalsportarten entwickelt haben bzw. den Durchbruch außerhalb ihres Ursprungslandes bisher (noch) nicht schaffen konnten (Markovits 1993).[12]

---

[9]Freizeit ist mithin nicht mehr nur Erholungszeit (Pendant zur Arbeit) sondern vielmehr Zeit, in der man für etwas frei ist (Opaschowski 1990). Freizeit ist freie, aber nicht untätige Zeit. Haupttrends in der Entwicklung der Freizeitstile sind:

- Selbermachen /Selbst-Aktiv-Sein/Aktivität,
- Spontaneität/Kreativität/Selbstentfaltung,
- Sozialkontakte/Zusammensein/Gemeinsamkeit,
- Sich-Entspannen/Wohlfühlen/Wohlbefinden,
- Spaß/Freude/Lebensgenuß (Opaschowski 1989 oder auch Stehr, Fromme, Nahrstedt 1991).

[10]Der amerikanische Sport ist genauso wie die amerikanische Gesellschaft: autoritär, bürokratisch und produktorientiert. Siegen ist alles, nur der Sieg zählt, nur die Härtesten überleben. Die amerikanische Gesellschaft will Sieger, ob in der Schule, im Geschäft, in der Politik oder im Sport (Weiß 1990).

[11]Neue Wertvorstellungen werden entwickelt, alte Werte können hinfällig werden (das olympische Motto "Dabei sein, ist alles"). Werte können umgedeutet werden (Fairneßgedanke) oder aber einfach an Bedeutung verlieren (materielle Werte nach Erreichen eines bestimmten Wohlstands) (Weiß 1990).

[12]Markovits sieht das bisherige Scheitern des Fußballs in den Vereinigten Staaten im Fehlen einer großen Arbeiterpartei, die vor allem in Europa die gesellschaftlichen Grundlagen für die Entwicklung des Fußballsports zum Massenphänomen gelegt hat (Markovits 1993).

2.1.3 Das neue Sportverständnis

Bereits zu Beginn des 20. Jahrhunderts war in Deutschland der Drang nach Gesundheit und Natürlichkeit Grundlage eines Lebensgefühls. Naturgebundene Sportarten traten in den Vordergrund (Bettermann 1993). Der Sport entwickelte sich zu einem Medium der Naturbegegnung, der Geselligkeit und der Erholung.[13]

Die heutigen Formen der sportlichen Ertüchtigung sind noch wesentlich vielseitiger geworden, da Sport und Sportlichkeit in unserer konsumorientierten Gesellschaft erheblich an Stellenwert gewonnen haben.[14] Kennzeichen dieses neuen, "postmodernen" Sportverständnisses ist eine ambivalente Struktur (Schreiber-Rietig 1993).[15] Auf der einen Seite stehen die Formen der Instrumentalisierung, Spezialisierung und Disziplinierung des Körpers zum Zweck höherer Leistung, auf der anderen Seite sind das die Formen der Körperdarstellung, das Körpererleben und die Körpererfahrung, die nach Grupe bis hin zum Körpergenuß und narzistischer Selbstbespiegelung im schönen Outfit reichen:[16]

- Sport wird von vielen nur noch nach Lust und Laune getrieben, man will nicht unbedingt Askese üben oder gegen harte Konkurrenz bestehen.
- Die Formung des eigenen Körpers ist zum Lebensziel für viele geworden.[17]
- Die Sinnmuster und Erwartungen der Sporttreibenden sind bunter und vielfältiger, aber gleichzeitig auch unverbindlicher, flüchtiger, beliebiger und oberflächlicher geworden, also auch weniger wirksam in bezug auf Bildung und Erziehung.[18]

---

[13]Diese sog. "Lebensreform-Bewegung" versprach dem Einzelnen u.a. durch Reformkost, Freikörperkultur und gymnastische Übungen emotionale und individuelle Befreiung durch die Konzentration auf das eigene Körpergefühl (Bettermann 1993).

[14]Der durchtrainierte Körper wird damit zum Symbol für Durchsetzungsvermögen, Willenskraft sowie sozialen und gesellschaftlichen Erfolg hochsterilisiert. Jung- und Fitsein gelten als unentbehrlich für die Karriere.

[15]Zusammenfassung eines Vortrages von Ommo Grupe (Thema: "Die neue Sportlichkeit und die alte Vereinskultur) im Rahmen der Gesprächsreihe "Brennpunkt" des LSB Hessens im Mai 1993.

[16]Die werbetreibende Wirtschaft verstärkt diesen Trend durch den Einsatz ästhetischer, muskulöser Körper in der Werbung (z.B. Davidoff). Von diesem Trend profitieren nicht nur Sportstudios, sondern auch die Sportartikelindustrie und sportnahe Wirtschaftsunternehmen.

[17]Die neunziger Jahre werden bereits jetzt als Jahrzehnt der Sinnessuche bezeichnet. Gerade deshalb können Sekten mit ihrem Angebot an Identifikationsmöglichkeit und Zusammengehörigkeitsgefühl einen so hohen Zulauf verzeichnen (Bettermann 1993).

[18]Diese neue Sportkultur wird von Liebau auch als Vergnügungssportkultur, als Kultur des Erlebens- und Erlebniskaufens bezeichnet (Schreiber-Rietig 1993).

- Zeichen dieser "Sportlichkeit" sind, häufig in Verbindung mit der Darstellung des eigenen Körpers, das sportliche Outfit,[19] die Ausübung von sog. Fun-Sportarten (Surfen, Biken, Snowboarden) und die Suche nach immer neuen sportlichen Herausforderungen, bis an die Grenze der eigenen körperlichen Belastbarkeit gehend.[20]

Das Bild vom Sport und von denen, die ihn betreiben, hat sich in den letzten Jahren nicht zuletzt auch durch die werbetreibende Wirtschaft entscheidend gewandelt. Neue sportliche Bedürfnisse werden von der Sportartikelindustrie in Zusammenarbeit mit den Medien geweckt, umstrukturiert oder mit zusätzlichen Attributen versehen.[21]

Der Sport läuft damit Gefahr sein ursprüngliches Profil zu verlieren, wenn anstelle von Leistung, Wettkampf, Kameradschaft, Vereinsbindung und Klubgemeinschaft immer häufiger Körpererfahrung, Körperdarstellung, Körperästhetik, Wohlbefinden, Unterhaltung und Vergnügen treten.[22]

2.1.4 Der Sport aus ökonomischer Sicht

In den letzten Jahren hat sich der Sport im Zuge seiner Kommerzialisierung und Professionalisierung zu einem bedeutenden Wirtschaftsfaktor in der deutschen Volkswirtschaft entwickelt. Die dynamische Entwicklung des Breitensports bis hin zum sportiven Lebensstil hat einen milliardenschweren Markt für Laufschuhe, Fahrräder, Trainingsanzüge, Sporternährung, Literatur und Kosmetika entstehen lassen. Die massenhafte Verbreitung der sportlichen Aktivität, verbunden mit der Verbreitung eines sportlichen Lebensstils bilanziert sich in Milliardenumsätzen bei Sportartikelunternehmen, Nahrungsmittelherstellern etc. (Heiduk 1987).
Weltweit wurden 1992 in der Sport- und Freizeitbranche 5.663 Milliarden Mark umgesetzt (o.V. 1993_{10}).[23] In Deutschland betrug der Anteil des Sports am Bruttoinlandsprodukt Unter-

[19] In unserer heutigen Gesellschaft kann man sportlich sein, ohne Sportler zu sein oder gar Sport zu treiben.

[20] Insbesondere die Männer, in der Arbeit immer seltener körperlich gefordert, suchen die Grenzerfahrungen mit und am eigenen Körper. Favorisiert werden Abenteuersportarten wie Klettern, Biken, Tauchen, Paragliding oder auch Ausdauersportarten wie Marathon, Triathlon etc. (Opaschowski 1989).

[21] z.B. die 1992 von der Firma adidas erfolgreich aufgezogene "Streetball-Turnierserie", einer aus Amerika übernommenen Straßenversion des Basketballs.

[22] Digel befürchtet, daß durch die Aufgabe des Wettkampfgedankens, die gesellschaftlichen Differenzen (geprägt durch Outfit und Equipment, die lässig coole Art) auch stärker in den Sport hineingetragen werden bzw. dort sogar noch stärker auftreten (Digel 1991).

[23] Einer Untersuchung des Sportwissenschaftlichen Instituts in Köln zufolge gaben die Deutschen 1992 für die sportliche Betätigung 13,7 Milliarden Mark aus. Das waren pro sportlich aktiver Person durchschnittlich 634 Mark in den alten und 485 Mark in den neuen Bundesländern (Goslich 1993).

suchungen der Universität Paderborn zufolge mehr als 30 Milliarden Mark oder 1,4 Prozent (s. Abb. 1).[24] Im Sport sind direkt oder indirekt rund 700.000 Menschen beschäftigt, das sind 2,4 Prozent aller Berufstätigen (o.V. 1994$_3$).[25]

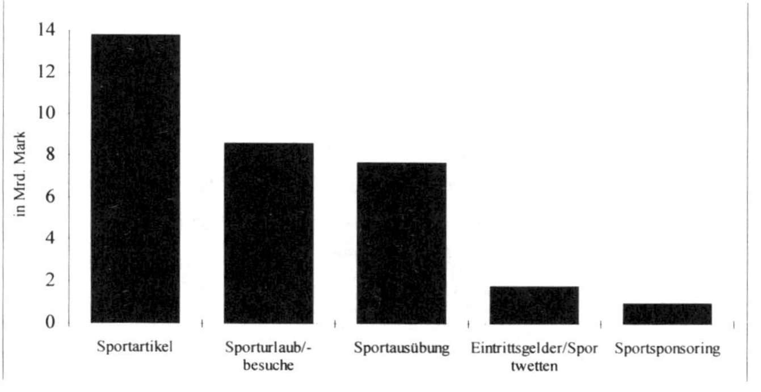

(Quelle: FAZ)

Abb. 1: Sportbezogene Ausgaben in Deutschland im Jahr 1990

Wesentliche Ursachen dieser Entwicklung sind:

- die hohen Wachstumsraten der Sportartikelindustrie,
- die Nutzung des Sports als vielfältiges Werbemedium,
- die Professionalisierungstendenzen im (Amateur-) Sport,
- die Entstehung neuer Dienstleistungsunternehmen (Vermarktungs-, Beratungsfirmen),
- die Nebeneffekte des Sports auf volkswirtschaftlich relevante Aggregate (Tourismus, Gesundheit, Umwelt).

Ohne die expansive Entwicklung der Freizeit wäre die weite Verbreitung des Sports und damit auch des "Sportkonsums" nicht möglich gewesen. Die Bundesbürger haben heute etwa

[24] Nur knapp 10 Prozent dieses Umsatzes entfallen jedoch auf die knapp 78.000 Sportvereine (Trosien 1991).

[25] Der Sport läßt sich hinsichtlich der Beschäftigtenzahlen in etwa mit dem Kreditgewerbe oder der chemischen Industrie vergleichen (o.V. 1994$_1$).

40 Prozent mehr freie Zeit als vor 30 Jahren (bzw. 60 Prozent mehr als vor 40 Jahren).[26] Die Erhöhung der disponiblen Freizeit hat zu mehr Freizeitkonsum (Hobby, Spiel und Sport), mehr Freizeitmobilität (Kurzurlaub, Urlaub) und einer Veränderung der Lebensgewohnheiten geführt (Roth 1990).[27]

2.1.5 Die Entwicklung einer Sportökonomie

In Deutschland ist der Sport im Gegensatz zu Großbritannien und Nordamerika erst seit Mitte der siebziger Jahre im Zuge der einsetzenden Professionalisierung und Kommerzialisierung zum Gegenstand ökonomischer Untersuchungen und Analysen geworden.
Gegenstand der Sportökonomie sind im weitesten Sinne sämtliche Beziehungen zwischen dem Sport und der Wirtschaft (Benner 1992). Dazu zählen:

- Die Frage der grundsätzlichen Notwendigkeit und Möglichkeit des Transfers ökonomischer Handlungsprinzipien auf die Träger des Sportgeschehens.[28]
- Die Analyse der vielfältigen Systembeziehungen zwischen dem Sport und seinen Partnern und ihrer Auswirkungen auf den Sport bzw. das Gesamtsystem.
- Die volkswirtschaftliche Analyse des Sports nach Angebot und Nachfrage, die mit dem Sport verbundenen Geld- und Güterströme sowie die Auswirkungen des Sports unter Kosten- und Nutzenerwägungen.
- Die einzel- und betriebswirtschaftliche Analyse des Sports hinsichtlich der Haushalte der Breiten- und Leistungssportler, der Sportanbieter (Vereine, Veranstalter, kommerzielle Anbieter), der Nachfrager nach Sport und/oder deren Leistungen (Zuschauer, Medien, Sponsoren), der für den Sport Dienstleistungen erbringenden Unternehmen (Werbeagenturen, Versicherungsgesellschaften etc.) und den ökonomisch relevanten Beziehungen und Abhängigkeiten zwischen diesen am Sport beteiligten Parteien.

---

[26] Opaschowski sieht darin einen Wandel von einer erholungsorientierten Freizeitphase in den 50er Jahren über eine konsumorientierte Freizeitphase in den 60er Jahren zu einer erlebenisorientierten Freizeitphase in den 80er Jahren (Opaschowski 1989).

[27] Einer Umfrage des Tennis-Magazin zufolge bekundeten bereits 1988 fast 50 Prozent der Bundesbürger zumindest starkes Interesse am Sport, lediglich knapp 12 Prozent der Bundesbürger hatten keinerlei Interesse am Sport (Grix 1988). Bereits Mitte der achtziger Jahre besuchten 40 Prozent der Bundesbürger regelmäßig eine Sportveranstaltung, bis zu 60 Prozent verfolgten Sportberichterstattungen im Fernsehen, und lediglich 11 Prozent aller Fernsehzuschauer interessieren sich überhaupt nicht für Sport (Vitinius 1986).

[28] Brenner formuliert das als Übergang vom "homo ludens" über den "homo competitivus" zum "homo oeconomicus" (Brenner 1992).

Ökonomische Handlungsprinzipien können nicht ohne weiteres auf den Sport angewendet werden. Die Übertragung wirtschaftswissenschaftlicher Ansätze zur Erklärung sportökonomischer Vorgänge setzt die Berücksichtigung der vielfältigen sportspezifischen Probleme voraus:

- die derzeit bestehenden Führungs-, Organisations- und Entscheidungsstrukturen in Vereinen und Verbänden,
- die Problematik der ehrenamtlicher Tätigkeit im Verein,
- die finanziellen und/oder wirtschaftlichen Probleme der Vereine,
- das Problem der Gemeinnützigkeit,
- die gesellschaftliche Funktion des idealtypischen Vereins,
- die Imponderabilien im Hinblick auf Qualität und Quantität einer zu erstellenden sportlichen Leistung.

Bei vielen der bisher in Deutschland veröffentlichten Arbeiten zur Sportökonomie wurden diese sportimmanenten Probleme allenfalls am Rande berücksichtigt. Stattdessen werden wirtschaftswissenschaftliche Erkenntnisse vorbehaltlos auf den Sport übertragen.[29]

2.2 Kommerzialisierung und Professionalisierung des Sports

2.2.1 Der Kommerzialisierungsprozeß

Im sportökonomischen Sinne ist die Kommerzialisierung des Sports die nach dem erwerbswirtschaftlichen Prinzip erfolgende fortschreitende Vermarktung von Sportgütern, also die Verwertung der durch Vereine im Breiten- und Spitzensport produzierten Leistungen (Schulke 1990).
Die Kommerzialisierung des Sports ist nur in einer marktwirtschaftlich organisierten Wirtschaftsordnung möglich, in der jedes Gut gegen ein entsprechendes Entgelt erworben werden kann, und Angebot und Nachfrage den Preis bestimmen (Trosien 1991).[30]

Haase hat den Kommerzialisierungsprozeß in vier Phasen unterteilt (Haase 1991):

[29] Dazu zählen auch die umfangreichen Ausführungen von Freyer zum Thema "Sportmarketing für Vereine" (Freyer 1988 und 1990). Eine Ausnahme bildet sicherlich die umfangreiche Untersuchung von Benner zum Riskmanagement im professionellen Sport (Benner 1992).

[30] Kommerzialisierung ist als Teilprozeß der Professionalisierung zu verstehen, die sowohl hinsichtlich der ökonomischen als auch der gesellschaftlichen Ziele noch wesentlich umfassender strukturiert ist (Pöttiner 1989).

die Nullphase:	die Ausgangsbasis des ursprünglichen, des ideellen Sports,
die Instrumentalisierungsphase 1:	der Beginn der Verfremdung der ideellen Sportwerte, die Einvernahme des Sports für gesund-heitsbezogene und/oder politische Interessen,
die Instrumentalisierungsphase 2:	die Vermarktungsphase des Sports, die Entwicklung zum Showsport,
die Produktionsphase:	die Produktion sportlicher Leistung durch sportfremde Investoren.

Die generellen Hauptdeterminanten des Kommerzialisierungsprozesses im Bereich des Sports sind (Trosien 1991):

- die Wirtschaftslage,
- die konjunkturelle Situation,
- das Einkommen der Bevölkerung,
- der internationale Erfolg des Leistungssports,
- die verfügbare Freizeit in der Gesellschaft,
- die Stellung des Sports in der Gesellschaft,
- die Mobilität der Konsumenten,

und speziell für bestimmte sportliche Outputs:

- das Zuschauerinteresse,
- das Medieninteresse,
- die jeweiligen medialen und sponsorgerechten Voraussetzungen,
- der sportliche Erfolg,
- die Sportlerpersönlichkeiten.

Die Nutzung des aus dem öffentlichen Interesse resultierenden hohen Werbewertes des Spitzen- und Breitensports hat diesen endgültig in einen ökonomischen, am erwerbswirtschaftlichen Prinzip orientierten Kontext eingegliedert. Gerade weil der Sport nach keinem Drehbuch verläuft, live ist das Synonym für Spannung und Interesse, werden die Menschen vom Sport in den Bann gezogen, interessieren sich Medien und Wirtschaft für den Sport (Ortner 1987). Die sportliche Leistung wird deshalb auf die Nachfrage nach Unterhaltung zugeschnitten, Spielregeln werden der Volksmentalität angepaßt.[31]

---

[31] z.B. der "Tie-break" im Tennis, der "penalty" im amerikanischen soccer, der "sudden death" im Eishockey.

Der sportliche Output bzw. sein (un)mittelbares Umfeld wird zunehmend Gegenstand immer neuer kommerzieller Zwecke durch

- die Wandlung zum Show- und Unterhaltungssport,
- die Vergabe von Eigentums-, Übertragungs-, Werbe-, Veranstaltungs- und Lizenzrechten seitens der Sportvertreter,
- den Verkauf von Fanartikeln,[32]
- die Entwicklung von neuen Sportarten mit neuen Sportgeräten und Ausrüstungsgegenständen,[33]
- das Sporttreiben (Angebote der kommerziellen Sportschulen und Fitness-Studios),
- der Bau und Erhalt von Sportanlagen (Sportinfrastruktur),
- die Gastronomie bei großen Sportveranstaltungen,
- den Sportverkehr,[34].
- den Sporttourismus,[35]
- die Sportberichterstattung,[36]
- die Sportwetten,
- die Versicherung des sportlichen Outputs (u.a. Rittner 1988, Haase 1991).[37]

Die vor einigen Jahren noch für undenkbar gehaltene Aufgabe des Ausbildungs- und Veranstaltungsmonopols des Sports scheint nicht mehr nur Illusion zu sein. Der Tennissport befin-

[32]Der Fanartikelmarkt entwickelt sich auch in Deutschland für Vereine und Verbände zu einem Wachstumsmarkt. Der FC Bayern München erwartete für 1993 bereits einen Umsatz im Fanartikelbereich von rund vier Millionen Mark (Hennecke, Wild 1993).

[33]Erhebliche Umsätze erzielen die Sportartikelunternehmen mit Freizeitkleidung, Accessoires und Zusatzprodukten. Das Sportartikelunternehmen adidas hat eine eigene Körperpflegeserie mit Parfum, Body-Lotion etc. im Verkaufsprogramm.

[34]Dazu zählen beispielsweise der Einsatz von Sonderzügen bei sportlichen "Großveranstaltungen", spezielle Angebote (Flug- und/oder Bahnreisen) in Verbindung mit dem Besuch des Sportereignisses, oder auch die kostenlose Nutzung des öffentlichen Nahverkehrs als Besucher spezieller Sportveranstaltungen.

[35]Ständig entstehen neue Sportarten und -disziplinen und werden entsprechend vermarktet. Zu den jüngsten und populärsten Sportarten zählen auch gerade aufgrund ihres Urlaubswertes Snowboarding, Mountain-Biking, Klettern und Wildwasser-Rafting.

[36]Beispiele für das Sponsoring von Sportübertragungen waren innder Saiosn 1993/94: Krombacher und Fußball-Liveübertragungen in RTL, Beck`s und das "Aktuelle Sportstudio" im ZDF bzw. die Sportsendung "ran" von SAT. 1 in der Saison 1993/94.

[37]Dazu zählen die Versicherung von Sportstars gegen Invalidität, genauso wie Versicherung von Sportveranstaltungen gegen etwaige den Veranstaltungsablauf beeinträchtigende Faktoren oder auch neuerdings die Absicherung gegen sportlichen Erfolg (Prämienzahlungen etc.). Die deutschen Fußballvereine der 1. Bundesliga hatten in der Saison 1991/92 ihre Spieler durchschnittlich mit 700.000 Mark gegen Invalidität oder ein krankheitsbedingtens Ende der Laufbahn versichert (Franke 1991).

det sich, was die Ausbildung des Tennisnachwuchses angeht, bereits in der von Haase als Produktionsphase bezeichneten Kommerzialisierungsphase.[38]
Auf die Konsequenzen einer solchen Entwicklung für den Sport wird in den nachfolgenden Kapiteln noch ausführlich eingegangen.

2.2.2 Die Medienberichterstattung

Private und öffentlich-rechtliche Fernsehanstalten konkurrieren mit attraktiven Live-Sportübertragungen, die aufgrund ihrer sportlichen Dramatik und Aktion entsprechende Einschaltquoten garantieren, um die Gunst des Publikums.[39]
Die Medien haben den Sport durch die Technik und den Umfang der Übertragung und der Berichterstattung für ein breites Publikum interessant gemacht. Gleichzeitig haben sie dem Sport attraktive Finanzierungsquellen in Form von Übertragungs- und Vermarktungsrechten beschert. Das Fernsehen subventioniert durch den Erwerb der Übertragungsrechte nicht nur den professionellen Sportbetrieb, sondern löst über die Verknüpfung mit der werbetreibenden Wirtschaft im Sport weitere Kommerzialisierungsprozesse aus. Entsprechend werden Zielsetzungen, Kriterien und Werte im Sport vermehrt aus werbe- und fernsehökonomischer Sicht geprägt (Meier 1990).[40]
Das Fernsehen informiert und unterhält nicht nur sein Publikum mit der Sportberichterstattung, sondern es bestimmt durch die Sportübertragung auch wesentlich die strukturellen Bedingungen des jeweiligen Sportobjektes und dessen Vermarktung. Wirtschaftsunternehmen sind mittlerweile meist nur noch dann zu einem Engagement bei Sportveranstaltungen bereit, wenn eine entsprechende Berichterstattung im Fernsehen garantiert ist. Je häufiger die Medien über ein Sportereignis, eine Mannschaft oder einen Star berichten, desto leichter können die verschiedenen Werberechte verkauft werden.
Durch dieses extensive Engagement der Medien wurden und werden immer mehr Menschen vom Sport in den Bann gezogen.[41] Nirgendwo wird der Rausch des Erfolgs oder auch die Bit-

---

[38] IMG, die umsatzstärkste Sportler-Vermarktungsagentur, verpflichtet erfolgversprechende Tennisspieler(innen) mittlerweile bereits im jugendlichen Alter, sozusagen als Investition in die Zukunft. Die sportliche Ausbildung wird von IMG organisiert und finanziert, als Gegenleistung für eine Beteiligung an künftigen Werbeverträgen, Preisgeldern und Antrittsprämien (o.V. 1992_{22}).

[39] Sportübertragungen, denen es an Dramatik und Aktion fehlt, sind für die privaten Fernsehanstalten nicht lukrativ (z.B. Eiskunstlaufen).

[40] Deutlich tritt hier, wie von Meier recht treffend formuliert, die Ambivalenz des Verhältnisses von Sport und Fernsehen zu Tage, wo das Fernsehen als Totengräber und als Lebensretter auftritt (Meier 1990). Diese Rollen und Aktivitäten beeinflussen die Konstruktion der Sportrealität in qualitativer und quantitativer Weise erheblich, und zwar keineswegs im Interesse gesellschaftlicher und publizistischer Leistungsaufträge.

terkeit der Niederlage so komprimiert und intensiv erlebt (Dahlhoff 1992).[42] Im Sport gibt es mit Hilfe der Medien noch richtige "Helden", die man vergöttert, mit denen man sich identifiziert, denen man nacheifert.[43]

Der Leistungssport spiegelt dem Zuschauer eine Welt vor, in der Leistung belohnt (und nicht durch widrige Umstände verhindert) wird, in der Fouls bestraft werden, in der der Bessere gewinnt oder aber zumindest die Anerkennung der Zuschauer erhält. Der Sport löst damit für Teilnehmer und Zuschauer jene Zusage ein, die die Gesellschaft, die in Deutschland auf Leistung, Wettbewerb und Gerechtigkeit aufgebaut ist, nicht für jeden und überall einlösen kann (Becker 1982).

2.2.3 Der steigende Professionalisierungsgrad

Professionalisierung ist kein sportartspezifisches Phänomen, sondern ein Prozeß und eine Tendenz zu hochspezialisierten und -qualifizierten Berufspositionen vor dem Hintergrund einer sich ständig verändernden Industrie- und Dienstleistungsgesellschaft (Benner 1992). Darunter versteht man unter Bezugnahme der beschriebenen Ökonomisierung des Sports folgende Tendenzen:

- In den an der Produktion des professionellen Sports beteiligten Organisationsformen (Vereine, Verbände) ist zumindest im spitzensportlichen Bereich ein Wandel der formellen, rechtlichen, funktionellen und personellen Organisationsstruktur festzustellen, hauptsächlich durch den vermehrten Einsatz von hauptamtlichen Mitarbeitern (Manager, Trainer, Physiotherapeuten etc.).
- Insbesondere die außerhalb der Vereine bzw. der Verbände agierenden kommerziellen Sportorganisationen (Rennställe im Motorsport oder Radsport) bieten den Sportlern ein professionelles Umfeld.[44]

---

[41] Vor allem durch das Medium Fernsehen wurden Menschen an den Sport herangeführt, die vorher noch nie auf einem Fußballplatz, Tennisplatz oder auch in einer Schwimmhalle gewesen waren (Disch 1986).

[42] Ohne den Multiplikatoreffekt der Massenmedien wäre auch beispielsweise die Pflege des Starkults im heutigen Ausmaße nicht möglich. Auflagensteigernde Schlagzeilen lassen sich häufig nur noch durch Berichte über das Intimleben der "Sportstars" erreichen, Grenzen der Intimität gibt es keine mehr.

[43] Dazu zählen Alberto Tomba im Alpinen Skisport, Diego Maradona im Fußball, Michael Jordan oder Charles Barkley im Basketball, Wayne Gretzky im Eishockey. Die Sportstars werden zu Idolen, vergleichbar den Popstars.

[44] Profisportler können sich ausschließlich auf ihre sportlichen Aktivitäten und Aufgaben konzentrieren. Sie werden dabei von ihrem Umfeld nicht nur finanziell, sondern auch materiell-administrativ, organisatorisch, wissenschaftlich etc. unterstützt (Haase 1993).

- Die "Verwissenschaftlichung" des Hochleistungssports: die Nutzung neuester Erkenntnisse aus den verschiedensten Teilbereichen der Sportwissenschaft (Sportmedizin, Biomechanik, Trainingswissenschaft) sichert Pioniergewinne im Wettbewerb mit anderen Sportlern, Teams etc..

Existentielle Voraussetzung für eine Professionalisierung im Sport ist die Möglichkeit, eine als Arbeit bestimmte oder als solche sich entwickelnde sportliche Tätigkeit unter Rückgriff auf die vorhandenen Ressourcen ausüben zu können, weil diese "spezialisierte" Arbeit auf entsprechenden Märkten nachgefragt wird.[45]

Verberuflichung und Professionalisierung im Sport unterliegen einem Prozeß, der mit Aufwandsentschädigungen und anderen materiellen Zuwendungen für ehrenamtliche Mitarbeiter beginnt, über Vergütungen für Mitarbeiter, die entsprechende spezifische Fachkenntnisse im Übungsleiter- oder Verwaltungsbereich erworben haben, weitergeht, und schließlich mit der Einstellung von "Full-Time" - Kräften in der Verwaltung und im Sport- (Trainings-) bereich endet (Pöttiner 1989).

Die Professionalisierung im Sport steht in engem Zusammenhang mit dem aufgezeigten Wertewandel in unserer Gesellschaft. Der Professionalisierungsprozeß ist kein einheitlich verlaufender Vorgang, sondern ist je nach Sportart und Land unterschiedlich weit fortgeschritten. Kennzeichen sind grundlegende Veränderungen im organisatorisch-institutionellen Bereich, die Einführung sog. Profiligen, das Medieninteresse sowie die Einkommen der jeweiligen Spitzensportler.[46]

Die Einführung der Bundesligen war in den meisten deutschen Mannschaftssportarten der Auslöser für einen beginnenden Professionalisierungsprozeß. Die stärksten Vereine wurden in einer Liga zusammengefaßt, die Finanzmittel konzentriert, und es entstand eine öffentliche Präsentationsebene, die Zuschauer und Medien mehr interessierte, als die vorherigen zersplit-

[45] Öffentliches Interesse an spitzensportlichen Leistungen ist/war eine wichtige Voraussetzung für die Entstehung des professionellen Sports. Insbesondere der Spitzensport stößt aufgrund des großen öffentlichen Interesses auf ein entsprechendes Interesse aus der Wirtschaft, die die dem Sport entgegengebrachte allgemeine Aufmerksamkeit zur Durchsetzung eigener, meist absatzpolitischer Ziele nutzen will (Pöttiner 1989).

[46] Vom Prozeß der Professionalisierung sind sowohl der Freizeitsportbereich mit der wachsenden Zahl kommerzieller Sportanbieter als auch der Hochleistungssport betroffen. Wirtschaftliche Verhaltens- und Organisationsstrukturen setzen sich langsam in den davon betroffenen Bereichen durch (Luh, Beckers 1991).

terten Leistungsklassen (Fischer 1986).[47] Zu jeder Profiliga existiert ein sportlicher Unterbau auf Amateur- und Nachwuchsebene (Amateurligen etc.), aus denen sich der Profisport rekrutiert.

Nicht alle Sportarten sind im gleichen Umfang für eine Professionalisierung geeignet. Der Professionalisierungsgrad steigt mit

- den institutionellen Rahmenbedingungen (Sportanlagen, natürliche Umgebung),
- dem öffentlichen Interesse,
- dem sportartspezifischen Imagewert (für die Übermittlung werblicher Botschaften),
- der mediengerechten Aufbereitung (Übertragungsmöglichkeiten),
- erfolgreichen Spitzenspielern/Mannschaften.

2.3 Sponsoring im Überblick

2.3.1 Der Sponsoringbegriff

Das Sponsoring hat sich aus dem Mäzenatentum entwickelt, dessen ursprüngliche Charakteristik eine weitgehend selbstlose Förderung einer Person, Personengruppe oder Institution war (v. Specht 1986).[48] Der Mäzen verfolgte also keine wirtschaftlich egoistischen, sondern vornehmlich altruistische Ziele. Er blieb zudem häufig anonym, sein Name erschien nur selten in Zusammenhang mit der Förderung (Hermanns, Drees, Püttmann 1986).

Mäzene haben die Kunst nicht nur entscheidend gefördert, sondern teilweise erst entstehen lassen. Zu den bekanntesten Kaufmannsfamilien, die sich für die Künste eingesetzt haben, zählten die Medici in Florenz, die Duce in Venedig, die Fugger in Augsburg oder auch die Rothschilds in Paris (Erdtmann 1990).

Die Uneigennützigkeit dieser Unterstützung wird dadurch relativiert, daß die Mäzene häufig detailliert Kunstwerke in Auftrag gaben, um diese für den Eigenbedarf oder auch als Gastgeschenke gegenüber fremden Handels- und Herrschaftshäusern zu verwenden (Thiel 1989,

[47]Als Meilenstein der Professionalisierung des Sports kann sicherlich die Einführung der Fußball-Bundesliga 1963 in Westdeutschland betrachtet werden (Fischer 1986). Lag das damalige monatliche Grundgehalt der Stars wie Seeler, Overath etc. bei höchstens 2.500 Mark im Monat, so sind inzwischen sechsstellige Monatsgehälter für Spitzenspieler an der Tagesordnung. Selbst mittelmäßige Bundesliga-Fußballspieler kassierten in der Saison 1993/94 rund 300.000 bis 400.000 Mark jährlich (Zorn 1992). Die Ablösesumme, im Gründungsjahr auf 50.000 Mark festgelegt, nähert sich in der Fußball-Bundesliga der Zehn-Millionengrenze (Borussia Dortmund zahlte im Sommer 1993 für die Verpflichtung von Karl-Heinz Riedle von Lazio Rom umgerechnet rund 9,5 Millionen Mark.).

[48]Dieses wurde nach seinem Ahnvater, dem Römer Gaius Cilnius Maecenas benannt, der zur damaligen Zeit den Dichtern Horaz, Virgil und Properz den Lebensunterhalt finanzierte (Thiel 1989).

Fohrbeck 1990). Die finanzielle Unabhängigkeit des Künstlers ging damit zu Lasten seiner künstlerischen Freiheit.
In Deutschland sind heutzutage anstelle der Mäzene sog. Stiftungen getreten, die ihre Förderungsmittel so einsetzen, daß sie aus den eigenen erwirtschafteten Erträgen den festgelegten Stiftungszweck erfüllen können. Amerikanische Unternehmen konzentrieren sich neuerdings auf das sog. Corporate Giving (Spendenabzug), einer Weiterentwicklung des Mäzenatentums, das neben der Übernahme gesellschaftlicher Verantwortung vor allem steuerliche Vorteile bietet (Mussler 1991).

Beim Sponsoring handelt es sich also um ein Abkommen auf Gegenseitigkeit zwischen Sponsor und Gesponsortem, das die Bereitstellung von Geld-, Sach- oder Dienstleistungen durch den Sponsor zur Nutzung der vertraglich vereinbarten Gegenleistungen für die eigenen, überwiegend kommunikativen Zielsetzungen regelt.[49]
Die Nähe der Spende zum Sponsoring läßt sich daran messen, inwieweit eine Firmenspende entsprechend PR-mäßig ausgenutzt wird (Mussler 1991).

In der Literatur werden häufig in Zusammenhang mit dem Sportsponsoring auch die Begriffe Sportwerbung, Sportmarketing oder Product Placement verwendet. Eine exakte Abgrenzung dieser Begriffe soll etwaige Unklarheiten vermeiden helfen.

- Sportwerbung bezeichnet eine isolierte Werbemaßnahme im Sport, im Sinne der klassischen Werbung, also z.B. die Bandenwerbung im Stadion oder die Insertion in Veranstaltungsbroschüren.

- Sportmarketing bezeichnet die Anwendung wirtschaftswissenschaftlicher Verfahren aus dem Marketing durch die verschiedenen Vertreter des Sports.[50]

- Product Placement ist die visuelle oder verbale Plazierung eines Produktes oder einer Dienstleistung im positiven Umfeld eines Mediums bzw. einer Programmform, die vom

---

[49]Eine umfassende Definition des Sponsoringbegriffes liefert Drees (Drees 1991):
- Dem Sponsoring liegt im Gegensatz zum Mäzenatentum eine gegenseitige Nutzenerwartung im Sinne einer Synthese zwischen Sponsor und Gesponsortem zugrunde.
- Die Gesponserten stammen überwiegend aus den Bereichen des Sports, der Kultur, der Ökologie und dem Sozialem.
- Die Ziele des Sponsoringengagements müssen nicht nur aus der Kommunikationspolitik ableitbar sein.

[50]Dazu gehören kommerziell orientierte und hauptberuflich betriebene Sportorganisationen, Sportartikelhersteller, Fitneßcenter, Vereine mit Profi-Abteilungen (Mischfomen) und schließlich das Gros der Sportvertreter, die gemeinschaftlich organisierten und ehrenamtlich betriebenen Sportinstitutionen (Freyer 1988).

Unternehmen in geld- oder vermögenswerter Leistung bezahlt wird[51], um geltende Werbebeschränkungen zu umgehen[52] und/oder um eine glaubwürdige, realistische Darstellung der Produkte und der Produktverwendung im Umfeld des Mediums zu erreichen (Zentes 1988).[53]

2.3.2 Arten des Sponsoring

Die Unternehmen konzentrieren sich beim Sponsoring neben dem Schwerpunkt Sport auf die Bereiche Umwelt, Kultur und Soziales.[54]
Daraus ergeben sich für die sponsernden Unternehmen folgende Einsatzbereiche:

- Im Sport durch das Sponsoring von Einzelsportlern, Sportmannschaften oder Sportveranstaltungen bezogen auf die jeweilige Sportart bzw. die entsprechende Leistungsebene (Drees 1991).
- In der Kultur in den Bereichen Bildende Kunst, Bühnenkunst, Musik, Literatur, Architektur, Denkmalschutz und Film/Fernsehen (Hermanns, Drees 1989). Aktuelle Beispiele aus dem Jahr 1993 sind die Cézanne-Ausstellung in Tübingen,[55] das Rheingau Musik Festival,[56] die Pop Art Show im Kölner Ludwig-Museum, die Picasso Retroperspektive in der

[51]Die Fortsetzung des erfolgreichen Skifilms "Fire and Ice" von Willy Bogner, mit dem Titel "Fire, Ice and Dynamite", der im Oktober 1990 in den deutschen Kinos anlief, verband das sportliche Spektakel mit einem bisher einmaligen Marketing- und Finanzierungskonzept. Zum einen sollte die neue Bogner-Kollektion "Fire and Ice" mit Hilfe des Films an das junge Kinopublikum vermarktet werden, und zum anderen erhielten zwölf "sportliche" Sponsoren (AEG, VW, Bayer, Grundig, Club Med, Paulaner Brauerei, Mistral, Kamei, Chiquita Banana, adidas, Milka) die Chance zum Product Placement. Diese Unternehmen traten als Firmenmannschaften (adidas Dynamics, Milka Cowboys, Kamei Tuners, Bogner Beauties, Grundig Hitecs, Mistral Masters, Club Med Tridents, Paulaner Bavarians, AEG Innovators) in einem Wettkampf mit Ski, Surfboard, Schlittschuhen, Mountain-Bike und Auto gegeneinander an. Für 200.000 Mark und der Übernahme der entsprechenden Personal- und Sachleistungen konnten sich die Unternehmen entsprechend präsentieren (Raithel 1990).

[52]z.B. Werbung nach 20.00 Uhr in den öffentlich-rechtlichen Fernsehanstalten, Werbung an Wochenenden oder auch die Tabakwerbung.

[53]In dem US-Spielfilm "Johnny Be Good", der im Herbst 1987 in den amerikanischen Kinos lief, gelang es dem Sportartikelhersteller adidas, einen kompletten TV-Spot - ein Sportstar wird bei Aufnahmen für einen adidas-Werbespot gezeigt - in die Filmhandlung einzubauen (o.V. 1987_1).

[54]Einer Untersuchung von Mussler zufolge entfielen 1989 72 Prozent der Sponsoringaufwendungen auf den Sport, 18 Prozent auf die Kultur und 10 Prozent auf das Sozio- und Ökosponsoring (Mussler 1992).

[55]Die Daimler-Benz AG übernahm für diese Ausstellung u.a. eine Ausfallgarantie in Höhe von 500.000 Mark, die jedoch aufgrund des großen Besucherinteresses nicht in Anspruch genommen werden mußte (Schäfers 1993).

[56]Das 93er Rheingau Musik Festival vom 1. Juli bis 8. September 1993 untestützten 66 verschiedene Sponsoren finanziell (Angaben s. Veranstaltungsprospekt).

Neuen Nationalgalerie Berlin bzw. in der Münchner Hypo-Kunsthalle[57] oder auch das Schleswig Holstein Musik Festival.[58]

- Im Gesundheits- und Sozialwesen bei der Gesundheitsvorsorge, der Behandlung von Krankheiten[59], dem Rettungswesen, der Wohlfahrtspflege bestimmter Gruppen, der Integration benachteiligter Gruppen oder auch der Katastrophenhilfe (Unterstützung von Sozial- und Gesundheitsorganisationen, Gründung eigener Stiftungen[60], Engagements bei Veranstaltungen mit sozialen Bezügen) (Bruhn, Dahlhoff 1990).
- In der Wissenschaft und Bildung in den Aufgabenbereichen Erstausbildung in Schulen und Hochschulen, Weiterbildung, Umschulung, Erwachsenenbildung sowie Forschungsarbeiten (Dahlhoff 1988).
- Im Umweltbereich in der Förderung von Umweltschutzorganisationen, Aufklärungsaktionen, Bürgerinitiativen, Selbsthilfegruppen oder Tagungen zum Umweltschutz (Bruhn 1992).[61+62]

Sponsorenengagements in den Bereichen Kunst, Kultur oder Umwelt dienen hauptsächlich der Unterstützung der Öffentlichkeitsarbeit, der Verbesserung des Unternehmensimages und der Demonstration von gesellschafts- und sozialpolitischer Verantwortung.[63]

---

[57]Die Telekom als Sponsor dieser Ausstellungen unterhält auch noch ein eigenes Orchester (Merkl 1993). Als Sportsponsor unterhält die Telekom auch einen eigenen Profi-Radrennstall, das "Telekom-Team" (Bilgmann 1992).

[58]Der Konfitüren- und Süßwarenhersteller Frank Zentis GmbH trat 1993 als Hauptsponsor beim Schleswig-Holstein-Musik-Festival auf (Merkl 1993).

[59]Die meisten deutschen Großunternehmen (Bosch, Thyssen, Deutsche Bank) haben eigene Stiftungen gegründet, um mit Hilfe des Stiftungskapital eigenständig soziale Aufgaben zu übernehmen (Bruhn, Dahlhoff 1989).

[60]Seit 1987 kümmert sich die "Ronald McDonald" Kinderhilfe gemeinnützige GmbH, eine Tochtergesellschaft der McDonald`s Children`s Charities um krebskranke Kinder und ihre Familien. Während der langwierigen und schmerzhaften Operationen bzw. Behandlungen soll den Eltern ein möglichst enger Kontakt zu den Kindern ermöglicht werden. In der Nähe von Kinderkliniken werden deshalb entsprechende "Ronald McDonald"-Häuser unterhalten, die den Eltern der kranken Kinder das tägliche Pendeln zwischen Klinik und Heimatort ersparen. In Deutschland bestehen solche Häuser derzeit in Gießen, Kiel, Aachen und Jena (Dumrath 1993).

[61]In den USA engagieren sich Sponsoren im Umwelt- und Naturbereich verstärkt im Städtebau. Gesponsert werden u.a. die Innenstadtbegrünung, die Denkmalspflege, die Verkehrsberuhigung, die Gestaltung von Einkaufszentren, Wasserschutzgebiet-Deklarationen, die Parkerhaltung sowie die erlebnisbetonte Gestaltung öffentlicher Plätze, um die Kontakte von Bürgern/Konsumenten mit ihrer Umwelt zu verbessern (Erdtmann 1990).

[62]Bruhn untergliedert das Umweltsponsoring noch in die Bereiche Arten- und Naturschutz (Bruhn 1991).

[63]Umweltschutz bedeutet nämlich Verantwortung: Verantwortung gegenüber den Mitarbeitern, den Partnern und der Gesellschaft. Eine Übernahme gesellschaftlicher Verantwortung ist durch Sponsoringaktionen im Spitzensportbereich nur sehr schwer zu erreichen. IBM und der Sparkassenverband versuchen diese Maxime mit der "Fair geht vor" - Initiative des Deutschen Sportbunds zu realisieren (Henkel 1992).

Im Gegensatz zum Sportsponsoring

- steht der Fördergedanke im Vordergrund des Engagements,
- spielt die werbliche Wirkung eine geringere Rolle für die Kommunikationswirkung,
- ist eine inhaltliche Identifikation und Dokumentation mit den Engagements die unabdingbare Voraussetzung für die Glaubwürdigkeit und Akzeptanz beim Zielpublikum,
- werden bisher Nonprofit-Organisationen oder Gruppen gefördert (Bruhn, Dahlhoff 1990).[64]

2.3.3 Erscheinungsformen des Sportsponsoring

Die verschiedenen Einsatzbereiche des Sportsponsoring ergeben sich für die Sponsoren als Kombination der verschiedenen Dimensionen des Sports:

- den Sportarten (Fußball, Eishockey, Tennis etc.),
- den Sportorganisationen (Verbände, Vereine, Sportteams und Einzelsportler),
- den Leistungsebenen des Sports (Leistungs-, Breiten- und Nachwuchssport),

und lassen sich unterteilen in:

- das Sponsoring von Einzelsportlern,
- das Sponsoring von Vereins- oder Verbandsmannschaften,
- das Sponsoring von Veranstaltungen,
- das Sponsoring von Sportübertragungen (Drees 1991).

Beim Sponsoring von Einzelsportlern werden aktive (bzw. ehemals erfolgreiche) Sportler als Gegenleistung für kommunikative Maßnahmen (Trikotwerbung, Autogrammstunden, klassische Werbung, Kontaktpflege mit für den Sponsor relevanten Persönlichkeiten) zugunsten des Sponsors finanziell unterstützt (Bruhn 1991).
Beim Sponsoring von Sportmannschaften wird ein Team (Vereins- oder Verbandsmannschaft) für seine (aktive oder passive) Werbung finanziell unterstützt. Die Formen sind mit denen bei Einzelsportlern identisch (Bruhn 1991). Die Verbandsmannschaften treten idR. nur periodisch bei Turnieren, Olympischen Spielen, Welt- und Europameisterschaften bzw. Länderspielen

[64] Untersuchungen von Brockhoff/Krawinkel hinsichtlich der Sponsoringaktivitäten an deutschen Kunstmuseen ergaben, daß die häufigsten Sponsoren Kreditinstitute, Versicherungen, Automobilunternehmen sowie Brauereien sind (Brockhoff, Krawinkel 1992).

auf. Der Lizenzerwerb und die Nutzung bestimmter Embleme und Titel stehen im Vordergrund (Bruhn 1991).
Das Veranstaltungs- (Event-) sponsoring ist die umfassendste und zugleich aufwendigste Form des Sportengagements, da den Unternehmen hierbei alle Möglichkeiten der Kommunikationspolitik offenstehen: Bandenwerbung, Trikotwerbung, Nutzung von Titeln im Zusammenhang mit der Veranstaltung, Werbung auf Eintrittskarten, in Programmheften auf Sportgeräten und Transportfahrzeugen etc.. Die Sponsoren von Großveranstaltungen betreiben zusätzlich am Rande der Sportereignisse Kontaktpflege mit besonders wichtigen Zielgruppen.[65]
Beim Programmsponsoring tritt das werbungstreibende Unternehmen als Sponsor einer Live-Sportübertragung bzw. einer Sportsendung auf. Dem Zuschauer wird am Anfang und/oder Ende der Sendung mitgeteilt, daß das Unternehmen X oder die Marke Y die Übertragung der Sportveranstaltung im Fernsehen (finanziell) unterstützt hat.[66] Der Rundfunkstaatsvertrag und die Landesmediengesetze haben die Grenzen für das Programmsponsoring festgelegt. Für max. fünf Sekunden darf das Logo oder der Produktname vor und nach der jeweiligen Sportsendung eingeblendet werden. Grundsätzlich darf die Nennung des Sponsors nicht direkt zum Kauf eines Produktes anregen. Werbeslogans oder Produktabbildungen sind verboten (ZAW 1992). Programmsponsoring eignet sich also besonders zur Erinnerung produktspezifischer Werbebotschaften. Da die Botschaften nüchterner und faktischer Natur sind, lassen sich imagebildende Abstrahlungseffekte nur über die Sportart bzw. die Sportsendung erzielen (Tostmann 1989).

Der Sport partizipiert allenfalls indirekt an dieser neuen Form. Das Interesse der werbetreibenden Wirtschaft an solchen Werbeformen verbessert die Refinanzierungsmöglichkeiten der Fernsehanstalten und steigert ihre Investitionsbereitschaft in Sportübertragungsrechte.[67]

2.3.4 Die Medien des Sportsponsoring

Bei den Medien des Sportsponsoring unterscheidet man zwischen:

- Veranstaltungsmedien,

[65]Bestandteile solcher sog. Incentive Programme sind die Einladung zu diesem besonderen Sportereignis mit bevorzugten Plätzen, die Bewirtung auf der Anlage oder auch ein Treffen mit den Sportstars (Roth 1990).

[66]obi, Telekom und Seat waren Sponsoren der Sportübertragungen von den Olympischen Sommerspielen 1992 in Barcelona. obi, die Berliner Bank Gesellschaft und die Telekom traten als Sponsoren der Sportübertragungen von den Olympischen Winterspielen 1994 in Lillehammer bei den öffentlich-rechtlichen Fernsehanstalten auf.

[67]Die Erlöse aus dem Programmsponsoring lagen 1992 bei ca. 100 Millionen Mark. Gemessen an den Werbe-Nettoeinnahmen von 3,7 Milliarden Mark machen sie bisher nur einen Bruchteil der Einnahmen der Fernsehsender aus. Mittelfristig erhofft sich das ZDF Einnahmen von ca. 35 Millionen Mark (o.V. 1992_4).

- Wettkampfmedien,
- Anzeigenmedien,
- sportartspezifischen Werbeelementen.

Bande, Anzeigentafel, Lautsprecherdurchsage, Eintrittskarte/-plakat und das Veranstaltungssponsoring zählen zu den Veranstaltungsmedien (Drees 1991).
Der Bande als Spiel- bzw. Wettkampffeldumrandung kann sich der Zuschauer vor Ort bzw. am Bildschirm während der Veranstaltung nicht entziehen. Die zahlreichen Kontakte sind meist jedoch nur flüchtiger Art. Lediglich bei statischen Sportarten bzw. Spielsituationen (Eckstoß im Fußball) entstehen qualitativ bessere Kontakte, da die Kamera mehrere Sekunden lang in einer Position verharrt (Dreyer 1987).[68]

Wettkampfmedien sind Sportgeräte, Bekleidung und Startnummern.

Die Trikotwerbung ist die gängigste Form der Bekleidungswerbung. Dabei kommt den durch die Massenmedien verbreiteten Kontakten (Interviews, Aufnahmen im Fernsehen, Fotos in den Tageszeitungen und Sportzeitschriften) eine besondere Bedeutung zu (Drees 1991).

Anzeigenmedien sind die Sportillustrierte, die Fachzeitschrift, die Vereinszeitschrift, die Stadionzeitschrift bzw. der Sportteil der Tageszeitungen (Drees 1991).

Zu den sportartspezifischen Werbeelementen zählen die Werbung mit Spitzensportlern, der Eintritt in einen sog. Werbe-Pool, die Verwendung "Offizieller Titel" oder das Vereinssponsoring. An einem Werbe-Pool (z.B. Deutscher Ski-Verband- bzw. Tennis Verband) beteiligen sich mehrere Firmen in Form von Geld- oder Sachmitteln. Dafür dürfen sie mit Namen und Erfolgen der ausgestatteten Sportler werben (Dreyer 1986). Sportverbände und Groß-Veranstalter vergeben den Titel "Offizieller Ausrüster" oder "Offizieller Sponsor" in Verbindung mit einem besonders einprägsamen Symbol (z.B. offizieller Ausrüster der Olympischen Spiele, der Fußball-Europameisterschaft etc.) (Dreyer 1986).[69]

---

[68]Marketing-Experten schätzen, daß eine Bande bei der Übertragung eines Fußball-Länderspiels durchschnittlich fast acht Minuten lang im Bild ist (Ussler 1988).

[69]Müller-Milch als offizieller Ausrüster (Lieferant) der Deutschen Fußball-Nationalmannschaft bei der Fußball-WM 1990 oder Sebamed als offizieller Förderer der Deutschen Olympiamannschaft bei den Olympischen Winter- und Sommerspielen 1992.

2.4 Die Entwicklung des Sportsponsoring

2.4.1 Die Suche der Unternehmen nach neuen Möglichkeiten der Konsumentenansprache

Annähernd gesättigte Märkte, eine abnehmende Zahl von Produktinnovationen, ein hoher Fertigungsstandard, Produkte bzw. Dienstleistungen, die sich immer ähnlicher werden sowie Werbeverbote[70] erschweren eine zielgerichtete Konsumentenansprache für die Unternehmen. Auf gesättigten Märkten lassen sich ex definitione durch bloßes Wiederholen technischer Aspekte, die auch den konkurrierenden Produkten gemein sind, keine Präferenzen mehr schaffen (Hermanns 1989). Eine imagemäßige Abgrenzung und Profilierung von Produkten ist mit Hilfe der konventionellen Werbung kaum oder nur noch schwer möglich.[71] Die Konsequenz ist ein nachlassendes Verbraucherinteresse, verstärkte Streuverluste bei den Werbeaufwendungen sowie letztendlich die Reduktion der Entscheidungskriterien seitens der Verbraucher auf den Preis, mit der Folge eines oftmals ruinösen Preiswettbewerbs.[72]
Anstelle produktbezogener Argumente werden deshalb in der Werbung Gefühlswerte, Lifestyle-Szenen oder Leitbilder (bekannte Persönlichkeiten, beliebte/exklusive Freizeitbeschäftigungen etc.) eingesetzt, die mit den Produkten in Verbindung gebracht werden und/oder mit denen sich die Konsumenten identifizieren können.
Aus dem Sport werden bekannte Sportler, Bilder von Sportanlagen, -geräten und Ausrüstungsgegenständen, echte oder fingierte Sportszenen sowie Begriffe aus der Sportsprache als Leitbilder benutzt, um

- bestimmte Identifikationsmechanismen beim Zuschauer auszulösen,
- Erlebniswerte in Zusammenhang mit dem umworbenen Gut zu vermitteln,
- die Leistungsfähigkeit bzw. den Gebrauchsnutzen darzustellen (Heiduk 1987).[73]

Das Grundmotiv für ein Sponsorenengagement ist also das Bestreben der Unternehmen, sich von der Konkurrenz abzuheben und im Rahmen der Marketingkommunikation die eigene Zielgruppe auf neuen, den Trend der Zeit entsprechenden Wegen zu erreichen.

---

[70] Verbot der Rundfunk- und Fernsehwerbung für Zigaretten, zigarettenähnliche Erzeugnisse und Tabakerzeugnisse.

[71] Röper stellte bereits 1976 bei Untersuchungen über die Werbung für Markenartikel fest, daß auf sieben von neun untersuchten Märkten etwa 70 Prozent der angebotenen Produkte einander sehr ähnlich waren (Röper 1976).

[72] z.B. die Unterhaltungs- oder die Computerindustrie.

[73] Der Sportler tritt im Bereich der Sportartikelindustrie als opinion leader auf, der als Verwender der Sportprodukte für deren Leistungsfähigkeit und Qualität bürgt (Heiduk 1987).

Im Einzelnen lassen sich folgende Motive charakterisieren (u.a. Roth 1989):

- die Nutzung des Aufmerksamkeitswertes des Sports für eigene kommunikative Zielsetzungen,
- die Zielgruppenansprache in nichtkommerziellen Situationen,
- die zielgruppenspezifischere Marketingkommunikation,
- das Umgehen bestehender Kommunikationsbarrieren,
- die Erlangen von kommunikativen Konkurrenzvorteilen,
- das Sportsponsoring als kostengünstige Alternative zu den klassischen Instrumenten der Kommunikationspolitik.

2.4.2 Ziele der Sponsoren

Die meisten Sportsponsoren verfolgen überwiegend Werbe- und Verkaufsförderungsziele, im Sinne einer Imagedynamisierung bzw. einer Steigerung des Bekanntheitsgrades (Hermanns, Drees 1987). Sportsponsoring ist nicht für alle Werbeziele und Produkte gleichermaßen gut geeignet, eine wesentliche Tatsache die zahlreiche Unternehmen in ihrer Anfangseuphorie nicht beachtet hatten.[74]
Beispielsweise sollte das entsprechende Publikum einer Sportart mit der Zielgruppe der Werbemaßnahme übereinstimmen oder auch eine Imagekongruenz zwischen der ausgewählten Sportart und dem Unternehmens- bzw. Produktimage vorhanden sein (Hermanns, Drees 1990).[75]
Die kommunikationspolitischen Zielsetzungen des Sportsponsoring sind vor allem:

- die Erhöhung bzw. Stabilisierung eines bereits vorhandenen Bekanntheitsgrades,[76]
- die Veränderung oder Stabilisierung bestehender Images von Produkt und/oder Unternehmen,[77]

[74] z.B. Boris Becker als Imageträger für die Deutsche Bank.

[75] Salcher/Kern haben in einer aufwendigen Untersuchung die Images von 30 Sportarten beurteilt. Anhand von 34 Variablen wurden die Sportarten beurteilt und einer Faktorenanalyse unterzogen, wobei die so ermittelten Faktoren als Dimensionen eines Positionierungsmodells dienten (Kern/Salcher 1990).

[76] Die Faber Lotto GmbH nutzt das Sportsponsoring intensiv zur Bekanntmachung ihres Namens bzw. ihrer Spielidee "System-Lotto", u.a. als Trikotsponsor vom VfL Bochum oder von Boris Becker. Die Unternehmen Commodore und Iveco konnten als Trikotsponsoren des FC Bayern München in den achtziger Jahren ihren Bekanntheitsgrad erheblich steigern.

[77] Der Adam Opel AG ist es mit Hilfe eines konsequenten Sportsponsoringengagements seit Mitte der achtziger Jahre gelungen eine erhebliche Imagedynamisierung für ihre Produkte zu erreichen und als ein besonders sportaktives Unternehmen bei den Konsumenten zu erscheinen (Dahlhoff 1992).

- die Kontaktpflege mit geladenen Gästen im Rahmen von Sportveranstaltungen (Ziele: Kontaktaufnahme, Präsentation oder auch Vertragsabschluß),[78]
- die Erhöhung der Verkaufszahlen von speziellen Produkten oder Kollektionen durch den Einsatz von Spitzensportlern oder Mannschaften im Sportartikelbereich,[79]
- die Übernahme von Entwicklungen aus dem Hochleistungssport für die Serienfertigung (o.V. 1987_2),[80]
- die Produktdemonstration (Sportartikelunternehmen).[81]

2.4.3 Der Einstieg von Unternehmen ins Sportsponsoring

Mitte der 60er Jahre traten erstmals Unternehmen als Sponsoren bei Sportveranstaltungen auf. Die Mineralölunternehmen Shell, Esso und BP investierten 1965 insgesamt rund 10 Millionen Mark in den Automobilrennsport, um auf den Fahrzeugen der 1,5-Liter-Klasse mit kreisrunden, relativ unauffälligen Aufklebern werben zu können (Drees 1991).
Der Motorsport wurde damit zum Vorreiter im Sportsponsoring, eine Position die er bis heute behauptet hat.

Englische Unternehmen der Zigarettenindustrie waren die ersten Sponsoren, denen jeglicher Bezug zum Sport fehlte.[82] Diese Firmen engagierten sich ab 1966 im Motorsport, um über

[78] Die debis AG sponsert seit 1991 zwei Mercedes Teams in der DTM. Schwerpunkte des VIP-Programms sind Unternehmensangaben zufolge u.a. die Gästebetreuung im Mercedes Benz-Zelt, persönliche sportartspezifische Geschenke für die geladenen Gäste sowie ein spezielles Rahmenprogramm im Umfeld der Veranstaltung (z.B. Ballonfahrten, Hubschrauberflüge, Cart-Rennen oder Mitfahrgelegenheiten im debis-Fahrzeug) (Unterlagen der debis AG).

[79]
- Als unmittelbare Folge der zwei Wimbledonsiege 1985 und 1986 von Boris Becker konnte die Firma Puma, der damalige Komplettausrüster, den Absatz von Tennisschlägern innerhalb zwei Jahren auf knapp 200.000 Stück verzehnfachen (Ortner 1987).
- Die Sportartikelfirma Nike erzielte mit Basketballprodukten einer "Michael Jordan-Kollektion" 1992 einen Umsatz von 200 Millionen Dollar (Hecker 1993_2).
- Die Firma adidas konnte im Vorfeld der Fußball-Europameisterschaft 1992 in Schweden 100.000 T-Shirts der Nationalmannschaft verkaufen (Angaben der Firma adidas).

[80] Dazu zählen die derzeitigen Engagements von
- Mitsubishi, Toyota oder auch Peugeot im Rallyesport,
- Renault, Ford, Peugeot und neuerdings wieder Mercedes in der Formel 1,
- Opel, Mercedes und Alfa Romeo in der DTM.

[81] Die Sportartikelunternehmen müssen bei der Werbung mit den Erfolgen der ausgerüsteten Sportler gleichfalls die Werberichtlinien hinsichtlich vergleichender Werbung in Deutschland berücksichtigen (Gerhard 1993).

[82] Die deutsche Zigarettenindustrie folgte dann Anfang der 70er Jahre, in Erwartung des 1974 erfolgten Fernsehverbots (Drees 1991).

diesen "Umweg" das Fernsehen - Tabakwerbung war in England bereits 1965 verboten worden - als Werbemedium nutzen zu können.[83]

Bis in die 70er Jahren hinein fand in den Fernsehanstalten der ARD und des ZDF eine teilweise recht kontroverse Diskussion um die sog. "Schleichwerbung" im Umfeld des Sports in Form von Banden etc. statt. Die Auseinandersetzungen erreichten 1974 ihren Höhepunkt, als u.a. die Schwimm-Europameisterschaften in Wien, die Leichtathletik-Europameisterschaften in Rom und das Fußball-Länderspiel Deutschland gegen Schweiz wegen "exzessiver" Werbung von ARD und ZDF nicht übertragen wurden (Drees 1991).[84]
Der Deutsche Fußballbund erlaubte seinen Vereinen nach Absprache mit den öffentlich-rechtlichen Fernsehanstalten die Trikotwerbung ab der Saison 1974/75.[85]

1976 verabschiedeten ARD und ZDF noch ein internes, seinerzeit nicht veröffentlichtes "Kriterienpapier", wann Werbung in Stadien als Schleichwerbung zu betrachten sei und dementsprechend auf eine Übertragung zu verzichten sei. Auf internationaler Ebene vereinbarte der Administrative Council der European Broadcasting Union (EBU), ein Zusammenschluß von 39 Rundfunkanstalten aus 31 europäischen und mediterranen Ländern, für seine Mitglieder entsprechende Richtlinien hinsichtlich Plazierung, Gestaltung, Größe etc. für die Werbung bei der internationalen Fernsehübertragung von Sportereignissen.

Das Ende des Monopols der öffentlich-rechtlichen Fernsehanstalten in den 80er Jahren führte europaweit zu einer weiteren Liberalisierung der Haltung der öffentlich-rechtlichen Sendeanstalten. Mittlerweile nutzen nicht nur die privaten Fernsehanstalten jede Möglichkeit, im Um-

[83]Das Unternehmen Philip Morris gilt mit seinem Tabakbereich (Dachmarke: Marlboro) als größter Sponsor der Formel 1. Der Sponsoringetat für den Motorsport belief sich 1992 auf ca. 250 Millionen Mark (Kaiser 1992_1).

[84]Anläßlich des Fußball-Länderspiels der deutschen Mannschaft gegen England 1975 im Londoner Wembleystadion wurde die Haltung der öffentlich-rechtlichen Fernsehanstalten dann "ad absurdum" geführt. Auf die Weigerung der öffentlich-rechtlichen Fernsehanstalten, das Länderspiel bei entsprechender Bandenwerbung nicht zu übertragen, folgten erregte Diskussionen vor allem in der Boulevardpresse. Dies nutzte G. Mast, der Inhaber der Spirituosenfirma Jägermeister, indem er die gesamten Banden für einen Betrag von 150.000 DM kaufte und eintönig grau färbte. Die ARD konnte das Spiel übertragen, aber gleichzeitig wurde der Blick der Fernsehzuschauer erst recht auf die Bande gezogen. Die Erklärung für die grauen Banden erhielten die Zuschauer vor dem Spiel in der Presse und sogar in den Nachrichtensendungen immer unter dem Hinweis auf den Sponsor und dessen Produkte (Drees 1991).

[85]Der Likörfabrikant G.Mast und Präsident von Eintracht Braunschweig kann als Pionier des Sportsponsoring in der Fußball-Bundesliga bezeichnet werden (Drees 1991). Die ersten Trikotsponsoren in der Saison 1974/75 waren Jägermeister (Eintracht Braunschweig), adidas (Bayern München), Campari (Hamburger SV), Brian Scott (MSV Duisburg), Remington (Eintracht Frankfurt) und Allkauf (Fortuna Düsseldorf) (Walkhoff 1993).

feld der Sportübertragungen in direkter und indirekter Form Werbung zu plazieren.[86] Von den damaligen restriktiven ARD/ZDF-Richtlinien hinsichtlich der Sportwerbung ist nur noch der Übertragungsverzicht bei politischer Werbung übriggeblieben, nichtzuletzt deshalb weil auch die öffentlich-rechtlichen Anstalten den Sport als Programmelement brauchen.

Die Presse zeigte bereits seit den siebziger Jahren eine wesentlich liberalere Haltung gegenüber dem Sportsponsoring als das Fernsehen. Fotos mit Werbeaufschriften wurden nicht mehr retuschiert oder eingeschwärzt wie in den sechziger Jahren noch üblich. Im redaktionellen Teil bemüht man sich allerdings immer noch auf die Nennung von Sponsoren zu verzichten (Drees 1991).[87]

2.4.4 Aufwendungen im Sportsponsoring

Das Sponsoring ist durch die erheblich finanziellen und materiellen Leistungen der Wirtschaft zu einem wichtigen, teilweise zum entscheidenden Finanzierungsinstrument des Sports geworden.[88] Der kommerzielle Stellenwert einer Sportart läßt sich am Geld, an der Höhe der Beträge für die Übertragungsrechte, der Sponsorengelder oder der Sportlergehälter festmachen.[89]

Die expansive Entwicklung der Sponsoringaufwendungen in den letzten zwei Jahrzehnten läßt sich im wesentlichen auf drei Faktoren zurückführen (Roth 1990):

- den Stellenwert des Sports in unserer heutigen, erlebnis- und freizeitorientierten Gesellschaft,
- die Suche der Unternehmen nach neuen Kommunikationsformen und
- die finanziellen Probleme des Sports.

[86] Es bleibt zweifelhaft inwieweit diese Beschlüsse noch in Einklang zu bringen sind mit den bisherigen Regelungen zur Trennung von Programm und Werbung (§22 Abs. 3 des ZDF-Staatsvertrages: "Das Werbeprogramm ist vom üblichen Programm deutlich zu trennen. Jeder Einfluß von Werbeveranstaltern oder -trägern auf das übrige Programm ist auszuschließen") (ZAW 1992).

[87] Traditionsveranstaltungen, die einen Sponsornamen beinhalten, werden vollständig genannt: im Galopprennsport der "Aral-Pokal" im Gegensatz zu den Turnieren/Veranstaltungen mit wechselnden Titelsponsoren, wie z.B. die "Ford Australian Open" oder auch die "IBM-ATP-Tour".

[88] Die finanzielle Abhängigkeit des Sports von staatlichen Subventionen hat sich durch das Sportsponsoring verringert.

[89] In den USA wird dies an den Kosten für die sog. "Expansion franchises", die Spielkonzessionen für weitere Teams in den Major Leagues der populären Volkssportarten deutlich. 1993 kosteten die Franchises im Baseball pro Team 95 Millionen Dollar und in der National Football League 130 Millionen Dollar (Scheffler 1993).

Das Sportsponsoring verzeichnet in Deutschland seit Mitte der 80er Jahre einen wahren Boom. Die Sportsponsoringaufwendungen der Unternehmen in Deutschland stiegen in den Jahren 1985 bis 1992 von schätzungsweise 150 Millionen auf etwa 1,5 Milliarden Mark (s. Abb. 2).

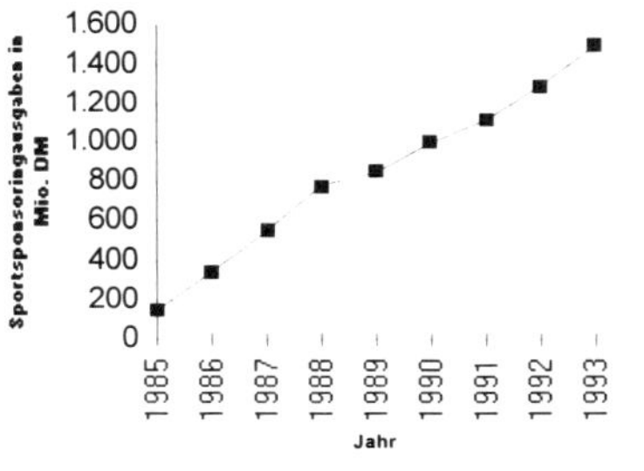

(Quelle: FAZ, Mussler 1991)

Abb. 2: Die Entwicklung der Aufwendungen im Sportsponsoring

Damit nimmt Deutschland gemeinsam mit Italien bei den Sportsponsoringaufwendungen eine Spitzenstellung in Europa ein.[90]

Nach Schätzungen der International Sports and Leisure Marketing AG (ISL) wurden 1992 weltweit etwa 8,3 Milliarden Mark für Sponsoring ausgegeben, davon 70 Prozent für den Sport (o.V. 1993_{19}).

Insbesondere bei sportlichen Großveranstaltungen haben sich die Aufwendungen und Einnahmen aus Übertragungs- und Vermarktungsrechten in den letzten zwei Jahrzehnten immens erhöht:

[90]Einer Untersuchung des Studienbüros Hill & Knowlton zufolge war Italien 1991 noch Spitzenreiter in Europa mit schätzungsweise 1,3 Milliarden Mark. Etwa 460 Millionen Mark wurden 1991 in Italien in den Motorsport investiert, wo so renommierte Marken wie Ferrari, Alfa Romeo und Lancia präsent sind. Mit 218 Millionen Mark wird etwa dreimal soviel in den Fußballsport investiert wie in Deutschland. Allerdings sind die größten italienischen Fußballvereine Aktiengesellschaften, die zu finanzstarken Holdings gehören und etwaige Verluste problemlos abdecken. Es folgen der Radsport (162 Millionen Mark), Basketball (89 Millionen Mark) und Volleyball (62 Millionen Mark). Tennis (52,5 Millionen Mark), Leichtathletik (48,5 Millionen Mark) und Segeln (40 Millionen Mark) werden bei weitem nicht so stark gefördert (o.V. 1992_{2}).

- Die Einnahmen des IOC aus Sponsorengelder bei den Olympischen Sommerspielen 1992 in Barcelona betrugen 825 Millionen Mark, gegenüber 7 Millionen Mark 1986 in Montreal (o.V. 1992$_{8}$).
- 1976 erwarb ABC die Fernsehrechte für die Olympischen Sommerspiele in Montreal für 25 Millionen Dollar. NBC muß für die Fernsehrechte an den Olympischen Sommerspielen 1996 in Atlanta 456 Millionen Dollar zahlen (o.V. 1993$_{19}$).
- Die zwölf "offiziellen Sponsoren" der Olympischen Spiele 1992 in Barcelona und Albertville[91] zahlten im Durchschnitt 21,7 Millionen Dollar für das vierjährige sog "Top 2 - Programm" der ISL (o.V. 1992$_{8}$). Die "offiziellen Sponsoren" der Olympischen Winterspiele 1994 in Lillehammer und Olympischen Sommerspiele 1996[92] in Atlanta müssen mit rund 40 Millionen Dollar fast doppelt so viel zahlen (o.V. 1994$_{1}$).
- Die "offiziellen Sponsoren" der Fußball-Europameisterschaft 1992 in Schweden mußten für Reklamerechte und Werbeflächen in den Stadien jeweils 6 Millionen Mark bezahlen, der Titel "offizieller Lieferant" kostete 1,5 Millionen Mark (o.V. 1992$_{10}$).[93]
- Die Sponsoren, die sich die weltweiten Werberechte für die Fußball-Weltmeisterschaft 1994 in Amerika gesichert haben, müssen durchschnittlich mehr als 30 Millionen Mark an die Vermarktungsgesellschaft ISL zahlen (o.V. 1993$_{19}$).

Das Sponsoring einer sportlichen Großveranstaltung erfordert, damit sie nicht wirkungslos verpufft, vom Sponsor ein langfristiges, mit hohen Kosten verbundenes Engagement auf sämtlichen Kommunikationswegen des Unternehmens.[94]

Auch auf nationaler Ebene konnte der Sport enorme Einnahmesteigerungen im Sponsoringbereich verzeichnen. Die Einnahmen der Vereine der 1. Fußball-Bundesliga aus dem Trikotsponsoring haben sich seit dem ersten Einstieg von Trikotsponsoren 1975/76 von rund vier Millionen Mark auf rund 35 Millionen Mark in der Saison 1993/94 erhöht (s. Tab. 1).
Ein Ende dieser Preisentwicklung ist zumindest bei den Spitzenvereinen noch nicht abzusehen.[95]

[91] u.a. Mars, Seat, Coca-Cola, Kodak und Visa.

[92] u.a. Coca Cola, AT&T, Anheuser Busch.

[93] u.a. Canon, Fuji Film, JVC, Carlsberg, Coca-Cola, Mastercard, Philips, General Motors und McDonald.

[94] Die deutsche Mars-Gesellschaft investierte allein 1992 etwa 25 Millionen Mark in eine spezielle Olympiawerbung (u.a. auch mit Heike Henkel). Genauso wie Coca-Cola war Mars mit eigens für die Olympischen Spiele produzierten Werbefilmen in den deutschen Medien präsent (o.V. 1992$_{7}$).

[95] Die Live-Übertragungen von fast sämtlichen Spielen deutscher Mannschaften in den europäischen Pokalwettbewerben garantieren den Sponsoren zusätzliche attraktive Kommunikationsleistungen (vgl. dazu Kap. 6.1.1).

Verein	Saison 1993/94 Sponsor	Honorar in TDM	Saison 1988/89 Sponsor	Honorar in TDM	Saison 1982/83 Sponsor	Honorar in TDM	Saison 1975/76 Sponsor	Honorar in TDM
Bayern München	Opel	5.000	Commodore	2.000	Iveco	750	adidas	350
Bayer Leverkusen	Bayer	5.000	Bayer	*	Bayer	*	Bayer	*
Eintracht Frankfurt	Tetra Pak	3.000	Hoechst	700	Hoechst	700	Remington	700
Hamburger SV	Sharp	2.600	Sharp	2.700	BP	600	Hitachi	500
Schalke 04	Müllermilch	2.600			Trigema	600		
1.FC Köln	Pepsi Cola	2.200	Samsung	1.100	Doppeldusch	700		
Borussia Dortmund	Continentale	2.000	Continentale	700	UHU	365	Samson	250
Werder Bremen	DBV	2.000	Portas	800	Olympia	500	Norda	350
VfB Stuttgart	Südmilch	2.000	Südmilch	800	Dinkelacker	600	Frottessana	100
1. FC Kaiserslautern	okidata	1.500	Trigema	600	Portas	500	Campari	200
Bor. M'gladbach	Trigema	1.200	Ruhrgas AG	800	Datsun	650	Ruhrgas AG	700
1. FC Nürnberg	Trigema	1.200	Reflecta	700	ARO	470		
Karlsruher SC	Ehrmann	1.100	SÜBA	400	BIC	450		
Dynamo Dresden	Portas	1.000						
Wattenscheid 09	Steilmann	1.000						
SC Freiburg	Zehnder	800						
MSV Duisburg	Götzen	700	Sparkasse	400				
VfB Leipzig	Axtmann	400						
Arminia Bielefeld					Seidensticker	350		
VfL Bochum			Trigema	400	Polsterwelt	350	Osborne	200
Fortuna Düsseldorf			Zameck	600	ARAG	300	ARAG	300
Eintracht B'schweig			Club 100	1.000			Jägermeister	400
Gesamtsumme		35.300		12.700		7.885		4.050

(Quellen: Fischer 1986, Walkhoff 1993, o.V. 1993$_{11}$)

Tab. 1: Trikotsponsoring in der 1. Fußball-Bundesliga

2.5 Sportsponsoring - das "etwas andere" Kommunikationsinstrument

2.5.1 Die Eignung des Sports für kommunikative Zwecke

Zu den präferierten Erlebnisfeldern der Konsumenten in unserer Gesellschaft zählen Freizeit, Abenteuer, Natur, Geselligkeit und Sport (Ghazizadeh 1987). Der Sport ist zur Verwirklichung dieser Lebensziele bestens geeignet. Wie eine Studie der Hamburg Mannheimer Stiftung ergab, macht Sport Spaß, fördert die Gesundheit und wird insgesamt - von aktiven wie auch nicht aktiven Sportlern - positiv beurteilt (Hermanns, Drees, Wangen 1986).
Sportsponsoring verbindet die Werbung mit einem besonders positiv besetzten Erlebniswert und kann dadurch einem Produkt (Marke) einen hohen realen Erlebniswert verschaffen. Beim Sport sind die Leute zudem aufgeschlossener für die Aufnahme, die Verarbeitung und den Austausch von Informationen (Disch 1988).

Große Sportereignisse und erfolgreiche Sportler ("Superstars") sammeln und regulieren in erfolgreicher und zuverlässiger Weise Aufmerksamkeit über die Medien. Gerade in einer Informationsgesellschaft wie der unsrigen, in der durch eine permanente Informationsüberlastung die Aufmerksamkeit nachläßt, ist dies ein wichtiger Gesichtspunkt. Die Chancen des Sportsponsoring werden auch durch die Veränderungen der Lebensstile bestimmt. Die Symbole des Sports - Jugendlichkeit, Erfolg, Modernität, Effizienz und Leistungsfähigkeit - sind zunehmend zu Merkmalen der attraktiven Lebensgestaltung und der individuellen Selbstdarstellung im Alltag geworden. Sie sind heute Basiswerte unserer modernen Gesellschaft (Rittner, Mrazek 1989).[96]

In Sachen Sport besteht sozusagen eine weltweite (körperliche) Minimalkompetenz, denn der Sport ist integraler Bestandteil der schulischen Curricula aller Industrienationen, so daß zumindest dort eine generelle Vorstellung über Sport besteht (Horak/Penz 1992). Zudem ist im Gegensatz zur Kunst die Geschichte einer Disziplin/Sportart für das Verständnis eines Wettkampfes in eben dieser Disziplin/Sportart primär unerheblich.

Die Sponsoren können auf eine breite Akzeptanz ihrer Sportsponsoringengagements beim Konsumenten setzen (Walkhoff 1993. o.V. 1993_{12}):

- Knapp 80 Prozent der Deutschen assoziieren einer Studie des Sample Instituts in Mölln zufolge Sportsponsoring spontan mit Sportförderung (o.V. 1993_{12}).

[96]Die Suche nach neuen Möglichkeiten der attraktiven Selbstdarstellung haben ihre Ursache in der Erosion traditioneller Persönlichkeits- und Körperideale und eines allgemeinen Wertewandels (Rittner, Mrazek 1989).

- Sportsponsoren werden von den Konsumenten als "führend" und "leistungsstark" betrachtet.
- Eine Untersuchung des Kölner Marktforschungsinstituts "Sport und Markt" ergab, daß 70 Prozent der sportinteressierten Deutschen bei gleicher Qualität und Verfügbarkeit in der Kaufsituation das Sponsorprodukt präferieren würden.[97]
- Den höchsten Sympathiewert bezüglich dem Sponsoring von Veranstaltungen erzielen die Olympischen Spiele, wohl auch weil sie im vier-Jahres-Rhythmus und in einer bisher noch werbeneutralen Wettkampfatmosphäre stattfinden.[98]
- Hinsichtlich dem Sponsoring von Sportveranstaltungen gibt es jedoch die Befürchtung, daß die Sender ihre Unabhängigkeit verlieren, und die Unternehmen Einfluß auf die Sendung nehmen könnten.

2.5.2 Der Kommunikationsprozeß im Sportsponsoring

Beim Sportsponsoring erreicht die Werbebotschaft des Sponsors im Unterschied zur klassischen Werbung niemals die volle und vorrangige Aufmerksamkeit des Rezipienten, sondern sie wird ihm sozusagen im Rahmen seines Sportinteresses mitvermittelt. Der Rezipient kann sich deshalb dieser Botschaft im Gegensatz zum Werbefernsehen nicht bewußt entziehen, ohne auf die Sportberichterstattung zu verzichten. Gleichzeitig sind jedoch die Wahrnehmungsbedingungen durch den Sponsor nicht steuerbar.[99] Der Inhalt der übermittelbaren Werbebotschaft beschränkt sich auf den Produkt- bzw. Unternehmensnamen und/oder ein entsprechendes Logo. Informationen zum Produkt bzw. Unternehmen können nur durch den Einsatz zusätzlicher Werbemedien erreicht werden.[100]
Der kommunikative Wirkungseffekt einer übertragenen Sportveranstaltung beschränkt sich auf eine kurzzeitige, einmalige und relativ schnell abklingende Aktivierung ohne nachhaltige Depotwirkungen. Der Schnell-Lebigkeit des sportlichen Ereignisses entspricht die Kurzzeit-Response der Rezipienten. Langzeitwirkungen der Penetration von Markennamen, Produkt-

---

[97]Eine noch höhere Präferenzbildung beim Verbraucher scheint zumindest global betrachtet nur noch schwer möglich, denn bereits 1986 war die ISL bei einer entsprechenden Untersuchungen zu einem ähnlichen Ergebnis gekommen (ISL 1986).

[98]68 Prozent der Westdeutschen und 77 Prozent der Ostdeutschen befürworteten die finanzielle Förderung der Olympischen Spiele durch Sponsoren (o.V. 1993_{12}).

[99]Die Kameraführung beispielsweise ist auf das Sportgeschehen und nicht auf die Werbebotschaft ausgerichtet, wodurch Verzerrungen oder unzureichende Darbietungszeiten die Wahrnehmungsqualität in erheblicher Weise beeinflussen können.

[100]Roth bezeichnet Sponsoring deshalb auch als komplementäres Instrument zu den klassischen Kommunikationsinstrumenten Werbung, Verkaufsförderung und Public Relations (Roth 1990).

botschaften bzw. Imageveränderungen mit stabiler Anhaltewirkung sind durch Sportsponsoring allein nicht zu erreichen (Roth 1990).[101]

Hermanns/Drees erklären die Sportsponsoringwirkung anhand des Modells der Wirkungspfade von Kroeber-Riel. Für die Mehrzahl der Zuschauer unterstellen sie ein geringes Involvement mit einer entsprechend schwachen Aufmerksamkeit für die Werbebotschaft, die allerdings durch die Einbettung in das sportliche Umfeld stark emotional geprägt wird. Diese emotionalen Botschaften führen nun beim Sportsponsonsoring in Verbindung mit der geringeren Aufmerksamkeit unter der Prämisse der wiederholten Reizdarbietung über emotionale Prozesse zu einer Einstellungsbildung, die mit dem Prinzip der emotionalen Konditionierung vergleichbar ist (Hermanns, Drees 1990).

2.5.3 Die besondere Wirkungsweise des Sportsponsoring

Der Ablauf des Kommunikationsprozesses determiniert die Wirkungsbedingungen des Sportsponsoring nicht unerheblich. Die Berücksichtigung dieser Besonderheiten ist Grundvoraussetzung für ein erfolgreiches Sponsoringengagement. Im Einzelnen treten folgende Unterschiede im Vergleich zu den klassischen Werbemedien auf:

- Sportsponsoring wird im Rahmen des sportlichen Umfeldes angeboten, der Sport ist die Hauptsache und die Werbung nur Nebensache. Der Sponsoringbotschaft wird sozusagen nur eine sekundäre Aufmerksamkeitswirkung zuteil. So wird wahrscheinlich bei einem schnellen Gegenstoß im Fußball oder auch Eishockey kaum ein Zuschauer seinen Blick auf die vorbeiziehende Bandenwerbung im Bildhintergrund richten (o.V. 1987).
- Die Sponsorbotschaft wird unauffällig in das Sportgeschehen eingebettet, womit die gelockerte Atmosphäre und das positive emotionale Umfeld zur "unterschwelligen" Vermittlung der Werbebotschaft ausgenutzt werden können. Ein positives Umfeld ist mitentscheidend für die Einstellung des Konsumenten zur Werbung bzw. dem Werbeobjekt. Negative Folgewirkungen sind etwa eine Imageverschlechterung (Kalweit 1988).
- Sport als Medium sowie seine Umfelder erlauben meist nur die Vermittlung von kurzen Werbebotschaften (Namen, Logos, Farben). Der isolierte Einsatz von Sportsponsoring ist wenig sinnvoll, da damit keine Informationsfunktionen erfüllt werden können (Hermanns 1987).[102]

---

[101] Voraussetzung für den erfolgreichen Einsatz des Sponsoring ist also die konsequente Einbindung des Sponsoring in die strategische Kommunikationspolitik. Darauf wird im weiteren Verlauf noch ausführlich eingegangen.

- Die Werbewirkung des Sponsoring ist primär vom sportlichen Erfolg des Gesponserten abhängig, und wird dadurch von großer Unsicherheit geprägt.
- Beim Sportsponsoring spielt die Multiplikation der Werbekontakte durch Fernsehen, Tages- und Publikumszeitschriften die herausragende Rolle.
- In unserer multikulturellen und multinationalen Gesellschaft ermöglicht der Sport als Werbemedium die zielgerichtete Ansprache der Konsumenten unabhängig von Kultur und Sprache.
- Die Glaubwürdigkeit des Kommunikators als Sponsor, die spezifischen inhaltlichen Bedingungen der Sponsoringbotschaft sowie der nebensächliche Charakter der Sponsoringbotschaft sind die Hauptdeterminanten der Kommunikationswirkung.[103]
- Leistungssport und Wirtschaft weisen zahlreiche Gemeinsamkeiten auf.[104]
- Im Sportsponsoring werden in der Regel zwei Trägermedien - das Sponsorobjekt und die Medien - benötigt, um die Botschaft an die Zielgruppe heranzutragen.[105]
- Das Umgehen von Werbeverboten.
- Olympische Spiele bieten aufgrund ihrer polysemen Struktur ideale Sponsoringbedingungen für internationale Unternehmen.[106]

---

[102]Hermanns bezeichnet Sportsponsoring als übergreifendes multiples Instrument der Kommunikationspolitik (Hermanns 1987).

[103]Die Nähe des sponsernden Unternehmens und seiner Produkte zum Sponsoringobjekt ist ein wichtiges Kriterium für die Glaubwürdigkeit der durch den Sport vermittelten Werbebotschaft. Mangelnde Glaubwürdigkeit im Hinblick auf das Verhältnis zwischen Sponsor und Sponsoringobjekt kann die Aufnahmebereitschaft der Rezipienten mindern und damit den Erfolg des beabsichtigten Kommunikationsprozesses gefährden. Insbesondere Sportartikelhersteller bzw. Unternehmen mit sportnahen Produkten können deshalb eine hohe Glaubwürdigkeit hinsichtlich ihres Engagements erwarten (Erdtmann 1989).

[104]Kleinert hebt insbesondere die generellen Gemeinsamkeiten zwischen dem Leistungssport und der Wirtschaft hervor (Kleinert 1991):

- Sport und Wirtschaft benötigen die auf Vielfalt, Konkurrenz und Leistungssteigerung aufbauende Dynamik.
- Entsprechende Leistungen lassen sich nicht unter Zwang erreichen. Dazu benötigt der Mensch individuelle Freiräume.
- Überdurchschnittlicher Erfolg kann nur durch Selbstdisziplin und Enthaltsamkeit erreicht werden.

[105]Das gesponserte Ereignis kann nur die unmittelbaren Besucher erreichen. Erst über die Berichterstattung in den Massenmedien kann ein Millionenpublikum erreicht werden (Pratz 1992).
Über ein Sponsorship im Breitensport lassen sich viele Aktiven direkt bei einem geringen Medienexposure erreichen. Beim Sponsoring im Spitzensport sind nicht die Aktiven die Zielgruppe, sondern die Medien, mit deren Hilfe man Millionen von passiven Sportkonsumenten vor Ort, am Fernseher oder über die Printmedien ansprechen kann (Gietz 1992).

[106]Die vielfältige internationale Medienberichterstattung, die damit verbundene Genre und die verschiedenen kulturellen Symbole unterstreichen den mehrdeutigen Charakter der Olympischen Spiele und ermöglichen den Sponsoren eine vielfältige und vielschichtige Konsumentenansprache. Vergleiche dazu Untersuchungen von Chalip (Chalip 1992).

In den Vergangenheit wurden zahlreiche, isolierte Sponsoringformen hinsichtlich ihrer Werbewirkung untersucht.[107] Umfangreiche Untersuchungen von Hackforth zur Werbewirkung der Bandenwerbung ergaben, daß

- die Anzahl der Banden positiv mit der Einblendungszeit und der Einblendungsfrequenz korreliert,
- die Bandenzahl und die Einblendungsdauer keine vorhersehbaren Größen für die Wahrnehmung und Erinnerung beim Publikum sind,
- der tatsächliche Spielverlauf die entscheidende Einflußgröße für die Einblendungsdauer und -frequenz ist. Hinzu kommen Kamerapositionen sowie Regie, Typographie und Farbe der einzelnen Banden (Hackforth 1990).

Eine weitere 1992 von Hackforth durchgeführte umfangreiche Analyse auf Werbeformenkontakte von Sportbeiträgen bestätigte die Annahme, daß eine entsprechende Werbewirkung durch Sportsponsoring, wenn überhaupt (Erhöhung des Bekanntheitsgrades, Imagedynamisierung), nur durch eine langfristige, mit den klassischen Kommunikationsmedien abgestimmte Sponsoringstrategie erreicht werden kann.[108]

Gegenstand der meisten Untersuchungen im Hinblick auf die Werbewirkung des Sportsponsoring waren isolierte Sponsoringmaßnahmen (Banden- und Trikotwerbung), mit deren isolierten Einsatz aufgrund der allenfalls sekundären Aufmerksamkeitswirkung des Sportsponsoring keine spürbaren Erfolge zu erzielen sind.
Aussagefähige Untersuchungen über die Wirkung von komplexen Sportsponsoringengagements fehlen bisher noch völlig.

2.5.4 Werberechtliche Beschränkungen

Das Sportsponsoring unterliegt den allgemeinen gesetzlichen Beschränkungen der Werbung in Deutschland sowie den jeweiligen verbandsspezifischen Vorschriften. Im Rahmen dieser Ar-

---

[107]Untersuchungen von Troll (Troll 1983) und Hackforth (Hackforth 1990) über die Werbewirkung der Bandenwerbung bzw. über die Werbewirkung des Sportsponsoring im Automobilrennsport von Hermanns (Hermanns 1985, Hermanns 1986).

[108]Eine Untersuchung von Sportberichterstattungen ergab, daß sich kein Unternehmen von den anderen absetzen konnte. Lediglich Coca Cola und Opel erreichten einen deutlich höheren Bekanntheitsgrad als Sportsponsoren in Deutschland, das Resultat einer langfristigen, in die klassische Werbung integrierten Sportsponsoringpolitik (o.V. 1993$_{15}$)

beit sollen nur kurz die wichtigsten, das Sportsponsoring betreffenden werbe-, medien- und verbandsrechtlichen Gesetzesvorschriften erwähnt werden.[109]

- Die wichtigsten allgemeinen werberechtlichen Vorschriften sind im Gesetz gegen den unlauteren Wettbewerb (UWG) enthalten.[110] Diese staatliche Einschränkung dient sowohl dem Verbraucherschutz als auch der Erhaltung der Lauterkeit und Leistungsfähigkeit des Wettbewerbs ("Verstoß gegen die guten Sitten"). Für das Sportsponsoring werden folgende Sachverhalte geregelt:
  - das Auftreten bestimmter Branchen als Sponsoren (u.a. Zigaretten- und Spirituosenhersteller),
  - die Zulassung bestimmter Werbemaßnahmen,
  - die Abgrenzung zwischen Werbung und irreführender Werbung (u.a. Product Placement),
  - die eindeutige Trennung von Text- und Anzeigenteil.

- Der ZDF-Staatsvertrag schreibt die deutliche Trennung von Programm und Werbung fest. Er begrenzt das Werbeprogramm auf durchschnittlich zwanzig Minuten täglich. Außerdem dürfen keine Werbesendungen nach 20.00 Uhr sowie an Sonn- und Feiertagen gesendet werden. Das Sponsoring von Sendungen im öffentlich-rechtlichen Fernsehen ist erlaubt, wenn es nicht direkt den wirtschaftlichen Interessen des Sponsors oder eines anderen dient (ZAW 1992).

- Der Rundfunkstaatsvertrag legt die maximale Werbezeit der privaten Fernsehanbieter pro Stunde auf zwanzig von hundert fest.[111] Hinsichtlich des Sponsoring von Veranstaltungen gibt es keine Einschränkungen.

- Ein Kennzeichnungsgebot der Werbung und ein Blockwerbegebot ist für alle Fernsehanstalten im Rundfunkstaatsvertrag zwingend vorgeschrieben.

- Das Lebensmittel- und Bedarfsgegenständegesetz verbietet die Fernsehwerbung für Zigaretten, zigarettenähnliche Tabakerzeugnisse und Tabakerzeugnisse. Außerdem gestattet es die Ausdehnung des Werbeverbots u.a. auch auf den Sportbereich.[112]

---

[109] Einen umfassenden Überblick über die Rechtsproblematik im Sponsoring, die Anwendung von Vertrags-, Steuer-, Medien- und Wettbewerbsrecht auf das Sponsoring, liefert die Arbeit von Bruhn, Manfred, Mehlinger, Rudolf: Rechtliche Gestaltung des Sponsoring, Bd. 1, München 1992.

[110] Irreführende und vergleichende Werbung sinbd in Deutschland verboten (§1 und §3 UWG).

[111] Die Neufassung des Rundfunkstaatsvertrages für das vereinte Deutschland ist am 01.01.1992 in Kraft getreten (ZAW 1992).

- Beim Sponsoring müssen die beiden Vertragspartner beachten, daß die Sportvereine gemäß Satzung und tatsächlicher Geschäftsführung gemeinnützige Zwecke verfolgen, wenn die Vereine bzw. ihre Dachverbände die damit verbundenen Steuervorteile in Anspruch nehmen wollen.

- Umfang, Größe und Gestaltung der werblichen Botschaften im Sport werden von den nationalen bzw. internationalen Sportverbänden festgelegt.[113]

---

[112]Bei Motorsportveranstaltungen in Deutschland ist Zigarettenwerbung verboten. Sämtliche Motorsportfahrzeuge fahren ohne den entsprechenden Schriftzug des Zigarettensponsors. Rot steht dann für "Marlboro", das Kamel für "Camel" und aus "West" wird "East".

[113]Bandenwerbung am Tenniscourt ist meist nicht in den Original-Unternehmensfarben möglich, da sonst die Spieler optisch irritiert würden. Gestattete Farbkombinationen sind u.a. Schwarz auf Grün oder Weiß auf Hellblau (Gietz 1992).

3. Konzeptionelle Grundlagen für ein Sportsponsoringmodell

3.1 Die sportliche Leistung als verwertbares Gut

3.1.1 Die Produzenten der sportlichen Leistung

Der Sport in Deutschland ist ein heterogenes Gebilde, in dem derzeit Vereine und Verbände noch die wichtigsten Elemente darstellen.[1] Die alles umfassende Klammer des deutschen Sports ist der Deutsche Sportbund (DSB).[2]
Die bedeutendsten Mitgliederorganisationen sind die 52 Spitzenverbände (Bundesfachverbände), die alle grundsätzlichen Angelegenheiten in ihrer Sportart regeln, denen die Vertretung in den internationalen Föderationen obliegt und die in ihrer Sportart - auch gegenüber dem Deutschen Sportbund und dem Nationalen Olympischen Komitee für Deutschland - autonom sind.[3] Sie veranstalten Deutsche Meisterschaften, wählen die Vertretungen für Länderkämpfe, Welt- und Europameisterschaften aus, bilden die Spitzenkader heran, vertreten deren soziale Probleme bei der Stiftung "Deutsche Sporthilfe" und sind für die Lehrarbeit sowie die Weiterbildung des Regelwerks verantwortlich. Den Landesverbänden obliegt als Mitglieder der Spitzen- und Bundesfachverbände insbesondere die Durchführung des Wettkampfbetriebes auf Landesebene.[4] Sie stellen das organisatorische Bindeglied zwischen Vereinen und Spitzenverbänden dar. Die Vereine bilden die Basis des organisierten Sports in Deutschland (DSB 1992_1).

Die Sportverbände sind praktisch zur Vermarktung der von ihnen unterhaltenen Verbandseinrichtungen gezwungen, da die Förderung der Weiterentwicklung ihrer Sportart, zu der sich die Sportverbände durch ihren Satzungszweck verpflichten, von guten Ergebnissen im Hochleistungssport und der davon auf den Breitensport ausgehenden Vorbildfunktion abhängig ist.[5]

---

[1] Mit kommerziellen Sportanbietern, vor allem im Fitneßbereich, ist für den Sport(verein) eine nicht zu unterschätzende Konkurrenz entstanden.

[2] Dieser Dachverband wurde am 10.12.1950 gegründet und vereint heute 8.291 Sportverbände und Institutionen mit über 23 Millionen Mitgliedern in mehr als 77.000 Turn- und Sportvereinen (DSB 1992_1).

[3] Im Grundgesetz Art. 9, Abs. 1 ist das Recht der Bundesbürger auf Vereinigung in Vereinen verankert. Das Recht versteht darunter alle juristischen und natürlichen Personen. Damit hat es Gültigkeit über den Gesamtbereich des organisierten Sports vom einzelnen Sportverein, dessen Mitglieder natürliche Personen sind, über die verschiedenen Verbandshierachien bis hin zum Deutschen Sportbund. Die Mitglieder des DSB sind juristische Personen, also Sportvereine und/oder Verbände (Barth 1988).

[4] Die Verbände entziehen die Leistungssportler dem Verein, indem sie diese in Bundes- oder Leistungszentren direkt betreuen. Die Verbände stellen verschiedene Kader auf, denen die Sportler aufgrund ihrer Leistungen zugeordnet werden (A-, B- und C-Kader). Diese Sportler erfahren neben der besonderen Verbandsbetreuung auch eine finanzielle Förderung durch die Deutsche Sporthilfe.

[5] Die Erfolge von Boris Becker und Steffi Graf lösten Mitte der achtziger Jahre in Deutschland einen wahren Tennis-Boom aus.

Sportliche Erfolge, möglichst auf internationaler Ebene, sind die Voraussetzung für entsprechende staatliche Subventionen bzw. Sponsorengelder. Erfolge im Hochleistungssport lassen sich nämlich heute nur noch durch den Einsatz erheblicher finanzieller Mittel erreichen (Siegfried 1990).[6]

Die Produktion des Sports wird mittlerweile von Vereinen[7], Verbänden, Einzelsportlern und privaten Veranstaltern[8] getragen. Der Sportverein ist trotz aller Kommerzialisierungstendenzen noch immer der Ort, wo sowohl Breitensport als auch wettbewerbsmäßiger Amateur- und Hochleistungssport ausgeübt wird.

Diese Arbeit beschäftigt sich mit den kommerziellen Vermarktungsmöglichkeiten und -perspektiven des Sports. Weil eine Verbesserung der Vermarktungsmöglichkeiten für den Sport u.a. eine entsprechende Professionalisierung des Sports voraussetzt, werden in dieser Arbeit alle Verbände, Vereine, Einzelsportler oder auch Sportveranstalter, die einen sportlichen Output produzieren und diesen bzw. sein Umfeld kommerziell verwerten, unabhängig von ihrer Rechtsform als Sportunternehmen bezeichnet.[9]

Der einzelne Sportler trägt die Sportproduktion in hohem Maße und beeinflußt damit den sportlichen Output entscheidend. Er bringt sozusagen seine Arbeitskraft in ein Sportunternehmen (das auch sein eigenes sein kann) ein, welches dem Sportveranstalter als Produktionsfaktor im Rahmen einer marktgerechten Verwertung dient.[10] Sportveranstalter, Sportunternehmen als (Ko-)Produzenten bzw. die Sportler, sofern sie als eigenes Unternehmen agieren, stehen in unmittelbaren Kontakt zu den Abnehmern des sportlichen Outputs. Bei der Erstellung ihrer sportlichen Leistung sind sie mehr oder weniger eng im Verbandsrahmen eingebunden und

---

[6] Der Kommerzialisierungsprozeß hat sich damit für die Sportverbände zu einem Weg im Kreis entwickelt.

[7] Die Sportvereine moderner Prägung sind auf dem Weg zu einer Organisation, die den Mitgliedern vornehmlich sachliche, personelle und organisatorische Rahmenbedingungen zur Realisierung sportlicher Interessen bereitstellt. Die Mitglieder treten als Kunden auf und nehmen konkrete Dienstleistungen des Vereins im Bereich der Sportausübung in Anspruch (Benner 1992).

[8] Darunter werden auch die Teams im Motorrennsport bzw. im Radrennsport gezählt.

[9] Die marktliche Verwertung sportlicher Leistungen erstreckt sich auf den gesamten Sportbereich. Auch im Breitensportbereich erstellte Leistungen können kommerziell verwertet werden. Ein Beispiel ist das Engagement der Kraft AG als Hauptförderer der "aktiverleben-Kampagne" des Deutschen Turner-Bundes.

[10] Der einzelne Sportler ist also in jedem Falle ein Produktionsfaktor, der entweder seine Arbeitskraft einem Sportunternehmen zur Verfügung stellt (z.B. Vereinsspieler) oder sich selbst als eigenes Sportunternehmen einbringt (Benner 1992).

müssen sich entsprechenden sportadministrativen und werblichen Regulierungen und Zwängen ihrer Verbandsorganisationen unterwerfen (Benner 1992).[11]

Am Beispiel des Lizenzierungsverfahrens des Deutschen Fußballbundes (DFB) wird die Eingriffsbefugnis eines Verbandes in die Entscheidungsautonomie des einzelnen Sportunternehmens (in diesem Falle einer Sportmannschaft) deutlich. Neben der sportlichen Qualifikation für die 1. oder 2. Bundesliga hat jeder Verein seine wirtschaftliche "Leistungsfähigkeit" nachzuweisen, gewisse "technische", "verwaltungsmäßige" und "sicherheitstechnische" Voraussetzungen zu erfüllen und eine Kaution zu hinterlegen.[12] Außerdem müssen die Vorschriften hinsichtlich der Werbung beachtet werden.[13]
Ähnliche Verbandsregelungen gelten auch für die Bundesligavereine im Bereich des Eishokkey, Basketball- bzw. Handballsports.[14]

3.1.2 Die Produktion der sportlichen Leistung

Analog zu Leistungsprozessen in anderen Wirtschaftszweigen werden bei güterorientierter Sichtweise der sportlichen Leistungserstellung Input- oder Produktionsfaktoren benötigt, die entsprechend kombiniert, zu einem Output führen, der als sportliche Leistung bezeichnet wird. Zu diesen Faktoren zählen: die menschliche Arbeitskraft, Betriebsmittel, Sportler, fremdbezogene Dienstleistungen und Veranstaltungsrechte (Benner 1992).

Die Leistungserstellung im Sportsponsoring erfolgt stets zweistufig.[15] Daran beteiligt sind mindestens zwei sog. "Sportunternehmen", deren sportlicher Wettkampf den Output ergibt sowie ein sog. "Sportveranstalter", der die zu erbringende Leistungserstellung organisiert, koordiniert und u.U. auch verwertet.[16]

---

[11]Bei Länderspieleinsätzen in der deutschen Fußball-Nationalmannschaft verlieren private Ausrüsterverträge der Spieler ihre Gültigkeit. Die Nationalspieler müssen in den Ausrüstungsgegenständen des Generalausrüsters des DFB, in diesem Falle die Firma adidas, auftreten.

[12]Die Auflagen für den Nachweis der wirtschaftlichen Leistungsfähigkeit und der sicherheitstechnischen Einrichtungen sind den jeweiligen Rundschreiben des DFB zu entnehmen (DFB 1993).

[13]Der DFB erlaubt Trikotwerbung auf der Brust bis max. 200 cm^2. Die Werbung auf Trainingsanzügen ist nicht determiniert (DFB 1992).

[14]Ausführlich werden die Vorschriften der verschiedenen Sportverbände von Pöttiner dargestellt. Vgl. dazu Pöttiner, Gerd: Wirtschaftliche und soziale Grundlagen der Professionalisierung im Sport, Wiesbaden 1989.

[15]Benner bezeichnet diesen Vorgang als "Koproduktion" (Benner 1992).

[16]Im Einzelnen können das Verbände, Veranstalter bzw. auch die Vereine (in Eigenregie) sein.

Das Produktionsziel (Sachziel) eines Sportunternehmens ist also die vorbereitete Teilnahme an Sportveranstaltungen (Meisterschaftsrunden, Meisterschaften, Wettkämpfe) innerhalb der jeweiligen Sportart, meist reglementiert durch von den Verbänden in Inhalt und Umfang festgelegten Teilnahmebedingungen und Spielplänen (Benner 1992).[17]

Die professionellen Fußballvereine der 1. Fußball-Bundesliga nehmen beispielsweise jährlich am Ligawettbewerb zur Ermittlung des "Deutschen Meisters" und zusammen mit den qualifizierten Amateurvereinen und den Mannschaften der 2. Bundesliga am Pokalwettbewerb zur Ermittlung des "Deutschen Pokalsiegers" teil. Die Teilnahme an internationalen Wettbewerben ist von der sportlichen Qualifikation auf nationaler Ebene abhängig.[18]

Die Produktion einer "sportlichen Leistung" weist eine Reihe von Unterschieden im Vergleich zum Güter- oder Dienstleistungsoutput von Wirtschaftsunternehmen auf (Benner 1992):[19]

- Es müssen mindestens zwei Sportunternehmen gegeneinander antreten.
- Die "Zusammenarbeit" mit den Konkurrenten zur Erstellung marktfähiger Leistungen und die Abgabe eines Teils der Entscheidungsautonomie an den Dachverband verhindert, daß Sportunternehmen eine sportliche Leistung autonom erbringen können.[20]
- Der sportliche Output ist aufgrund seiner Einzigartigkeit und Einmaligkeit determiniert.
- Der wirtschaftliche und sportliche Erfolg einer Veranstaltung steht und fällt mit der Teilnahme bzw. dem Erfolg der internationalen, nationalen und/oder lokalen Stars.[21]
- Primärziel der Sportunternehmen ist der Sieg, die Qualität des sportlichen Outputs ist meistens zweitrangig.[22]

---

[17]Die Veranstaltungsautonomie der nationalen Sportverbände ist im Zuge der Professionalisierung des Sports im Bereich von Veranstaltungen (u.a. Tennisturniere, Leichtathletikveranstaltungen, Hochsprung-Meetings) durch private, kommerzielle Veranstalter aufgeweicht worden.

[18]Derzeit qualifizieren sich die nach dem Deutschen Meister vier besten Mannschaften für den UEFA-Cup.

[19]u.a. Benner (Benner 1992), Hortleder (Hortleder 1978) gehen in ihren Ausführungen auf die Unterschiede im Output von Sportunternehmen im Vergleich zu Wirtschaftsunternehmen ein.

[20]Die Notwendigkeit von mindestens zwei Sportunternehmen als Voraussetzung der Erstellung einer sportlichen Leistung verhindert eine Monopolstellung der Vereine. In Amerika streben die großem "Leagues" durch die begrenzte Ausgabe von "Franchises" eine "Quasi-Monopolstellung" ihrer Mitglieder an (Fischer 1986).

[21]Das frühe Ausscheiden von Boris Becker und Michael Stich bei den US Open 1992 hat RTL als übertragenden Sender deutlich geringere Einschaltquoten und damit auch Werbeeinnahmen beschert. Der Konkurrenzsender SAT. 1 konnte durch die überraschende sportliche Qualifikation von Boris Becker für das ATP-Finale 1992 in Frankfurt und seinen anschließenden Turniersieg deutlich höhere Einschaltquoten verzeichnen (Penders 1992).

[22]Im Profisport zählt aufgrund des großen Erfolgsdrucks mit seinen wirtschaftlichen Konsequenzen nur noch der sportliche Erfolg ("Hauptsache gewonnen" oder "ein Runde weiter"), die Qualität des Outputs wird im Gegensatz zu Wirtschaftsunternehmen häufig vernachlässigt.

- Die wahrgenommene Möglichkeit der aktiven Beteiligung der Zuschauer an der Leistungserstellung differiert zwischen den Sportveranstaltungen und kann nur schwer vorhergesagt werden.
- Witterungseinflüsse bei Freiluftveranstaltungen können das Ergebnis der Veranstaltung oft erheblich beeinflussen.[23]
- Der Ausgang des sportlichen Wettkampfs zeichnet sich durch eine hohe Zufallsabhängigkeit aus. Glück und Pech beeinflussen im Vergleich zu "anderen" Wirtschaftsunternehmen die Leistungserstellung erheblich.[24]
- Höchstleistungen sind von Sportlern nicht am Fließband "produzierbar", dem Umfang sind insofern natürliche (physische und psychische) Grenzen gesetzt.
- Sportler treten mitunter nicht "sponsorgerecht" auf.[25]
- Die Unsicherheit des Ausgangs des sportlichen Wettkampfs (die Spannung) erhöht das Interesse der Zuschauer.[26]

3.1.3 Die Verwertung des sportlichen Outputs

Die sportliche Leistung diente ursprünglich zur Befriedigung der Bedürfnisse der Akteure selbst. Mit zunehmendem, sich in ökonomischen Größen äußerndem Interesse Dritter am sportlichen Output entwickelte sich die Erkenntnis, mit dem Output Bedürfnisse Dritter befriedigen zu können, und damit der professionelle Sport (Pöttiner 1989).[27]

---

[23] Veränderte Witterungsbedingungen ("Die Piste wird schneller") insbesondere bei Abfahrtsrennen im Alpinen Skilauf sind oftmals die Ursache für gute Plazierungen von Rennläufern (-innen) mit hohen Startnummern.

[24] z.B. die Ziehung der Reihenfolge bei der Startnummernauswahl im Alpinen Skisport, die Auslosung der Gegner bei Turnieren.

[25] Ein entsprechendes Beispiel stellt der Bericht in der Zeitschrift der Spiegel über den Auftritt von Lothar Matthäus beim Training des FC Bayern München dar. "Dann stürmt der lautstarke Muntermacher auf einen Opel Omega zu, den Michael Sternkopf soeben vor dem Gebäude parken will. Seinen Fußtritt an die Stoßstange des Wagens unterstreicht Matthäus mit einem lockeren ⟨ Hey, so `ne Scheißkarre ⟩". Die negativen Folgen einer solchen Aussage für den Hauptsponsor, der die Mannschaft immerhin mit fünf Millionen Mark jährlich unterstützt, sind nicht zu unterschätzen (o.V. 1992_{13}).

[26] Kein Verein kann ein Interesse daran haben, ständig zu gewinnen. Vielmehr müssen diese Vereine von einer starken nationalen Konkurrenz gefordert werden, um in den europäischen Wettbewerben, wo lukrative Einnahmen erzielt werden, gegen die internationale Konkurrenz bestehen zu können. Dieses Problem hat die Basketballmannschaft von Bayer 04 Leverkusen. National seit Jahren nur selten gefordert, hat die Mannschaft auf internationaler Ebene gegen die starken südeuropäischen Mannschaften sportlich keine Chance.

[27] Nach Meinung von Haase wurde das Sportsponsoring letztendlich möglich, weil dem sportlichen Output in kommunikationspolitischer Hinsicht ein symbolisch-metaphorischer Sinn zugesprochen wurde. Ansonsten wäre die Nachfrage nach einem immateriellen Gut, dessen Fertigkeit in unserer Gesellschaft nicht gefragt ist, nur schwer zu erklären (z.B. Heike Henkel und ihre Fähigkeit, möglichst hoch zu springen) (Haase 1993).

Der sportliche Output, der von den Sponsoren für kommunikationspolitische Zwecke genutzt wird, umfaßt neben der sportlichen Leistung auch die entsprechenden Produzenten. Im Unterschied zu Wirtschaftsgütern läßt sich der sportliche Output aufgrund seiner Einzigartigkeit nicht ohne den Produzenten vermarkten. Erst aus der Verbindung von sportlichem Output und Produzenten ergeben sich die vielfältigen kommunikativen Möglichkeiten für die Sponsoren.[28]

Im Sport werden marktlich verwertbare Leistungen erstellt, die Produkte[29] für die Nachfrager darstellen und aufgrund ihres immateriellen Charakters unter dem Begriff Dienstleistungen eingegrenzt werden können.[30] Diese marktlich verwertbaren Leistungen bestehen aus Wettkämpfen und Spielen in Einzel- und Mannschaftssportarten. Ihre Ergebnisse zeigen sich anhand von Siegen oder Niederlagen, von quantifizierbaren Leistungen nach dem c-g-s-System, in Form von Liga-Tabellenplätzen, von Ranglistenplätzen und von Meisterschaftstiteln aufgrund von Punktwertungen (Pöttiner 1989).

Die sportliche Leistung stellt im betriebswirtschaftlichen Sinne eine Marke dar, da die erbrachte sportliche Leistung durch "Markierung" (Teilnahme am Spielbetrieb im Profi-Fußball) von der Konkurrenz abhebbar ist.[31] Der sportliche Output oder der Sportler selbst sind jedoch keinesfalls, wie in der Literatur des öfteren zu lesen, ein Markenartikel.[32] Sponsoren und Medien kaufen mit den Nutzungsrechten am sportlichen Output ein werbewirksames Umfeld, dessen Qualität und Quantität vor der Erstellung nicht genau determiniert werden kann.[33] Diese Nutzungsrechte können keine Markenartikel sein, wenn schon das Postulat der gleich-

[28]Ein Olympiasieg im Weitsprung, die deutsche Fußball-Meisterschaft oder auch ein Weltrekord in einer beliebigen Disziplin lassen sich ohne Bezug zum Produzenten nicht sinnvoll vermarkten.

[29]Kotler hat den umfassendsten Produktbegriff geprägt. "Ein Produkt ist alles, das einem Markt als Objekt der Aufmerksamkeit, zum Erwerb oder zum Konsum angeboten werden kann. Der Begriff umfaßt konkrete Gegenstände, Dienstleistungen, Personen, Organisationen und Ideen" (Kotler 1992). Der Produktbegriff schließt bei Sachgütern und Dienstleistungen die konkreten Ausprägungen, Beschaffenheit, Verrichtung, die Nutzenerwartungen, Status, Prestige, Selbstdarstellung sowie die zusätzlichen mit dem Produkt verbundenen Leistungen ein (Kotler 1992).

[30]Auch Joan M. Chandler sieht den Sport, in diesem Fall den American Football als Produkt der übertragenden Fernsehmedien: "TV networks must regard sports as they regard anything else they televise - as a product." (Chandler 1991).

[31]Die Marke gibt nun einem Produkt oder einer Dienstleistung mittels "Markierung" einen Namen und/oder ein Zeichen und hebt damit das Angebot aus der Anonymität der Konkurrenz heraus (Zentes 1988).

[32]Michael Groß bezeichnet in diesem Zusammenhang fälschlicherweise einen Sportler als Markenartikel. "Er - gemeint ist der Sportler - kann ein Markenartikel sein, aber ein Sponsor kann auch helfen, aus einem Sportler einen Markenartikel zu machen" (Groß 1992).

[33]Der aus der Übertragung gezogene Nutzen ergibt sich erst aus der Messung der Einschaltquoten bzw. der z.T. davon abhängigen Werbeeinnahmen der Sportveranstaltung.

bleibenden Qualität vom sportlichen Output aufgrund des mit der sportlichen Leistungserstellung verbundenen Risikos nicht erfüllt werden kann.[34]
Desweiteren kann auch das Postulat nach gleichbleibenden Mengen der Angebotsform oder auch nach Ubiquität allenfalls partiell erfüllt werden. Ein frühes Ausscheiden im Turnier oder Wettbewerb verhindert weitere "Medienauftritte" des Sportlers/der Mannschaft. Zudem sind die Sponsorobjekte für geplante Sponsoringaktionen idR. auch nur zeitlich begrenzt verfügbar und einsetzbar.

Der sportliche Output wird von drei Nachfragegruppen genutzt:

- Die Zuschauer konsumieren die erbrachte sportliche Leistung unmittelbar als Besucher der Veranstaltung oder mittelbar als Zuschauer am Fernseher.
- Die Medien nutzen den Output als Inputfaktor für die eigene programmpolitische Leistungserstellung.
- Die Sponsoren setzen den Output bzw. sein (un)mittelbares Umfeld für eigene kommunikationspolitische Zwecke ein.[35]

Der sportliche Output hat für die Medien und Sponsoren einen derivativen (produktiven) Charakter, für die Zuschauer einen originären (konsumtiven) Charakter. Die Medien und Sponsoren nutzen die sportlichen Leistungen als investives Gut zur Realisation ihrer verschiedenen, ökonomischen und kommunikativen Zielsetzungen,[36] die Zuschauer werden im weitesten Sinne unterhalten (Benner 1992).[37]

Die an den sportlichen Output gekoppelten Nutzungsrechte sind keine eigenständigen Ausbringungsgüter, sondern spezifische Verwertungen eben dieses Outputs. Sie erhalten und entfalten ihren ökonomischen Wert erst durch die Erstellung der sportlichen Leistung (Benner

[34]Der einzelne Sportler bringt zwar seine Persönlichkeit in eine Sponsorvertrag mit ein, aber dadurch wird er auf keineswegs wie von Groß behauptet zu einem Markenartikel (Groß 1992). Markenartikel sind per definitione "Produkte bzw. Dienstleistungen, die auf Kundennutzen ausgerichtete, unverwechselbare Leistungen standardisiert in gleichbleibender Qualität offerieren" (Bruhn in Diller 1992).

[35]Die Sponsoren können mit sämtlichen an der Produktion des Outputs beteiligten Wirtschaftseinheiten Sponsoringbeziehungen eingehen.

[36]Der Nutzen des Sports als Kapitalgut liegt in der Verwendungsmöglichkeit zur Herstellung anderer immaterieller Güter, also im Verkauf von Übertragungsrechten an Medien, Nutzungsrechte für die Werbung an Sponsoren oder Lizenz- und Konzessionsrechte zum Verkauf von Produkten im Stadion (Pöttiner 1989).

[37]Sportkonsumgüter werden zur unmittelbaren Bedürfnisbefriedigung eingesetzt, z.B. der Kauf von Eintrittskarten oder Fanartikeln.

1992). Zu den Nutzungsrechten, die von den Sportunternehmen erworben werden können, zählen:

- Eigentumsrechte,
- Übertragungsrechte,
- Werberechte,
- Veranstaltungsrechte,
- Lizenzrechte.

3.1.4 Das Risiko der "sportlichen Leistungserbringung"

Die Produktion des professionellen Sports setzt die Mitwirkung von mindestens zwei gegeneinander antretender Sportunternehmen voraus, weshalb Quantität und Qualität des Outputs und damit der Dienstleistungen kaum steuerbar und von den Nachfragern und Konsumenten kaum kalkulierbar sind.[38] Die Sportunternehmen bieten also eine Leistung an, deren Erstellung aus sportspezifischen Gründen äußerst zufällig und risikoreich ist, jedoch gerade daraus ihre enorme Anziehungskraft und Nachfrage erfährt.

Der Umfang des Einsatzes der erworbenen Nutzungsrechte hängt von der Qualität und Quantität der erstellten sportlichen Leistung ab, die im Gegensatz zum Output in anderen Wirtschaftszweigen von zahlreichen sport(art)spezifischen Risiken geprägt wird.

- Die Dürchführung bestimmter Veranstaltungen setzt entsprechende Witterungsverhältnisse voraus.[39]
- Sich im Veranstaltungsablauf ändernde Witterungsverhältnisse können das Ergebnis verzerren.[40]
- Fehlerhafte Schiedsrichter- bzw. Kampfrichterentscheidungen können den Veranstaltungsablauf bzw. das Ergebnis beeinflussen.
- Sportlicher Erfolg bzw. Mißerfolg ist oft nur von Zehntelsekunden oder Zentimetern abhängig.[41]

---

[38] Wirtschaftsunternehmen und Medien werden als Nachfrager bezeichnet, um den kommerziellen Charakter ihrer Ziele zu unterstreichen und von den konsumtiven Absichten der Zuschauer (Konsumenten) abzugrenzen.

[39] z.B. Schneemangel oder zuviel Neuschnee im Alpinen Skisport, Windflaute bei Segel- und Surfwettbewerben.

[40] z.B. wechselhafte Windverhältnisse beim Skispringen, veränderte Pistenverhältnisse aufgrund von Sonneneinstrahlung beim Alpinen Skilauf.

[41] z.B. der Pfostenschuß im Fußball, der Netzroller im Tennis.

Qualität und Quantität des sportlichen Outputs sind angesichts dieser vielfältigen sportlichen Imponderabilien aus ökonomischer Sicht als kaum planbar und kalkulierbar zu bezeichnen. Sponsoren gehen deshalb dazu über, von den Produzenten eine gewisse Risikobeteiligung zu verlangen. Der Umfang der finanziellen und/oder sachlichen Gegenleistungen der Sponsoren wird an den sportlichen Erfolg, an die Teilnahme bestimmter Stars, den Umfang der Medienberichterstattung etc. gekoppelt.[42]

Bei internationalen Großveranstaltungen verpflichten sich die Veranstalter gegenüber den Fernsehanstalten bei Ausfall der Veranstaltung, veränderten Veranstaltungszeiten oder beim Ausfall bestimmter Mannschaften einen Teil- oder sogar den Gesamtbetrag der Übertragungsgebühren zurückzuzahlen. Die Veranstalter wiederum sichern sich gegenüber möglichen Regreßansprüchen durch den Abschluß entsprechender, in der Sportpraxis inzwischen üblicher, Versicherungen ab.[43]

3.2 Der Markt für Sponsoringrechte

3.2.1 Die Marktteilnehmer und ihre Beziehungen

Auf dem Sportsponsoringmarkt treffen Anbieter und Nachfrager von Nutzungsrechten am sportlichen Output aufeinander. Sämtliche Sportunternehmen, die einen sportlichen Output, unabhängig von der Leistungsebene oder dem Leistungsstatus,[44] kommerziell verwerten wollen, treten dabei als Anbieter auf dem Sportsponsoringmarkt auf.

Der sportliche Output wird von verschiedenen Gruppen individuell nachgefragt und genutzt:

- Die Zuschauer konsumieren die erbrachte sportliche Leistung unmittelbar beim Besuch der entsprechenden Sportveranstaltung oder mittelbar über die Medien.
- Die Teilnehmer nutzen die Sportveranstaltung zur individuellen Leistungserbringung (vornehmlich im Breitensportbereich).[45]

[42] Im deutschen Profi-Fußball werden zwischen Sponsoren/Ausrüstern und dem Verein sog. Meisterschafts-, UEFA-Cup-, Auf- oder Abstiegsprämien vertraglich vereinbart. Die DBV-Versicherung zahlte beispielsweise dem SV Werder Bremen für den Gewinn der Deutschen Fußballmeisterschaft in der Saison 1992/93 eine Prämie von 500.000 Mark. Das entsprach einem vertraglichen Aufschlag von 25 Prozent (o.V. 1993_{11}).

[43] Die Fernsehübertragungsrechte bei den Olympischen Sommerspielen 1992 in Barcelona wurden mit 150 Millionen Dollar vom Veranstalter versichert. Die entsprechende Versicherungsprämie betrug 4,4 Millionen Dollar (o.V. 1992_{21}).

[44] Gemeint ist die Differenzierung in den Profi- und Amateursport.

- Die Medien nutzen den Output als Inputfaktor für die eigene programmbezogene Leistungserstellung.
- Die Sponsoren setzen den Output für eigene kommunikationspolitische Zwecke ein.[46]
- Spezielle Sportsponsoringagenturen treten als Mittler/Makler zwischen Sport, Wirtschaft und Medien auf.[47]

Die Beziehungen zwischen Gesponserten und Sponsoren sollten von gegenseitigem Nutzen geprägt sein. Die beteiligten Parteien sind derzeit aber weder von der Macht noch von der existentiellen Notwendigkeit ihrer Beziehungen zueinander als gleichwertig zu betrachten, so daß man nicht von einer Partnerschaft reden kann. Der professionelle Sport ist in eine riskante Abhängigkeit von Medien und Sponsoren geraten.[48] Man kann derzeit lediglich eine aus den jeweiligen Systemzielen bzw. -leistungen begründete Dreiseitigkeit der Interessen erkennen, die zudem auch nicht immer frei von Widersprüchen ist.

- Die Gesponserten betrachten das Sportsponsoring als reines Finanzierungsinstrument. Die Möglichkeit der eigenen Präsentation im Rahmen des Sportsponsoring nutzen sie bisher kaum.[49]
- Zahlreiche Unternehmen sehen im Sport nur eine mediale Darstellungsplattform zur (kurzfristigen) Verwirklichung ihrer kommunikativen Ziele.[50]

---

[45] "Jugend trainiert für Olympia", die Golfserie von BMW.

[46] Eine Kategorisierung der Sponsoren ist aufgrund der großen Heterogenität äußerst schwierig. Drees nimmt deshalb die Nähe einer Unternehmung bzw. seiner Produkte zum Sport als Differenzierungskriterium. Er unterscheidet dabei vier Grade der Sportnähe: 1. Sportartikel, 2. sportnahe Produkte, 3. sportferne Produkte, 4. sportfremde Produkte (Drees 1991).

[47] Die Sportmarketingagenturen lassen sich beispielsweise in konzeptionelle Sportmarketingagenturen, Lizenzverwertungsagenturen, Bandenverkaufsagenturen, Sportlervermarktungsagenturen oder auch Veranstaltungsagenturen klassifizieren (Bellmann 1990).
Spezielle Sportrechte-Vermarktungsgesellschaften kaufen die Übertragungs- und Werberechte von den Sportveranstaltern und übernehmen die gesamte kommerzielle Vermarktung. Die ISPR hat die Übertragungsrechte an der 1. Fußball-Bundesliga vom DFB, die T.E.A.M. die Übertragungsrechte der Champions-League von der UEFA erworben.

[48] Die Einnahmen vieler Fußball-Bundesligavereine stammen nur noch zu einem Drittel aus dem Spielbetrieb (Zuschauereinnahmen). Fernseh- und Sponsorengelder haben sich zu den wichtigsten Einnahmequellen der Vereine entwickelt. Einige Traditionsmannschaften (u.a. FC Bayern München, Schalke 04) verzeichnen erhebliche Einnahmen aus dem Fanartikelgeschäft (Hennecke, Wild 1993).

[49] Für Sportunternehmen kann das Erreichen einer Monopolstellung im Gegensatz zum Wirtschaftsunternehmen im Hinblick auf die Erstellung einer sportlichen Leistung nicht erstrebenswert sein, da das Spiel, der Wettkampf oder das Rennen ohne Konkurrenz nicht oder nur unzureichend zu produzieren ist.

[50] Für die Sponsoren sollten unmittelbare kommerzielle Interessen keine Rolle spielen, da durch den Einsatz des Sportsponsoring primär keine ökonomische Ziele erreicht werden können (Faulstich 1992).

- Die Medien sind an attraktiven Sportübertragungsrechten interessiert, die ihnen entsprechende Einschaltquoten und Werbeeinnahmen bescheren.

Diese vielfältigen Interessenkollisionen werden ein Schwerpunkt der weiteren Arbeit sein.[51]

3.2.2 Die Zuschauer als Sponsoringparameter

Der Wettkampf orientiert sich nicht mehr (allein) am Erlebnis- und Erfahrungswert für den Athleten, sondern die Sportunternehmen produzieren immer häufiger einen Output für andere.[52] Sie müssen sich damit an den Ansprüchen der Verwender und Konsumenten orientieren:

- die Anforderungen der Sponsoren bzgl. der kommunikativen Umsetzung ihrer Engagements,
- das Interesse, die fachliche Kompetenz und die zeitlichen Möglichkeiten der Zuschauer,[53]
- die zeitlichen und inhaltlichen Vorstellungen der Medien zum Erreichen entsprechender Einschaltquoten.[54]

Trotz der verschiedenen Interessenkonflikte zwischen den Parteien sind die Zuschauer der Parameter für sämtlicher Beziehungen im Sportsponsoringsystem:

- Die Sponsoren erhoffen sich für ihr Engagement Vorteile hinsichtlich Bekanntheitsgrad und/oder Image bei den sportinteressierten Kunden (während des Veranstaltungsbesuches oder durch die mediale Berichterstattung).
- Die Medien nutzen die Einschaltquoten der attraktiven Sportübertragungen zum Verkauf von Werbespots im Umfeld der Sportübertragung (Halbzeitpause, Seitenwechsel im Tennis etc.).

---

[51] dazu ausführlich in Kap. 5.

[52] z.B. Schauturniere im Tennis, Hochsprung-Meetings, der Fuji-Cup im Fußball.

[53] Die meisten Zuschauer besitzen nicht die Fähigkeit, hervorragende technische Fertigkeiten, motorische Fertigkeiten und sonstigen Leistungsvoraussetzungen für den regelgerechten Sport zu erkennen. Für sie steht kämpferischer Einsatz, Waghalsigkeit, Mut und Ausdauer als Wert des Sports. Kämpferische Elemente erhalten einen höheren Stellenwert als technische Fertigkeiten oder gar ästhetische Vollkommenheit. Die Sensationsfreude eines nur bedingt sachkundigen Publikums denaturiert den Sport auf die Wahrnehmung spektakulärer Ereignisse und Ergebnisse (Stürze, Unfälle etc.) (Heinemann 1982).

[54] Mit Sportübertragungen versuchen die privaten Fernsehanstalten zum einen den Mangel an "Qualitätsprogrammen" zu kompensieren und zum anderen durch die Live-Berichterstattung den Zuschauern ein Zeichen von "Aktualität" und "Realität" zu signalisieren (Meier 1990).

- Ein entsprechender Zuschauerzuspruch garantiert dem Sport unmittelbar höhere Zuschauereinnahmen und mittelbar ein verstärktes Medien- und Sponsoreninteresse.

Der Zuschauer nimmt im Sportsponsoring die entscheidende Rolle ein. Alle beteiligten Parteien suchen den Zuschauer als Ansprechpartner. Ohne Zuschauer gibt es keine Stimmung, keine dramatischen Begegnungen, keine Fernsehübertragungen, keine Sponsoren und damit auch keine Werbe- und Spieleinnahmen für die Sportunternehmen. Findet eine Sportart/ein Sportunternehmen das Interesse des Publikums, dann wird diese(s) zunehmend von Sponsoren und Wirtschaftsunternehmen kommerzialisiert.[55] Höhere Zuschauerzahlen steigern die Einnahmen und wecken das Interesse von Sponsoren, Medien und Finanziers. Einschaltquoten und Reichweitendaten bestimmen dann die weitere Entwicklung dieser Sportart/dieses Sportunternehmens. Am Ende dieses sich spiralförmig hochschraubenden Wechselwirkungsprozesses steht dann die absolute Professionalisierung, Kommerzialisierung und Mediatisierung der Sportart bzw. des Sportunternehmens (Weiß 1990).

3.2.3 Die Struktur des Sportsponsoringmarktes

Nach Kotler besteht ein Markt aus allen tatsächlichen und potentiellen Käufern eines Produkts (Kotler 1991).[56] Ein Markt ist also ein Verfahren, bei dem durch das Zusammenwirken von Käufern und Verkäufern eines Gutes Entscheidungen über dessen Preis und Menge getroffen werden. Dabei interessieren vor allem

- die Interaktionskomponenten zwischen den Beteiligten,
- die Prozeßkomponenten - nach welchen Regeln die Interaktionen stattfinden,
- die Entscheidungskomponenten - warum ein Gut gekauft wird und zu welchem Preis.

Die Größe des Marktes ist abhängig vom Angebot und den Nachfragern.
Der Sportsponsoringmarkt läßt sich anhand der eigenständig handelbaren Absatzgüter in zwei Hauptmärkte unterteilen:[57]

[55]Unter Sportunternehmen wird in diesem Falle explizit eine spezielle Sportveranstaltung, ein Turnier etc. verstanden. Sportunternehmen in der Form von Vereinsmannschaften profitieren zunächst vorrangig von der Entwicklung ihrer Sportart.

[56]Der Begriff des Marktes umfaßt auch den Austausch von nicht-monetären Ressourcen (Kotler 1991).

[57]Der Sportsponsoringmarkt läßt sich noch in drei Nebenmärkte untergliedern: den Markt für den professionellen Zuschauersport, den Markt für Fanartikel und den Markt für mediale Werberechte im Umfeld der Sportberichterstattung. Diese sind insofern Nebenmärkte, weil die auf diesen Märkten gehandelten Rechte und Güter nicht Bestandteil des "klassischen" Sponsoring" sind, aber doch aufgrund ihrer ökonomischen Bedeutung Sportsponsoringentscheidungen beeinflussen können.

- den Markt für Übertragungs- und Senderechte,
- den Markt für Nutzungsrechte der Sponsoren.

Bis zum Markteintritt kommerzieller Fernsehanbieter Mitte der achtziger Jahre herrschte in Deutschland auf dem Markt der Fußballübertragungsrechte ein bilaterales Monopol. Mit dem Einstieg der privaten Fernsehanstalten entwickelte sich der Markt zu einem beschränkten Angebotsmonopol (Trosien 1991).
Handelsgegenstand ist mittlerweile nicht mehr nur das Übertragungsrecht, sondern im Sinne einer Produktheterogenisierung, die Frage der erst- und nachrangigen Verwertung sowie der zeitlichen Plazierung der Verwertung.[58]

Die Aufhebung des Globalvertrages für die mediale Verwertung der Sportarten (mit Ausnahme des Fußballsports) Ende 1989 hat zu einem (weiteren) Auseinanderbrechen der Sportbewegung geführt. Zwischen den Sportarten entwickelte sich ein Wettbewerb um die attraktivsten Übertragungsrechte, der zunächst mit dem Abschluß verschiedener Einzel- bzw. Paketverträge bis Ende 1994 endete.[59]
Die Preise der Erstverwertungsrechte bei den Topveranstaltungen im Tennis- und Fußballbereich sind für die öffentlich-rechtlichen Anstalten kaum noch zu finanzieren. Diese konzentrieren sich deshalb verstärkt auf Zweitverwertungsrechte und zur Dokumentation ihrer Aktualität um Exklusivrechte bei weniger populären Sportarten.

Der Gesamtmarkt der Nutzungsrechte für den sportlichen Output hat sich als Folge der zunehmenden Professionalisierung einer wachsenden Zahl von Sportarten und einer wachsenden Zahl von Sponsoren von einem ehemals bilateralen Oligopol zu einem bilateralem Polypol entwickelt (Trosien 1991).[60]

---

[58] SAT. 1 hatte die Erstausstrahlungsrechte der 1. und 2. Fußball-Bundesliga in Saison 1992/93 von der ISPR für 80 Millionen Mark erworben. ARD und ZDF mußten für die Zweitverwertungsrechte auch noch 30 bzw. 20 Millionen Mark bezahlen. Premiere zahlte für die verschlüsselte Übertragung des jeweiligen Topspiels 5 Millionen Mark. Das DSF darf ab der Saison 1993/94 montags insgesamt fünf Topspiele der 2. Fußball-Bundesliga pro Saison live übertragen (Raithel 1992).

[59] Der Basketball-, der Tennis- und der Eishockeyverband sowie die reiterliche Vereinigung schlossen Einzelverträge mit den öffentlich-rechtlichen Fernsehanstalten ab. Tischtennis, Handball, Hockey, Volleyball, Turnen und Leichtathletik sowie die Verbände vom Schwimm-, Fecht-, Bob-/ Schlittensport, den Ringern und Amateurboxern schlossen gemeinsam sog. Paketverträge mit den öffentlich-rechtlichen Fernsehanstalten ab (o.V. 1991).

[60] Unmittelbare Folge ist eine sinkende Markttransparenz für Sponsoren und Gesponserte.

Bei einer Differenzierung der Sponsoringmärkte nach Sportarten und/oder Sportunternehmen lassen sich auf einzelnen Teilmärkten abweichende Angebots- und Nachfragestrukturen feststellen.[61]

3.2.4 Der Ablauf des Sportsponsoringprozesses

Beim sportlichen Output handelt es sich um sog. Unikate, da die angebotenen sportlichen Leistungen hinsichtlich Qualität und Quantität teilweise erheblich differieren. Auch auf der Nachfragerseite weichen die Anforderungen, die die einzelnen Unternehmen an ein Sportsponsoringengagement stellen, oft erheblich voneinander ab.
Aufgrund innerbetrieblicher Vorschriften sind sowohl auf Hersteller- wie auf Nachfragerseite mehrere Instanzen, und damit mehrere Repräsentanten, an den Vertragsverhandlungen beteiligt. Bei Verhandlungen über derartige komplexe Leistungsbündel werden sowohl von Hersteller- als auch von Nachfragerseite häufig sog. externe Berater (Agenturen, Manager etc.) dazwischengeschaltet, die die Verhandlungen und die Festlegung der Vertragsmodalitäten übernehmen. Im Verlauf des Verhandlungsprozesses beeinflussen sich dabei die Parteien wechselseitig.[62]

Der Sport ist auf die vielfältigen finanziellen und/oder sachlichen Unterstützungen durch Medien und Sponsoren zur Finanzierung seines "Sportbetriebes" angewiesen. Die Verhandlungen bzw. Vertragsabschlüsse beeinflussen potentielle Interessenten oder sogar parallel laufende Verhandlungen. Sowohl der Abschluß von Fernseh- und/oder Sponsorverträgen als auch die Zusammenarbeit mit diesen Partnern kann positive oder negative Einflüsse auf das Image des Sportunternehmens haben.

Die Sportproduzenten erstellen immaterielle Wirtschaftsgüter, die aufgrund ihrer Verschiedenartigkeit und ihres Ausbringungsrisikos in qualitativer und quantitativer Hinsicht für Sponsoren nur bedingt vergleichbar und beurteilbar sind. Der Marktwert der diversen Nutzungsrechte ist von dem im voraus nur schwer zu bestimmenden sportlichen Erfolg abhängig (Benner 1992).
Preisunterschiede zwischen gleichen Nutzungsrechten lassen sich mit der vom Sponsor erwarteten, unterschiedlichen subjektiven Nutzenstiftung erklären. Realistische Beurteilungskriteri-

[61] Einflußfaktoren der Nachfrage sind der sportliche Erfolg nationaler Sportunternehmen, der gesellschaftliche Stellenwert, das Image der Sportart sowie die Anzahl der Veranstaltungen.

[62] Im Gegensatz zum Konsumgütermarkt können die Sportanbieter auf die individuellen Bedürfnisse des Sponsors eingehen und das Leistungsangebot zumindest weitestgehend auf seine Bedürfnisse abstimmen. Auf die Gefahr solcher "Zugeständnisse" wird u.a. in Kap. 6.1 näher eingegangen.

en fehlen in der Sportsponsoringpraxis noch völlig. Eine Orientierung nur an den Medienkontakten würde die wichtige Imagekomponente u.U. völlig außer acht lassen.[63]

Determinanten des Preises sind die subjektiven Erwartungen der Sponsoren hinsichtlich

- der Qualität des (künftigen) sportlichen Erfolges,
- des derzeitigen und künftigen Images des Sportunternehmens,
- die Quantität und Qualität der potentiellen Kontaktchancen,
- das Verhalten der Konkurrenten.

3.3 Anforderungen an ein Sportsponsoringmodell

3.3.1 Die klassische Darstellungsweise des Sportsponsoringsystems

Mit der rasanten Entwicklung der Sportsponsoringaufwendungen seit Mitte der achtziger Jahre ist das Sportsponsoring Thema zahlreicher Untersuchungen und Veröffentlichungen geworden. Schwerpunkte dieser Arbeiten waren die Einordnung des Sportsponsoring in das kommunikationspolitische Instrumentarium, eine inhaltliche Systematisierung des Sponsoring bzw. das Aufzeigen seiner Erscheinungsformen und Einsatzmöglichkeiten in der Kommunikationspolitik der Unternehmen. Des weiteren wurde die Wirkungsweise des Sportsponsoring analysiert und nach Möglichkeiten zur Werbewirkungsmessung und -kontrolle gesucht.

Das System des Sportsponsoring ist durch eine vielfältige und komplexe Beziehungsstruktur zwischen den beteiligten Elementen gekennzeichnet. Eine eingehende Analyse der Funktionsweise des Sportsponsoring setzt aber nicht nur die Berücksichtigung der Interessen und Motive aller Beteiligten voraus, sondern verlangt darüberhinausgehend auch die Erfassung der vielfältigen Interaktionen zwischen den Beteiligten und ihre Auswirkungen auf das Gesamtsystem.

Mit der zunehmenden Professionalisierung im Sport sowie der Bedeutung des Sponsoring für den Sport, die Sponsoren und die Medien, wächst die Notwendigkeit, die ökonomischen Zusammenhänge des Sportsponsoring, insbesondere hinsichtlich seiner Funktionsweise, wissenschaftlich zu analysieren und Erkenntnisse für die Sportpraxis zu gewinnen.

---

[63] Die Berichterstattung über sportlichen Mißerfolg bzw. etwaige Skandale kann einem Sponsor sogar wesentlich mehr Medienkontakte ermöglichen. Nur sind diese idR. eher mit einer negativen Wirkung für das angestrebte Image des Sponsors verbunden.

Derartige theoretische Modelle zur Erklärung der Funktionsweise des Sportsponsoring existieren allenfalls ansatzweise und erfassen die vielfältigen Interaktionen zwischen den am Sportsponsoring Beteiligten meist nur partiell und/oder vernachlässigen wichtige Parameter wie Zuschauer oder externe Faktoren.

- Bruhn stellt die Interessenslage und das Beziehungsgeflecht im Sportsponsoring in Form eines "magischen Dreiecks" dar, bestehend aus Sport, Wirtschaft und Medien. Die Funktionsweise des Sportsponsoring (der Sponsorships) erklärt er mit der Überschneidung der Interessenlagen der Beteiligten (Bruhn 1991).[64]
- Heinemann verweist bei der Darstellung des Beziehungsgeflechtes im Sportsponsoring zum einen auf die schwerpunktmäßig zwischen Sport und Sponsoren herrschenden unterschiedlichen Abhängigkeiten und zum anderen auf die Problematik in den Beziehungen zwischen Vereinen, Medien und Unternehmen (Heinemann 1987).[65]
- Erdtmann unterstellt in seinem Modellansatz, daß sich im Zuge eines Sportsponsoringengagements Sponsor und Gesponserte bei der Erreichung ihrer Ziele gegenseitig unterstützen (Erdtmann 1989).[66]
- Bei dem ökonomischen Modell des professionellen Sports von Benner wird die Entstehung des professionellen Sports und seine Vermarktung in einem güterorientierten Modell ausschließlich anhand von Realgüter- und Entgeltströmen dargestellt und erklärt (Benner 1992).[67]

Die bisherigen Modelle lassen die im Sportsponsoring zwischen den Beteiligten herrschenden Interdependenzen fast völlig außer acht.[68] Unberücksichtigt bleibt vor allem

64 Der Sport auf der ständigen Suche nach neuen Finanzierungsquellen, die Medien im Kampf um Einschaltquoten und Reichweiten, die Wirtschaft auf der Suche nach neuen Möglichkeiten der Zielgruppenansprache (Bruhn 1991).

65 Heinemann gelingt es auch nicht die aufgezeigten unterschiedlichen Abhängigkeiten zwischen den Beteiligten in sein Modell zu integrieren (Heinemann 1987).

66 Eine Prämisse, von der insbesondere die Vertreter des Sports noch sehr weit entfernt sind.

67 Bei diesem Modell von Benner handelt es sich um den bisher umfassendsten Ansatz zur Darstellung der Vermarktung des professionellen Sports. Der professionelle Sport wird aus güterorientierter Sicht als zielgerichtete und planmäßige Kombination von Input- und Produktionsfaktoren dargestellt. An dieser von Benner als Koproduktion bezeichneten Leistungserstellung sind regelmäßig mindestens ein sog. "Sportunternehmen" als Produzent des sportlichen Outputs und ein sog. "Sportveranstalter" als Organisator und Koordinator der Outputproduktion beteiligt (Benner 1992).

68 Unter einem Modell wird im folgenden die vereinfachte Abbildung eines Realitätsausschnittes verstanden. Diese bzw. sinngemäße Definitionen finden sich in der betriebswirtschaftlichen Literatur, u.a. bei Erdtmann (Erdtmann 1989).

- die kommunikationspolitischen Rückwirkungen des Sportsponsoring und der Medienberichterstattung auf die Sportunternehmen,
- die Reaktion der Zuschauer auf die verschiedenen Aktivitäten von Wirtschaft und Unternehmen sowie die Auswirkungen dieser Reaktionen für das Sportsponsoringsystem,
- die Berücksichtigung externer Faktoren für die Entwicklung des Sportsponsoring.

Die Zuschauer entscheiden letztendlich mit ihrem Interesse an einer Sportart bzw. einem Sportunternehmen, als Besucher der Veranstaltung bzw. als Zuschauer am Bildschirm über das mediale und damit auch kommerzielle Potential des Sportunternehmens.

3.3.2 Berücksichtigung der Interaktionen im Sportsponsoring

Das vielfältige Beziehungsgeflecht zwischen den am Sportsponsoring Beteiligten erfordert für eine wirklichkeitsgetreue Abbildung einen ganzheitlichen Ansatz. Aber weder die klassische noch die neoklassische Wirtschaftstheorie können mit der Prämisse des "homo oeconomicus" einen Ansatzpunkt für eine realitätsnahe modelltheoretische Darstellung liefern.[69]
Jedes Element des Sportsponsoringsystems ist nicht nur zeitlich, sondern auch sachlich in das Zusammenspiel der beteiligten Elemente eingebunden. Dementsprechend vergrößert oder verringert sich sein Einfluß auf das Gesamtsystem in Abhängigkeit vom Einfluß der anderen Faktoren.[70] Die Änderung eines Elementes im Sportsponsoringsystem kann Rückwirkungen auf das gesamte Sportsponsoringsystem, d.h. auf die Wirkung aller übrigen Elemente haben.[71]

Ein aussagefähiges Sportsponsoringmodell setzt nicht nur die deskriptive Erfassung der relevanten Parameter voraus, sondern verlangt auch einen Erklärungsansatz für die vielfältigen systemimmanenten Interdependenzen.
Voraussetzung für eine umfassende modelltheoretische Erfassung und Darstellung der Wirkungszusammenhänge im Sportsponsoring ist die Berücksichtigung zeitlicher und sachlicher Interdependenzen zwischen den beteiligten Elementen.
Um die Entwicklung des Sportsponsoring zu bestimmen, muß man die zeitliche Dynamik aller interdependenten Faktoren einbeziehen. Das Hinzutreten neuer Einzelfaktoren (sportlicher

[69]Kennzeichen des "homo oeconomicus" sind die Annahme material-rationalem Verhaltens, die vollständige Markttransparenz und eine unendlich große Reaktionsgeschwindigkeit der Marktteilnehmer (Koppelmann 1989).

[70]Medienbedingte Veränderungen im Ablauf von Sportveranstaltungen - sudden death im Eishockey, der 5. Satz im Volleyball - beeinflussen das Zuschauer- und Sponsoreninteresse.

[71]Ein rückläufiges Zuschauerinteresse, Parameter sind die Einschaltquoten, führt zu rückläufigen Werbespotschaltungen, Refinanzierungsproblemen der übertragenden Sender und damit zwangsläufig zu fallenden Übertragungsrechten, wenn nicht sogar zu rückläufigen Übertragungen.

Erfolg oder Mißerfolg) kann den Wirkungszusammenhang der bestehenden Einflußgrößen verändern. Die im Sportsponsoringsystem wirkenden Einflußgrößen erhalten dadurch einen neuen, u.U. veränderten Stellenwert und damit einen anderen Einfluß auf das Gesamtsystem.[72]

3.3.3 Feldtheoretische Überlegungen

Einen Ansatz, aus dem ein ganzheitliches Modell für den Sportsponsoringmarkt hergeleitet werden kann, liefern feldtheoretische Überlegungen. Der in der Analogie zur physikalischen Feldtheorie dargestellte Grundgedanke der sozialwissenschaftlichen Feldtheorie läuft darauf hinaus, das menschliche Verhalten aus einer ursächlichen Gesamtkostellation von interdependenten psychischen und sozialen Einflußgrößen ("Kräften") abhängig zu machen. Im Mittelpunkt der Feldtheorie steht also der Wirkungszusammenhang aller Feldkräfte im Gegensatz zu Verhaltenstheorien, die nur einzelne Verhaltensdeterminanten als isolierbare Ursache darstellen, d.h. nach bestimmten typischen Ursachen des Verhaltens fragen (Kroeber-Riel 1991).[73]

Gleichzeitig erfolgt eine Relativierung der Kräfte in zeitlicher und sachlicher Hinsicht:

- Es wird stets eine zeitlich gebundene Situation zugrunde gelegt. Die verhaltensprägende Gesamtsituation muß aufgrund der zeitlichen Dynamik der interdependenten Kräfte im Zeitablauf immer wieder neu bestimmt werden. Die auf das Verhalten wirkenden Kräfte erhalten in der jeweils neuen Situation einen neuen Stellenwert und damit einen anderen Einfluß auf das Verhalten.

- Jede Kraft bzw. Verhaltensdeterminante ist in das sachliche Zusammenspiel aller situativen Kräfte miteinbezogen. So vergrößert oder verringert sich der Einfluß auf das Verhalten in Abhängigkeit vom Einfluß der anderen Kräfte. Die Änderung oder auch das Hinzukommen auch nur einer Kraft im Feld hat Rückwirkungen auf das gesamte System, d.h. auf die Wirkung aller übrigen Kräfte.[74]

---

[72] Das Auftreten neuer (alter) Stars kann zu einer Verschiebung des Zuschauerinteresses an Sportarten führen. Stetig fallenden Einschaltquoten bei Tennisübertragungen steht seit der Fußball-Weltmeisterschaft 1990 ein wachsendes Fußballinteresse gegenüber, verstärkt durch die Rückkehr zahlreicher deutscher Fußballstars (Lothar Mathäus,/Bayern München, Stefan Reuter, Matthias Sammer und Karl-Heinz Riedle/Borussia Dortmund). Die positive Entwicklung der Zuschauerzahlen ist ein Zeichen für die wachsende Attraktivität der Fußball-Bundesliga (s. Abb. 8).

[73] Die an den feldtheoretischen Überlegungen orientierte Konsumforschung stellt als marktpsychologische Disziplin den Verbraucher und sein Verhalten in den Vordergrund ihrer Überlegungen (Kroeber-Riel 1991).

[74] Diese Kontextwirkungen sind Ausdruck der gegenseitigen Abhängigkeit der einzelnen Feldkräfte. Sie tragen viel zur Erklärung des unterschiedlichen Verhaltens unter scheinbar gleichen bzw. gleichartigen Verhaltensbedingungen bei (Siegmund-Schultze 1992).

Feldtheoretische Ansätze messen dem Produktimage und dem subjektiven Bild, das der Verbraucher von einem Produkt hat, die entscheidende Bedeutung bei (Siegmund-Schultze 1992).[75] Auf der Basis feldtheoretischer Überlegungen lassen sich die Vorgänge auf dem Sportsponsoringmarkt erfassen. Eines der Ziele der Sponsoren ist die Imagedynamisierung der eigenen Produkte oder des Unternehmens im subjektiven Meinungsbild der Konsumenten. Gerade deshalb dürften sich feldtheoretische Ansätze zur Erfassung der Vorgänge auf dem Sportsponsoringmarkt eignen.

---

[75] Analog zur Feldtheorie, wo sich das besondere Interesse auf Verhaltensweisen richtet, die unter dem Einfluß mehrerer gleichzeitig wirkender Kräfte stehen, wird die Gesamtheit aller verhaltensdeterminierenden Kräfte von Lewin als "Lebensraum" oder "psychologisches Feld" bezeichnet.
Der Lebensraum wird von Lewin als Zusammenwirken der psychischen Beschaffenheit der Person (P) und der sozialen Kräfte der Umwelt (U) aufgefaßt und formelmäßig wie folgt zum Ausdruck gebracht: $V = f\ \{P,U\}$ (Kroeber-Riel 1992).

4. Der Interaktionsansatz für das Sportsponsoring

4.1 Der Interaktionsansatz

4.1.1 Theoretische Aspekte des Interaktionsansatzes

Ansätze, die sich mit der wechselseitigen Kommunikation und Beeinflussung der Interaktionspartner befassen, werden als Interaktionsansätze bezeichnet (Kern 1990). Interaktionsansätze im Investitionsgütermarketing gehen auf die soziologischen Ansätze der Austauschbeziehungen zurück und erklären den Verlauf und das Ergebnis von Markttransaktionen aus den Interaktionen der beteiligten Elemente.[1] Geschäftliche Transaktionen werden dabei als Spezialfall von Interaktionen interpretiert.

In der Literatur existieren eine Vielzahl von Definitionen des Begriffes der Interaktion. Auf eine Darstellung oder sogar Gegenüberstellung dieser wird verzichtet und stattdessen wird sich an der Vorgehensweise von Kern orientiert, der anhand der verschiedenen Begriffsinterpretationen drei Kriterien herausgearbeitet hat, die bei sozialer Interaktion erfüllt sein müssen (Kern 1990):

- Mindestens zwei Individuen treten miteinander in Kontakt.[2]
- Es ergibt sich eine zeitliche Abfolge von Aktionen und Reaktionen.
- Die Hoffnungen der Verhandlungs- (Vertrags-) Partner sind interdependent und sinngemäß aneinander orientiert.[3]

Der Interaktionsansatz geht von einer systemtheoretischen Betrachtungsweise aus und stellt dauerhafte Beziehungsmuster zwischen Anbietern und Nachfragern in den Mittelpunkt der Analyse. Die verschiedenen Organisationen werden als soziale Systeme aufgefaßt, die durch ihre Mitglieder, die Beziehungen zwischen diesen und durch die Beziehungen zur Umwelt charakterisiert werden. Die Verbindungen zwischen den Systemen werden als Netzwerke bezeichnet, wobei die Knoten die Aktoren und die Kanten die Beziehungen respektive Interaktionen repräsentieren (Kern 1990).

---

[1] Das Konzept der Austauschbeziehungen, ursprünglich in der Soziologie entwickelt, basiert auf dem Grundgedanken, daß es wegen des Nutzenmaximierungsverhaltens von Individuen zu (Markt-) Transaktionen kommt, wenn zumindest längerfristig für alle Beteiligten wenigstens ein Gleichgewicht aus Anreizen und Beiträgen als Folge der Transaktion zu erkennen ist (Kutschker, Kirsch 1978).

[2] Damit sind die Bevollmächtigen der Verhandlungsparteien gemeint.

[3] Die Hoffnung auf sportlichen Erfolg verbinden die Sponsoren mit der Hoffnung auf umfangreiche und positive Medienberichterstattungen.

Ziel des Interaktionansatzes ist es, sowohl die Kommunikationsbeziehungen als auch die Gütertransaktionen und deren Auswirkungen auf dem entsprechenden Markt möglichst vollständig in einem System sozialer Beziehungen zu erfassen. Dieses Interaktionsverhalten der Beteiligten ist ein komplexer Prozeß, bei dem neben situativen insbesondere personale und auch organisationale Gegebenheiten berücksichtigt werden müssen (Kern 1990). Im Mittelpunkt eines solchen "Interaktionsmodells" steht damit die einzelne Austauschbeziehung, die als Teil langfristiger Kontakte im Rahmen von Geschäftsbeziehungen betrachtet wird.
Je nachdem, ob die Beteiligten als einzelne Personen oder als Personen in einer organisationalen Umwelt gesehen werden, unterscheidet man zwischen personalen und organisationalen Interaktionsansätzen.[4]

4.1.2 Der Interaktionsansatz von Kutschker und Kirsch

Das Modell von Kutschker/Kirsch zählt zu den umfassendsten Ansätzen zur Erklärung des multi-organisationalen Interaktionsverhalten im Investitionsgütermarketing (Kirsch, Kutschker 1978). Investitionsgüter-Transaktionen werden hierbei als komplexe Problemlösungsprozesse interpretiert, die von den beteiligten Unternehmen gemeinsam gelöst werden müssen.[5]
Sämtliche Transaktionen finden in einem sozioökonomischen Feld statt, das alle sozialen Aktoren beinhaltet, die den Ablauf der Interaktion vorrangig beeinflussen sowie deren Beziehungen und Aktivitäten.[6]
Das Transaktionsepisodenkonzept und das Potentialkonzept bilden dabei die zentralen Konstrukte dieses Ansatzes.
Im Mittelpunkt des Modells stehen die als Transaktionsepisoden bezeichneten Planungs-, Entscheidungs und Verhandlungsprozesse zwischen und innerhalb der Organisationen. Gegenstand der Verhandlungen ist die Festlegung der Beschaffungsmodalitäten für die Investitionsgüter.[7]

Die Potentiale von Hersteller und Nachfrager schaffen den strukturellen Rahmen für die einzelnen Transaktionen. Sie manifestieren sich in den strukturellen Merkmalen des relevanten sozio-ökonomischen Feldes, insbesondere in Merkmalen der Repräsentanten der Organisatio-

[4]Organisationale Interaktionsansätze beziehen organisationale Einflüsse zumindest bei einem der beiden Interaktionspartner mit ein. Multiorganisationale Ansätze zeichnen sich durch die Einbeziehung von zwei oder mehreren an der Transaktion von Investitionsgütern beteiligten Elementen eines Marketingsystems aus (Kern 1990).

[5]Transaktionen bezeichnen diejenigen Interaktionen, deren Anlaß der Tausch von Gütern bzw. Dienstleistungen ist (Kutschker, Kirsch 1978).

[6]Die Autoren bezeichnen ihren Ansatz als feldtheoretisch (Kirsch, Lutschewitz, Kutschker 1978).

[7]Dazu zählen u.a. Objekt, Preise, Wartung.

nen und der jeweiligen Umwelt. Die Potentiale werden durch strategisch ausgerichtete Maßnahmen der Verwender- bzw. Herstellerorganisation (1), exogene Faktoren (4) und die Verhandlungen (3) selbst beeinflußt.[8] Gleichzeitig beeinflussen die Potentiale wiederum den Verlauf der Verhandlungen zwischen Hersteller und Verwender (2).

Kutschker/Kirsch sehen in dem Potentialkonzept die notwendige Ergänzung zum Episodenkonzept, welches die Verbindung zwischen strategischen Marketingentscheidungen und Transaktionsprozessen herstellt (Kern 1990) (s. Abb. 3).

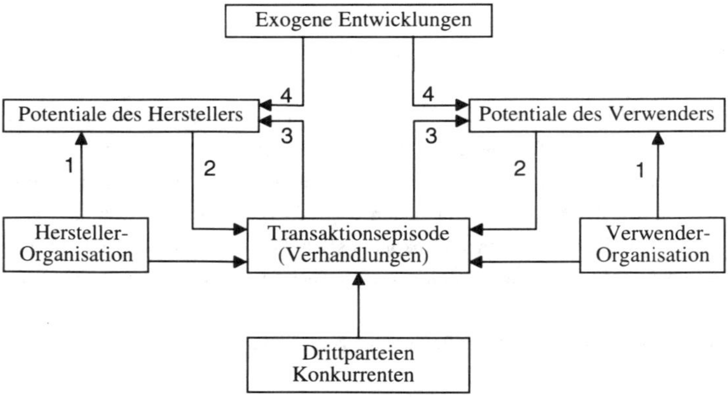

Abb. 3: Das Interaktionsmodell von Kutschker/Kirsch

In dem beschriebenen sozioökonomischen Feld findet ein sog. "ongoing process" statt.[9] Zur Analyse wird aus diesem kontinuierlichem Prozeß eine Episode herausgegriffen, die alle mit der Anbahnung, Vereinbarung und Realisation der untersuchten Transaktion direkt verbundenen Aktivitäten umfaßt.[10]

[8]Der Aufbau bzw. der Erhalt der Potentiale erfolgt u.a. durch entsprechende kommunikationspolitische Maßnahmen (Werbung, Sales Promotion, Marktforschung), aber auch durch die Entwicklung neuer Produkte (Kirsch, Lutschewitz, Kutschker 1978).

[9]Voraussetzung ist, daß Hersteller und Verwender zur Verminderung ihres Geschäftsrisikos kontinuierliche Geschäftsbeziehungen aufbauen.

[10]Die anderen Aktivitäten werden dem Episodenumfeld zugerechnet, was sich aber gerade in zeitlicher Hinsicht als schwierig erweist.

4.1.3 Parallelen zwischen Investitionsgütermarkt und Sportsponsoringmarkt

Die Käufer von Nutzenrechten am sportlichen Output erwerben genau fixierte Rechte für kommunikative Darstellungsmöglichkeiten im (un)mittelbaren Umfeld eben dieses sportlichen Outputs.
Die Nutzungsrechte können hinsichtlich Qualität und Quantität erheblich variieren, die Wünsche der Sponsoren recht unterschiedlich und speziell sein, so daß es zu einem erfolgreichen Vertragsabschluß umfangreicher und intensiver Verhandlungen zwischen den Vertragsparteien bedarf.[11] Deshalb sollten auch im Sportsponsoring die Kauf- und Verkaufsentscheidungen simultan in einem Ansatz erfaßt werden, um möglichst sämtliche Interpendenzen zwischen den (in)direkt Beteiligten bzw. ihren Potentialen auf geldwerter und kommunikativer Ebene berücksichtigen zu können.[12]

Der Investitionsgütermarkt und der Sportsponsoringmarkt weisen zahlreiche Parallelen auf, die eine Übertragung modelltheoretischer Annahmen aus dem Investitionsgütermarketing auf das Sportsponsoringsystem ermöglichen:

- Unternehmen treten als Nachfrager auf.
- Die am Marktprozeß beteiligten Unternehmen handeln durch ihre Mitarbeiter.
- Die Individualität der Nachfrage und des Angebots erfordert direkte Verhandlungen über die Festlegung von Leistung und Gegenleistung zwischen den beteiligten Unternehmen.
- Die Anbieter der sportlichen Leistung können in einem gewissen Rahmen auf spezielle Forderungen der Nachfrager eingehen.[13]
- Auf Nachfrager- wie auf Anbieterseite werden häufig für die Kontaktherstellung und die sich daran anschließenden Verhandlungen externe Berater hinzugezogen.
- Der Ausgang der Verhandlungen ist vom Zusammenspiel zwischen Hersteller und Nachfrager abhängig.
- Der Ausgang der Verhandlungen hat Einfluß auf die Potentiale der Beteiligten.

[11] Dazu zählen die Vereinbarung von Sonder- oder Zusatzprämien bei entsprechendem sportlichem Erfolg: z.B. Aufstiegs- oder Meisterschaftsprämien, Antrittsprämien, Weltrekordprämien etc..

[12] Indirekt deshalb, weil diese Verhandlungen, in unserem Falle zwischen Wirtschafts- und Sportunternehmen z.B. von parallel stattfindenden Verhandlungen bzw. deren Ergebnisse beeinflußt werden können. Der Abschluß eines neuen, umfangreichen Fernsehvertrages zwischen dem Sportunternehmen in Vertretung des jeweiligen Dachverbandes oder eines privaten Veranstalters und einer Fernsehgesellschaft wird den Verhandlungsverlauf und das Verhandlungsergebnis positiv beeinflussen.

[13] Der DFB garantierte der ISPR, daß an sämtlichen Wochenendspieltagen der 1. Fußball-Bundesliga, mit Ausnahme der letzten beiden Spieltage, idR. drei Punktspiele bereits am Freitagabend ausgetragen werden, um die aktuelle Berichterstattung von den Spielen im Interesse der Fernsehsender strecken zu können (Angaben Herr Möglich, DFB).

4.2 Die Darstellung des Sportsponsoringsystems in einem Interaktionsansatz

4.2.1 Das Interaktionsverhalten beim Sportsponsoring

Das Interaktionsverhalten im Sportsponsoringmarkt ist ein komplexer Prozeß, bei dem außer situativen Gegebenheiten vor allem die unterschiedlichen personalen und organisationalen Voraussetzungen zwischen den beteiligten Parteien berücksichtigt werden müssen.
Beim Sportsponsoring wird der sportliche Output als Medium zur Übermittlung von Werbebotschaften an ein Zielpublikum genutzt. Art und Umfang der Sponsoringbotschaft werden durch die erworbenen Nutzungsrechte determiniert. Man unterscheidet dabei drei Arten von Nutzungsrechten, die auch miteinander kombiniert werden können:[14]

1. Übertragungsrechte,
2. Nutzungsrechte für die Werbung,
3. Lizenz- und Konzessionsrechte (Pöttiner 1992).

Im Sportsponsoringmarkt vollzieht sich ein kontinuierlicher Prozeß von Aktivitäten und Interaktionen zwischen den Aktoren: den Sportunternehmen als Hersteller des sportlichen Outputs, den Medien und Sponsoren als Nachfrager von Nutzungsrechten am sportlichen Output, den Agenturen als Mittler zwischen Herstellern und Nachfragern, den Zuschauern als Konsumenten des sportlichen Outputs und diversen exogenen Faktoren.
Die häufig eingeschalteten Spezialagenturen sind für das Funktionieren des Sportsponsoring keine notwendige Voraussetzung. Durch ihr Spezialwissen in diesem Bereich erleichtern bzw. verbessern sie als Mittler oder Berater u.U. die Zusammenarbeit zwischen den Parteien, ohne jedoch einen direkten Einfluß auf die Funktionsweise des Sportsponsoringsystems zu nehmen.

Der Zuschauer ist zunächst einmal Konsument des sportlichen Outputs: als Besucher der Sportveranstaltung, als Zuschauer am Bildschirm, als Hörer einer Rundfunkübertragung oder als Leser der Sportberichterstattung in den entsprechenden Tageszeitungen bzw. Fachzeitschriften. In diesen Situationen wird der Konsument nun zum Ansprechpartner der werbetreibenden Wirtschaft, die ihm Werbebotschaften in unterschiedlicher Form übermittelt, und denen er sich bewußt nur unter Verzicht auf Befriedigung seines sportlichen Informationsbedürfnisses entziehen kann.
Der Zuschauer wird damit zu der entscheidenden Größe für den Ablauf des Sportsponsoringprozesses. Durch sein aktives und/oder passives Interesse an einer Sportart bzw. einem Sport-

[14] z.B. SAT 1 als Erstverwerter der Fußballübertragungsrechte im deutschen Bundesliga-Fußball und als Trikotsponsor des Fußball-Zweitligisten FSV Mainz 05.

unternehmen legt er den Grundstein für ein entsprechendes Medien- und Sponsoreninteresse an dieser Sportart bzw. diesem Sportunternehmen.
Die Zuschauer bestimmen also durch ihr Interesse am sportlichen Output die Nachfrage der Wirtschaft und Medien nach dem Sport und damit die Preise im Sportsponsoring: die Höhe der Übertragungsrechte, die Preise für Trikot- und Bandenwerbung, die Preise für Werbeschaltungen bei Sportübertragungen.

4.2.2 Der Sportsponsoringmarkt als sozio-ökonomisches Feld

Das sozio-ökonomische Feld des Sportsponsoring ist gekennzeichnet durch ein Konglomerat von sozialen Systemen, bestehend aus diversen Organisationen (Wirtschaftsunternehmen, professionalisierte Sportunternehmen), Gruppen (Sportunternehmen in der Rechtsform des eingetragenen Vereins), Koalitionen (die einzelnen Sportverbände) und Kollektiven (der Deutsche Sportbund).[15] Dieses spezifische Konglomerat unterschiedlicher sozialer Systeme determiniert die Interaktionsmuster und Kommunikationsnetze im Sportsponsoringmarkt, über die sich die Aktoren wechselseitig beeinflussen (Kutschker, Kirsch 1978).
Bei der Abgrenzung des Sportsponsoringmarktes werden die Grenzen so festgelegt, daß sich die Struktur der Beziehungen zwischen den internen und externen Aktoren deutlich unterscheidet. Es werden nur die Anbieter und Nachfrager als soziale Systeme zusammengefaßt, für die wenigstens eine minimale Chance besteht, daß sie voneinander wissen, einander brauchen und auch miteinander in Kontakt treten.[16]

Das sozio-ökonomische Feld einer Sportsponsoringtransaktion ist die Zusammenfassung aller sozialen Aktoren und deren Beziehungen sowie deren Aktivitäten und Interaktionen, die zur Erklärung des Zustandekommens einer Sportsponsoringtransaktion notwendig sind.

Das sozio-ökonomische Feld, das zur Erklärung der Funktionsweise des Sportsponsoringmarktes und zur Zusammenfassung aller Sportsponsoringtransaktionen dient, verlangt zur Erfassung der komplexen Struktur der Aktoren und deren sozialer Beziehungen, Interdependenzen und Interaktionen eine umfassende Ebene der Betrachtungsweise: eine makroskopi-

---

[15] Der Sportverein als der Ort, wo vom Breiten- bis zum Hochleistungs- bzw. Profisport alles betrieben wird, läßt sich mit den Kriterien der soziologischen Organisationstheorie analysieren:
1. Der Verein ist ein soziales Gebilde, ein gegliedertes Ganzes mit angebbarem Mitgliederkreis und interner Rollendifferenzierung.
2. Vereine sind bewußt auf spezifische Zwecke und Ziele orientiert.
3. Die Realisierung dieser Zwecke oder Ziele erfolgt der Intention nach rational.
Fischer bezieht sich dabei auf Ausführungen von R. Mayntz (Fischer 1986).

[16] Die japanische Sportart Sumo-Ringen wird aufgrund des hohen traditionellen Gesellschaftsbezugs niemals im westlichen Kulturkreis ein spürbares Zuschauerinteresse wecken.

sche Sichtweise. Dies steht nämlich im Widerspruch zur mikroskopischen Analyse, die sich entscheidungsorientiert auf die einzelne Transaktion konzentriert.
Mit Hilfe des Konstruktes der Transaktionsepisode gelingt es Kutschker/Kirsch, die beiden Sichtweisen miteinander zu verknüpfen (Kutschker, Kirsch 1978).[17]

4.2.3 Der Interaktionsansatz für das Sportsponsoring

In Anlehnung an das Interaktionsmodell von Kutschker/Kirsch wird für das Sportsponsoringsystem ein Interaktionsmodell entwickelt, das gleichfalls auf den Konstrukten der Transaktionsepisode und der Potentiale beruht (s. Abb. 4).
Hersteller und Nachfrager der sportlichen Leistung streben unter strategischen Gesichtspunkten nach einer Nutzenmaximierung. Sie sollten zur Minimierung ihres Risikos bemüht sein, kontinuierliche Geschäftsbeziehungen aufzubauen.[18]

Der Sportsponsoringprozeß wird in einem Kreislauf dargestellt, in dessen Mittelpunkt die als Transaktionsepisoden bezeichneten Planungs-, Entscheidungs-, Verhandlungs- und Realisationsprozesse innerhalb und zwischen den beteiligten Parteien stehen.[19]
Gegenstand der Verhandlungen ist die (un)mittelbare Nutzung des sportlichen Outputs für kommunikative Zwecke:[20]

- Den strukturellen Bezugsrahmen für die Sportsponsoringtransaktionen bilden jeweils die Potentiale aller Beteiligten (3), also nicht nur die der jeweiligen Verhandlungspartner, und das Nachfrageverhalten der Konsumenten (1).[21]
- Die Potentiale werden durch strategisch ausgerichtete Maßnahmen (2) der jeweiligen Hersteller und Nachfrager, durch exogene Faktoren (5) und dem Verlauf der Verhandlungen innerhalb der Transaktionsepisode (4) beeinflußt.

---

[17]Detaillierte Ausführungen s. Kap. 4.4.1.

[18]Unter Nutzenmaximierung wird nicht nur der geldwerte Nutzen für die Medien und den Sport, sondern auch der kommunikative Nutzen für Sponsoren und Medien verstanden.

[19]Im Unterschied zum Ansatz von Kutschker/Kirsch werden die Transaktionsepisoden beim Sportsponsoring noch um die Realisationsphase, also die gemeinsame Umsetzung der vertraglichen Vereinbarungen durch die Parteien, der entscheidenden Phase einer jeden Sportsponsoringbeziehung, erweitert.

[20]Die Ergebnisse der Verhandlungen zwischen Medien- und Wirtschaftsunternehmen über die mediale Nutzung des sportlichen Outputs, also das Programmsponsoring von Sportübertragungen, die Schaltung von Werbespots während der Sportübertragungen oder auch die Insertion im Sportteil von Tageszeitungen bzw. in den entsprechenden Fachzeitschriften werden als mittelbare Nutzung des sportlichen Outputs bezeichnet.

[21]Ein Vertragsabschluß zwischen Medien- und Sportunternehmen ist auch vom potentiellen Interesse der Wirtschaftsunternehmen, im mittelbaren Umfeld der Sportübertragung zu werben, abhängig. Nicht jede Sportart ist dafür gleichermaßen geeignet.

- Das Verhalten der Konsumenten wiederum wird von den Potentialen der Beteiligten (6) und natürlich auch von den exogenen Faktoren (5) beeinflußt.[22]

Die Sportunternehmen versuchen u.a. über erfolgreiche sportliche Leistungen, eine entsprechende Zuschauerresonanz, mediengerechte Vermarktungsmöglichkeiten und ein professionelles Erscheinungsbild ein für Medien und Sponsoren attraktives "sportliches" Potential aufzubauen. Die Sponsoren und Medien versuchen durch strategisch ausgerichtete kommunikative Maßnahmen der klassischen Kommunikationspolitik ihre eigenen Potentiale zu stärken.[23]

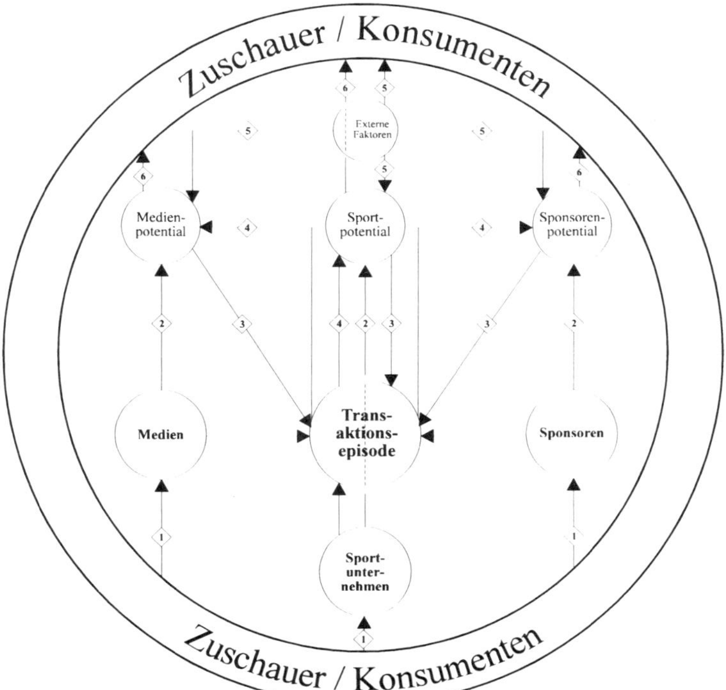

Abb. 4: Der Interaktionsansatz für das Sportsponsoring

[22]Mit der Beeinflussung der Konsumenten durch die Potentiale schließt sich der Kreis des Sportsponsoringsystems.

[23]In der Abstimmung des Sportsponsoringengagements mit der strategischen Kommunikationspolitik liegt der Schlüssel zum Erfolg für die Sponsoren.

Die wichtigsten exogenen Faktoren sind die wirtschaftlichen und demographischen Entwicklungen der Gesellschaft, Einstellungen, Werte und Verhalten der Konsumenten zum Sport bzw. den Sportprodukten, die Umweltproblematik sowie der allgemeine technische Fortschritt.

Dieses Interaktionsmodell ist als Abfolge ständiger Interaktionsprozesse für die Analyse der langfristigen Entwicklungen des Sportsponsoringmarktes geeignet. Zur Analyse der einzelnen Sponsoringtransaktion wird in Kap. 4.4 eine sogenannte Episode herausgegriffen, die die mit der Anbahnung, Vereinbarung und Realisation der untersuchten Transaktion verbundenen Aktivitäten darstellt.[24]

4.3 Die Problematik von Sportsponsoringtransaktionen

4.3.1 Die Komplexität von Sportsponsoringtransaktionen

Sponsoringgeschäfte sind aufgrund ihrer verschiedenen Erscheinungsformen kaum einheitlich zu definieren (Wirtz 1989). Je umfangreicher der Austausch von Leistungen, je kosten-, ziel- und risikobewußter die Partner sind, desto umfangreicher sind die Vertragsverhandlungen und desto detaillierter die vertraglichen Details. Umso bedeutender das Engagement des Sponsors und je variabler sich das spezifische und kommunikative Leistungspotential des Gesponserten gestalten, desto wichtiger wird es, Konflikte zu vermeiden, die sich ungünstig auf die Beziehungen zwischen den Vertragsparteien auswirken könnten.
Bei den Vertragsverhandlungen im Sportsponsoring muß im Unterschied zum Konsumgüter- oder Investitionsgüterbereich u.a berücksichtigt werden, daß

- der Vorrang des allgemeinen Persönlichkeitsrechts gilt, wenn der betreffende Vertrag Werbeaussagen einzelner Verbands- bzw. Mannschaftsmitglieder beinhaltet, zu denen keine direkte vertragliche Beziehung besteht,
- die Verbandszugehörigkeit und -loyalität zu legitimen, rechtlich geschützten Drittinteressen führen kann,[25]
- verbandsspezifische Vorschriften, die Art und Umfang des Sponsoring einschränken,[26]

[24]Aktivitäten, die nicht direkt zur Transaktionsepisode gehören, werden dem Episodenumfeld zugeordnet. Eine zeitliche Abgrenzung einzelner Transaktionen kann häufig nur recht willkürlich erfolgen.

[25]Ein Nationalspieler unterliegt seinerseits bestimmten rechtlichen Bindungen seitens seines Verbandes, die der Sponsor bei der Vertragsgestaltung berücksichtigen muß (Wirtz 1990).

[26]Im Eishockey darf auf Trikot und Hose geworben werden, im Fußball nur auf dem Trikot.

- nur sog. Ausschließlichkeitsklauseln den Sponsoren eine branchenmäßige Exklusivität sichern.[27]

Im Sportsponsoringvertrag werden Leistung und Gegenleistung festgelegt. Die Leistung der Sponsoren bzw. der Medien sind aufgrund des geldwerten bzw. sachwerten Charakters leicht zu definieren und zu überprüfen. Komplizierter wird es bei der genauen vertraglichen Festlegung und Überprüfung der Gegenleistung durch das Sportunternehmen.[28]
Die Mehrzahl der Sponsoren erhofft sich von dem Sportsponsoringengagement einen Imagetransfer. Grundlage und damit eines der Hauptprobleme im Sportsponsoring ist die Aufrechterhaltung und Pflege des Images des Gesponserten.[29] Der Sponsor kann zwar ein Kündigungsrecht für den Fall des negativen öffentlichen Auftretens des Gesponserten in den Sponsoringvertrag einbauen, aber eine fragwürdige vorzeitige Vertragsauflösung kann einen noch stärkeren Medienrummel mit zusätzlichen negativen Begleiterscheinungen für den Sponsor auslösen.[30]
Die Sponsoren versuchen sich daher durch den Einbau entsprechender Vertragsklauseln immer mehr gegen alle erdenklichen Unwägbarkeiten abzusichern:

- Klauseln im Falle des sportlichen Mißerfolgs,[31]
- Vereinbarung von Konventionalstrafen etc. bei Vertragsverstößen,[32]
- Ausschließlichkeitsklauseln zum Schutz vor der Konkurrenz.[33]

[27]Der Fußballclub FC 08 Homburg/Saar hatte in den Jahren 1989 bis 1991 mit zwei Brauereien gleichzeitig rechtlich einwandfreie Nebensponsorverträge abgeschlossen (mit der Becker's Brauerei in St. Ingbert und der Park-Brauerei aus Pirmasens).

[28]Sofern diese Gegenleistungen genau zu determinieren sind (z.B. Anzahl der Autogrammstunden, Größe und Positionierung der Bandenwerbung), gibt cs keine Probleme.

[29]Das Gesetz kennt keinen Vertragstypus, der regelt, wie sich ein Gesponserter zu verhalten hat, damit sein Image bestehenbleibt (Vorwerk 1992).

[30]Der Dopingmißbrauch oder auch Tierquälerei sollten als einseitiger Kündigungsgrund Bestandteil eines Sportsponsoringvertrags sein (das Sportartikelunternehmen Nike und Katrin Krabbe).

[31]z.B. daß beim Abstieg des Sportunternehmens die Gültigkeit des Vertrages erlischt.

[32]z.B. Medienauftritte nicht im "Sponsor-Outfit", Vertragsauflösung bei Doping.

[33]Der Trikotsponsor eines Fußball-Bundesligavereins erwirbt mit dem Sponsorvertrag weitere sog. Zusatzleistungen (= Nebenrechte),wie z.B.:
- die Werbung auf Mannschaftspostern und Autogrammkarten,
- die Werbung auf Spielankündigungsplakaten und/oder Eintrittskarten,
- die werbliche Präsenz im VIP-Raum,
- die Werbung auf dem Mannschaftsbus,
- Autogrammstunden mit Spielern und/oder Trainer.

Zusätzlich zum Hauptnutzungsrecht erwerben die Sponsoren meistens noch weitere werbliche Nebenrechte, die auch vertraglich genau fixiert werden müssen.

4.3.2 Die Verhandlungspartner und der Verhandlungsablauf

Sportsponsoringtransaktionen mit hoher Problemkomplexität, die Bestandteil dieses Ansatzes sind, können zwischen den beteiligten Parteien nicht in einem einzigen kollektiven Entscheidungs- bzw. Problemlösungsprozeß bewältigt werden.

Innerhalb der Wirtschaftsunternehmen muß die grundsätzliche Entscheidung für ein Sportsponsoringengagement auf oberster Unternehmensebene gefällt werden.[34] Die Integration des Sportsponsoring in die strategische Kommunikationspolitik liefert die Grundlage für den administrativen Entscheidungsspielraum (Bruhn 1991). Die Grundsatzentscheidung für ein Sportsponsoringengagement wird außerhalb der einzelnen Transaktionsepisoden getroffen. Die operative Umsetzung des Sportsponsoringkonzeptes erfolgt dann in Abstimmung mit dem strategischen Kommunikationskonzept bzw. den anderen kommunikationspolitischen Maßnahmen innerhalb der einzelnen Transaktionen.
Die am Sportsponsoringprozeß beteiligten Unternehmen handeln durch ihre Mitarbeiter.[35] Auf Anbieter- und Nachfragerseite sind dabei meist mehrere Mitarbeiter aus unterschiedlichen Hierachieebenen involviert.[36]

Die Sportunternehmen werden idR. vom Geschäftsführer, (PR-) Manager und/oder von Vorstandsmitgliedern (Vorsitzender, Schatzmeister etc.) vertreten. Auf Seite der Unternehmen werden meist die Geschäftsführung, der Marketing- oder (Kommunikations-) manager oder der Leiter der Sponsoringabteilung mit der Verhandlungsführung beauftragt.

Die unterschiedlichen Entscheidungs-, Führungs- und Verantwortungsstrukturen zwischen den Sport- und Wirtschaftsunternehmen führen deshalb oft zu erheblichen Synergieverlusten und zu gegenseitigen Mißverständnissen bei der Zusammenarbeit.

---

[34] Ähnliches gilt für die Medienunternehmen.

[35] Das gilt auch für von Unternehmen beauftragte Agenturen.

[36] Die Ausnahme dürfte der persönliche Manager/Berater von Sportstars bilden, der alleinverantwortlich arbeitet (Robert Schwan und Franz Beckenbauer, Norbert Pflipsen und Lothar Matthäus oder Stefan Effenberg) im Gegensatz zu den sog. Sportleragenturen (MacCormack, Irion Tiriac etc.).

4.3.3 Bestimmungsfaktoren der Problematik im Sportsponsoringprozeß

Mit steigender Komplexität der Sporttransaktionen werden sich die Verhandlungs- und Entscheidungsprozesse zwischen den Beteiligten intensivieren und auch zeitlich verlängern. Allgemein läßt sich für den Sportsponsoringprozeß sagen, daß die Problematik für die Beteiligten um so höher ist, je

- größer der Anteil des Sportsponsoringbudgets am gesamten Marketingbudget des Sponsors ist bzw. je größer der Anteil der Sponsoringengagements am Sponsoringbudget ist,
- bedeutender der Anteil des Sponsors an den Sponsoringerträgen des Sportunternehmens ist,
- neuartiger die mit der Transaktion verbundenen Aufgaben für das Unternehmen sind,
- umfangreicher die organisatorischen und personalen Veränderungen als Folge der Transaktion sind,
- abhängiger der Kommunikationserfolg vom sportlichen Erfolg des Sportunternehmens ist,
- umfangreicher der gesponserte Kader ist,
- abhängiger der Sport von zusätzlichen externen Faktoren ist,
- größer das Risiko der sportlichen Leistungserstellung ist,
- ungewisser Aussagen bzgl. der zu erwartenden Medienkontakte sind,
- unprofessioneller die Strukturen im Sportunternehmen sind (u.a. Benner 1992).

4.4 Die Sponsoringepisode

4.4.1 Das Konstrukt der Sponsoringepisode

Feldtheoretische Überlegungen basieren, wie bereits in Kap. 3.3 aufgezeigt, auf zeitraumbezogenen Ansätzen zur Erfassung der modellrelevanten Interaktionen. Durch die Übertragung des von Kutschker/Kirsch entwickelten Episodenkonzeptes kann sowohl die einzelne Sponsoringvereinbarung als auch der gesamte Sportsponsoringmarkt modelltheoretisch in dem Interaktionsmodell erfaßt werden (Kutschker, Kirsch 1978).[37]
Eine Sponsoringepisode stellt also einen Ausschnitt aus dem nie endenden Kontinuum von Aktivitäten und Interaktionen der Mitglieder im Sportsponsoring dar. Mit der Abgrenzung einer Episode konzentriert man sich auf einen für die Erklärung des Gesamtzusammenhangs besonders wichtigen Ausschnitt aus dem "ongoing process" des multiorganisationalen Sportsponsoringsystems.[38]

[37]Mikroskopische und makroskopische Sichtweise werden miteinander verbunden (Kutschker, Kirsch 1978).

- Die Sponsoringepisode umfaßt alle Aktivitäten und Interaktionen der sozialen Aktoren, die mit der Anbahnung, Vereinbarung, Realisation und dem Controlling sämtlicher im Sportsponsoring und dessen Umfeld geschlossener Verträge verbunden sind. Nicht alle Sponsoringepisoden müssen auch mit einem Vertragsabschluß enden.
- Ein und dasselbe Sponsoringobjekt kann damit bei unterschiedlichen Sponsoren zu unterschiedlichen/gleichen Zeitpunkten unterschiedliche komplexe Situationen verursachen.[39] So können sich auch mehrere Nachfrager gleichzeitig um einen Sportproduzenten bemühen.
- Innerhalb der Sponsoringepisode werden in den Unternehmen Entscheidungen über Marketingaktivitäten zur Unterstützung der geplanten Sportsponsoringaktivitäten getroffen bzw. können zum Gegenstand der Verhandlungen werden.[40]
- Neben den Sponsoringaktivitäten werden bei den Sportunternehmen und Sponsoren Marketingaktivitäten und -entscheidungen durchgeführt, im Idealfall in Abstimmung mit den Sponsoringaktivitäten, die außerhalb der einzelnen Sponsoringepisoden stattfinden und generellen Charakter haben.

Damit eröffnet sich die Möglichkeit, anhand dieses Modells die Wirkungszusammenhänge des Sportsponsoring unter Berücksichtigung der dahinter stehenden Entscheidungen bestimmter Unternehmungen bzw. Medien zu erklären.[41]. Voraussetzung ist allerdings eine möglichst genaue Abgrenzung einer Transaktionsepisode, was sich allerdings aufgrund der vielfältigen Interaktionen als relativ schwierig erweisen könnte.

4.4.2 Der inner- und interorganisationale Entscheidungsablauf beim Sportsponsoring

Der Entscheidung für ein Engagement im Sportsponsoring muß beim Sponsor eine unternehmensinterne Grundsatzdiskussion über die Eignung des Sportsponsoring zur Durchsetzung der kommunikationspolitischen Zielsetzungen vorausgehen. Aus den Vorgaben der strategischen

---

[38] Die Abgrenzung einer Episode ist eine Frage der Zweckmäßigkeit, denn das Problem liegt nicht nur in der Abgrenzung des Verhaltenssystems sondern auch in der Identifizierung von Anfang und Ende der jeweiligen Episode (Kern 1990).

[39] Der Sportartikelhersteller Puma kann die sportlichen Erfolge seiner mit Einzelverträgen verpflichteten Fußballspieler (u.a. Lothar Mathäus) mit der deutschen Nationalmannschaft werblich nicht nutzen, da diese bei Auftritten in der Nationalmannschaft die Produkte der Konkurrenzfirma adidas tragen müssen.

[40] Die Suche nach Möglichkeiten zur Integration des Sportsponsoring in die klassische Kommunikationspolitik.

[41] z.B. warum ein Unternehmen als Sponsor aussteigt (Mercedes Benz bei der Reiterlichen Vereinigung) oder warum ein Unternehmen die Sportart wechselt (der Wechsel von Commodore vom Fußball zum Eishockey ab der Saison 1989/90).

Kommunikationspolitik lassen sich dann die Ziele für das Sportsponsoringengagement ableiten.
Die Integration des Sportsponsoring in die strategische Kommunikationspolitik und die Koordination mit der operativen Kommunikationspolitik erfordert eine Reihe von unternehmensinternen Abstimmungen:

- die Abstimmung der Sponsoringmaßnahmen auf die Corporate Identity, die Corporate Communications und das Corporate Design des Unternehmens,
- die Abstimmung der Aktivitäten hinsichtlich Vorbereitung, Durchführung und Kontrolle mit den anderen kommunikativen Maßnahmen,
- die thematische Einbindung des Sportsponsoring in die interne und externe Unternehmenskommunikation,[42]
- die Überprüfung der geplanten Sponsoringaktionen hinsichtlich ihrer finanziellen Realisierbarkeit.

Die operative Umsetzung dieser Vorgaben erfolgt in den einzelnen Planungs-, Realisations- und Controllingphasen.

Die Komplexität der Verhandlungen verhindert meistens, daß Vereinbarungen im Sportsponsoring weder auf Sponsor- noch auf Sportseite im Rahmen eines einzigen kollektiven Entscheidungs- bzw. Problemlösungsprozesses bewältigt werden können.[43] Häufig werden deshalb von Sportunternehmens- und Sponsorseite sog. Berater, Manager oder Agenturen dazwischengeschaltet.

In diesen kollektiven Entscheidungsprozessen wechseln sich im Zeitablauf interorganisationale Verhandlungen der Unternehmensrepräsentanten mit innerorganisationalen Verhandlungen ab, bei denen die Repräsentanten gemeinsam mit den Entscheidungsträgern die Verhandlungsstrategien entwickeln bzw. die Ergebnisse der Verhandlungen vertreten.
Innerhalb einer solchen Sponsoringepisode existiert also ein ganzes Bündel von Einzeltransaktionen zwischen und innerhalb der Unternehmen. Hinzu kommen noch zahlreiche "sekundäre" Transaktionen als unmittelbare Folge der Sportsponsoringvereinbarungen mit sog. Zulieferunternehmen, die nicht am eigentlichen Sportsponsoringprozeß beteiligt sind.[44]

---

[42]Möglichkeiten zur externen Kommunikation ergeben sich aus dem Einsatz von Sportlern in der klassischen Werbung oder bei Promotionsaktionen. Maßnahmen der internen Kommunikation sind beispielsweise Einladungen von Mitarbeitern zu Sportveranstaltungen oder Sportlertreffs (Bruhn 1991).

[43]Ein kollektiver Entscheidungsprozeß, bei der Mehrzahl der am Sportsponsoring beteiligten Unternehmen der Fall, signalisiert eine Entscheidungsfindung durch verschiedene Personen innerhalb eines Unternehmens (Kirsch, Lutschewitz, Kutschker 1977).

4.4.3 Organisatorische Voraussetzungen

Die am Sportsponsoring beteiligten Unternehmen müssen intern entsprechende organisatorische und personale Entscheidungen hinsichtlich der Verantwortlichkeit, der Entscheidungsdelegation, der Durchführung und des Controlling des Sponsoringengagements treffen.
Bei den Sponsoren muß das Engagement sachlich und inhaltlich entweder bestehenden Abteilungen zugeordnet werden oder es müssen neue Verantwortungsbereiche mit einer genauen hierarchischen Eingliederung in die bestehende Struktur der Kommunikationsabteilung implementiert werden.[45] Die Entscheidungskompetenzen, Weisungsbefugnisse und die Verantwortlichkeit müssen intern verbindlich für alle Mitarbeiter geregelt werden.

Nur eine unternehmensinterne Abstimmung der Sportsponsoringaktivitäten gewährleistet eine optimale Nutzung des Sportsponsoring als Kommunikationsmedium. Vorbereitung, Durchführung und Nachbereitung der Sportsponsoringmaßnahmen müssen daher mit folgenden Abteilungen abgestimmt und koordiniert werden (Hanrieder 1990):

Werbeabteilung	für begleitende Maßnahmen in der klassischen Werbung, den Einsatz von Testimonials in der Werbung,
Promotionsabteilung	für gemeinsame Verkaufsförderungsmaßnahmen, zur Bereitstellung von Displaymaterial und Warenproben, für Produktpräsentationen bei Sponsoringveranstaltungen, für Incentive-Aktionen, für die eigene VIP-Betreuung,
PR-Abteilung	für Presseerklärungen, gemeinsame Pressekonferenzen mit dem Gesponserten, zur Bereitstellung von Fotomaterial,
Marktforschungsabteilung	zur Zielgruppenanalyse, Werbeerfolgskontrolle, Analyse der Medienkontakte.[46]

44 z.B. der Druck von Autogrammkarten und Mannschaftspostern mit dem Logo des Sponsors oder auch die Ausstattung des VIP-Raumes.

45 Dies muß durch eine entsprechende Hierarchiebildung, durch Festlegung einer Aufgaben- und Stellenhierarchie erfolgen (Bruhn 1992_1).

46 Werden wesentliche Aufgaben an externe Marktteilnehmer vergeben, so erfolgt die Koordination gemeinsam mit diesen Partnern.

Zu den personalen Voraussetzungen der Integrierung des Sportsponsoring in die Unternehmenskommunikation gehört auch die Schaffung eines Verständnisses für das neue Medium bei den Mitarbeitern des Unternehmens. Die Förderung von Kooperationsbereitschaft, Informationsbereitschaft, Kommunikationsfähigkeit und Koordinationswille bei den am Sponsoring unmittelbar und mittelbar beteiligten Mitarbeitern ist eine Voraussetzung, die Integration des Sportsponsoringengagements in die interne Kommunikation die andere wichtige Voraussetzung, um unternehmensintern eine möglichst hohe Akzeptanz für das Sportsponsoring zu erreichen (Bruhn 1992).

4.5 Die Potentiale für Sportsponsoringtransaktionen

4.5.1 Das Potentialkonzept

Ziel der am Sportsponsoring Beteiligten ist der Aufbau und die Pflege der (eigenen) Potentiale. Die bestehenden Potentiale sind Auslöser für die Aktivitäten innerhalb der Transaktionsepisoden. Gleichzeitig verursachen die Aktivitäten innerhalb der Transaktionsepisode Ausstrahlungseffekte auf die Potentiale. Eine abgebrochene Verhandlung, der Ausstieg eines Sponsors, der Absprung eines Fernsehsenders kann das Potential des Sportunternehmens für künftige Transaktionen schwächen. Auch exogene Faktoren, die nicht unter dem direkten Einfluß der beteiligten Organisationen stehen, können die Potentiale erheblich beeinflussen.
Die Sponsoren setzen das Sportsponsoring als Kommunikationsinstrument ein, um die mit den verschiedenen Sportunternehmen verbundenen positiven Imagewerte für eigene kommunikationspolitische Maßnahmen zu nutzen, also im wesentlichen zur Imagestabilisierung oder -dynamisierung bzw. zur Erhöhung des Bekanntheitsgrades.[47]
Die Erfassung der Imagewerte unter dem Begriff Potential soll das kontinuierliche Streben der Unternehmen nach der optimalen Leistungsfähigkeit dokumentieren, der Übereinstimmung "des idealen Selbstimage eines Konsumenten mit dem sog. Fremdimage der Marke, um auf diese Weise dem Ziel, ein möglichst hohes Identifikationspotential aufzubauen", möglichst nahe zu kommen (Diller 1992).[48] Das Potential ist also das Ergebnis der fortlaufenden Bestrebungen der Unternehmen, durch die Nutzung der diversen mit dem sportlichen Output verbundenen Kommunikationsmöglichkeiten das angestrebte Kommunikationsziel zu erreichen.

---

[47] Die Sponsoren erhoffen sich einen Imagetransfer von dem gesponserten Sportunternehmen auf das eigene Unternehmen, die Marke oder die Produkte.

[48] Das Image ist dabei die Gesamtheit aller subjektiven Ansichten und Vorstellungen, die die Nachfrager von einem Produkt, einem (Sport-) Unternehmen, einer Sportart etc. haben (Zentes 1992).

Die Potentiale der Verwender und Hersteller werden auf sog. Sportsponsoringepisoden bezogen und manifestieren sich in verschiedenen, durch die vielfältigen Interdependenzen hervorgerufenen Konstellationen.[49] Die Potentiale der Beteiligten werden also nicht von einzelnen sog. strukturellen Merkmalen, sondern von der Gesamtkonstellation dieser Merkmale beeinflußt.[50]

4.5.2 Aufbau und Aktivierung von Potentialen

Die Potentiale der am Sportsponsoring Beteiligten werden im Zeitablauf durch verschiedene Faktoren determiniert und aktiviert.[51] Im Einzelnen sind das:

- (begleitende) Marketingmaßnahmen der Medien, der Sponsoren bzw. des Sports,[52]
- die zurückliegenden, gegenwärtigen bzw. künftigen Verhandlungen und/oder Vertragsabschlüsse zwischen den verschiedenen Parteien,
- das Konsumverhalten der Zuschauer,
- exogene Einflüsse.

Gleichzeitig beeinflussen Veränderungen in den Potentialen den Verlauf der Transaktionen.[53]

Die Marketingaktivitäten dienen dem Aufbau, der Aktivierung und der fortlaufenden Pflege der Potentiale.[54] Für die Unternehmen bedeutet dies die Verfolgung der Marketingziele hinsichtlich Imagestabilisierung, -dynamisierung oder Erhöhung des Bekanntheitsgrades des Unternehmens und/oder seiner Produkte mit den klassischen Kommunikationsinstrumenten und dem Sportsponsoring. Die Aktivierungen können dabei sowohl positive wie auch negative Auswirkungen beinhalten.[55]

---

[49] In Verbindung mit einer bestimmten Sponsoringepisode läßt sich das entsprechende zeitraumbezogene Potential der Beteiligten ermitteln bzw. die Veränderungen im Ablauf verdeutlichen.

[50] Unter strukturellen Merkmalen werden das Zuschauer- und Medieninteresse, das Image einer Sportart etc. verstanden.

[51] Auch Ereignisse im Aktivitäts-/Interaktionsstrom des Episodenumfeldes können diese auslösen (Kutschker, Kirsch 1978).

[52] Marketingmaßnahmen auf Seiten des Sports verstehen sich mehr als Öffentlichkeitsarbeit, im Sinne von Erfolg, Kompetenz etc..

[53] Die Dopingproblematik in der Leichtathletik hat den Einstieg einiger Sponsoren verhindert bzw. den (Teil-) Ausstieg von Sponsoren begünstigt.

[54] Der Begriff "Marketingaktivitäten" wird in diesem Modell für die Sportunternehmen sehr weit gefaßt. Der sportliche Erfolg eins Sportunternehmens ist genauso wie etwa die Dopingproblematik ein Bestandteil der öffentlichen Darstellung des Sportunternehmens, allerdings mit umgekehrten Vorzeichen.

Externe Faktoren wirken in vielfältiger Weise auf die Potentiale ein. Beispiele sind Veränderungen in den Einstellungen und Werthaltungen der Verbraucher, im Konsum- und Freizeitverhalten, die Umweltproblematik oder auch Konkurrenten mit neuen Produkten und/oder Angebotsformen.
Die Zuschauer sind aufgrund ihrer exponierten Stellung als Konsumenten der im Umfeld des Sportsponsoring angebotenen Produkte und Dienstleistungen die entscheidende Einflußgröße für die Potentiale der drei Beteiligten.

4.5.3 Determinanten der Potentiale

Die Potentiale der Beteiligten werden von verschiedenen, über das Sportsponsoring hinausgehenden Faktoren beeinflußt.[56] Im Rahmen dieses Ansatzes interessieren nur die modellimmanenten Determinanten, die in einem direkten Zusammenhang mit der Erstellung des sportlichen Outputs bzw. seiner kommerziellen Nutzung stehen.

Im Einzelnen sind dies:

- das Image der Sportart bzw. des Sportunternehmens,
- der sportliche Erfolg des Unternehmens,
- das Erscheinungsbild des Sportunternehmens in der Öffentlichkeit,
- die Sportsponsoringmöglichkeiten,
- das Zuschauerinteresse vor Ort und am Bildschirm,
- die Erfahrung im Umgang mit dem Sportsponsoring,
- die Glaubwürdigkeit der Sponsoren,
- der Einfluß der externen Faktoren,
- die Qualität und Quantität der sportlichen Berichterstattung.

Diese Faktoren beeinflussen in nicht unerheblicher Weise die Wirkung und damit den Erfolg eines Sportsponsoringengagements.

---

[55] Die Dopingaffäre um Katrin Krabbe wirkte beispielsweise negativ aktivierend auf das Potential des Deutschen Leichtathletikverbandes bzw. der Vereine, der Auftritt des amerikanischen "Dream-Team" im Basketball bei den Olympischen Sommerspielen 1992 in Barcelona dagegen positiv aktivierend auf das Potential des Deutschen Basketballbundes bzw. seiner Vereine.

[56] Imagebildende Faktoren sind der Einstellungs- und Wertewandel beim Verbraucher, ein Nachfragerückgang, Innovationen der Konkurrenz, Neuprodukteinführungen oder auch spezielle Angebotsmodifikationen (Kutschker, Kirsch 1978).

5. Die Problematik der Transaktionen im Sportsponsoring

5.1 Die Führungs- und Organisationsstrukturen der Sportunternehmen

5.1.1 Sportunternehmen in der Rechtsform des eingetragenen Vereins

Nach § 21 BGB sind Sportvereine und -verbände sog. Idealvereine, d.h. ins Vereinsregister eingetragene, rechtsfähige, nicht wirtschaftliche Vereinigungen, die gemeinnützige, mildtätige oder kirchliche Zwecke zu verfolgen haben, damit sie entsprechende, für ihre materielle Existenz notwendige, steuerliche Vergünstigungen erhalten.[1]

Dem Idealverein, dessen Zweck nicht auf einen wirtschaftlichen Geschäftsbereich gerichtet ist, sind gewisse wirtschaftliche Aktivitäten über das sog. Nebenzweckprivileg gestattet, sofern sie den idealen Vereinszweck fördern und diesem untergeordnet sind. Er ist damit gemeinnützig und genießt gewisse steuerliche Privilegien.[2]

Vom Idealverein wird erwartet, daß er im Interesse seiner Mitglieder agiert und sein "Zweck nicht auf einen wirtschaftlichen Geschäftsbetrieb gerichtet ist" (§ 21 BGB).[3] Der ursprüngliche Nebenzweck, die wirtschaftlichen Aktivitäten, haben sich mittlerweile bei den Profivereinen verselbständigt und zum Hauptzweck entwickelt. Die entsprechenden Profi-Abteilungen sind als steuerpflichtiger wirtschaftlicher Geschäftsbetrieb organisatorisch aus dem Verein ausgegliedert, ohne jedoch institutionell mit einer eigenen Rechtsform selbständig zu sein. Die Profiabteilungen gehören damit weiterhin dem eingetragenen Verein an, ohne dessen gemeinnütziger Anerkennung zu schaden.[4]
Die historische Basis für den steuerlichen Status der Gemeinnützigkeit liegt in der Arbeit der Idealvereine.[5] Die konkreten Zielsetzungen der Vereins- und Verbandsarbeit änderten sich mit dem gesellschaftlichem und politischem Umfeld. Kernpunkte waren aber stets die Leistungen

[1]Dazu zählen die Befreiung von Körperschafts-, Gewerbe-, Umsatzsteuer und Vermögenssteuer sowie die Abzugsfähigkeit von Spenden (Fischer 1986).

[2]Gemeinnützigkeit wird vom Gesetzgeber anerkannt, wenn es sich um "staatsentlastende Gemeinwohltätigkeit" handelt. Dazu zählen u.a die Jugendhilfe, Förderung der Gesundheit, Volksbildung und Religion (DSB 1992).

[3]§18 AO und KStG unterscheiden drei Bereiche des gemeinnützigen Vereins: den ideellen Verein (steuerfrei), den Zweckbetrieb (steuerbegünstigt) und den wirtschaftlichen Geschäftsbetrieb (steuerpflichtig).

[4]Die Berufsfußballer sind, um die Gemeinnützigkeit des Gesamtvereins nicht zu gefährden, bezahlte Angestellte, denn als Mitglieder dürften sie nur limitierte Aufwandsentschädigungen von Vereinsseite erhalten. Sie schließen mit dem DFB eine Spielerlizenzvertrag und einen Schiedsgerichtsvertrag. Ohne DFB-Lizenzierung können die Spieler keine Arbeitsverträge mit den Vereinen abschließen. Sie befinden sich also in einem rechtlichen Dreiecksverhältnis, bestehend aus Verband, Verein und den Spielern selbst (Fischer 1986).

[5]Ideale Ziele sind die körperliche Ertüchtigung, sportliche Leistung und Pflege von Kameradschaftsgeist und Geselligkeit (Barth 1988).

im gesundheitlichen, sozialen und pädagogischen Bereich sowie die Erzielung sportlicher Höchstleistungen (Barth 1988).

Diese rechtlichen Rahmenbedingungen entsprechen Anforderungen, die an einen ehrenamtlichen geführten Verein im Breitensportbereich gestellt werden, nicht aber an Vereine oder Verbände aus kommerzialisierten und professionalisierten Sportarten wie Fußball, Tennis oder Eishockey (Luh 1991).

Aus Steuergründen haben zahlreiche Vereine und Verbände eigene Vermarktungsgesellschaften gegründet, denen die Werberechte an dem Sportunternehmen zu vertraglich fixierten Konditionen übertragen wurden. Diese Gesellschaften, idR. als Gesellschaften mit beschränkter Haftung gegründet, vermarkten nach erwerbswirtschaftlichen Gesichtspunkten die Rechte an Sponsoren und Medien.[6]

Wirtschaftsunternehmen benötigen zur Verfolgung ihrer wirtschaftlichen Ziele einen rechtlichen Organisationsrahmen, um zu einer juristisch faßbaren Einheit zu werden (die Innen- und Außenbeziehungen regelnd). Die Sportvereine der 1. und 2. Bundesliga im Fußball und Eishockey sind Wirtschaftsunternehmen mit Millionenumsätzen[7], die als eingetragene Vereine Gesetzesbestimmungen unterworfen sind, die noch aus der Jahrhundertwende stammen und bei denen der damalige Gesetzgeber davon ausgegangen war, daß ein eingetragener Verein überhaupt kein nennenswertes Vermögen besitzt, also auch kein in kaufmännischer Weise eingerichteter Geschäftsbetrieb notwendig ist (Pöttiner 1989).

Die unangemessene Rechtsform der Vereine mit den unzureichenden Mitgliederschutz-, Gläubigerschutz- und Publizitätsvorschriften hat in der Vergangenheit die finanzielle Mißwirtschaft in den Vereinen gefördert (Pöttiner 1989).[8]

Selbst die internen Wirtschaftlichkeitsprüfungen, von den jeweiligen Verbänden zum Erhalt der Lizenz verlangt und durchgeführt, erweisen sich lediglich als oberflächliche Beurteilungskriterien der wirtschaftlichen Leistungsfähigkeit der Vereine. Die Mitglieder des Liga-

---

[6]Deshalb hat der Deutsche Tennisbund seinen Wirtschaftsbereich durch Gründung einer Holding GmbH, in der er alleiniger Gesellschafter ist, rechtlich von dem gemeinnützigen e.V.-Bereich abgetrennt. Die DTB-Holding fungiert als Dachorganisation von drei wirtschaftlichen Tochterunternehmen: der Rothenbaum Turnier GmbH, der DTB Pool GmbH und der Arbeitsgemeinschaft Deutscher Turnierveranstalter (ADT) (Luh 1991).

[7]Der FC Bayern München erzielte im Geschäftsjahr 1991/92 bereits einen Umsatz von 41,4 Millionen Mark, obwohl der Verein aufgrund der schwachen Vorjahressaison die Teilnahme an einem europäischen Wettbewerb verpaßt hatte (1992_{18}).

[8]Diese Vereine haben sich in den 60er und 70er Jahren von Amateur- in Profivereine umgewandelt, ohne daß die meisten ehrenamtlichen Führungskräfte eine entsprechende betriebswirtschaftliche Qualifizierung erfahren hätten. Nur so ist der verfehlte Ehrgeiz zahlreicher Vereinsführungen zu erklären, sportlichen Erfolg um jeden Preis zu erzielen.

ausschusses des Deutschen Fußballbundes - verantwortlich für die Wirtschaftlichkeitsprüfung und die Lizenzerteilung - überprüfen bisher in erster Linie die Liquidität der Vereine für die nächste Saison. Der wirtschaftliche Status der Vereine - die Vermögens- und Ertragssituation - spielt dabei nur eine untergeordnete Rolle.[9] Nur anhand von betriebswirtschaftlichen Kennziffern wie Eigenkapital- und Fremdkapitalrentabilität oder auch Verschuldungsgrad können jedoch die Vereinsbilanzen sinnvoll interpretiert werden.[10]

In der Praxis des Profisports bestehen nach Benner derzeit folgende Rechtsformkonstruktionen (Benner 1992):

- der Einzelsportler als Einzelunternehmer,
- die Gründung einer Kapitalgesellschaft,[11]
- die Gründung einer Gesellschaft des bürgerlichen Rechts,
- der Individualsportler als Angestellter bei einem "fremden" Unternehmen.

Eine Änderung der Rechtsform ist für die Sportunternehmen in den professionalisierten Mannschaftssportarten aufgrund der stetig wachsenden Bedeutung des wirtschaftlichen Geschäftsbetriebes dringend notwendig. Als Möglichkeit bietet sich für die Vereine die Auslagerung der Wirtschaftstätigkeit von Berufssportabteilungen in eine Tochtergesellschaft an: in Form einer GmbH, einer KG oder AG mit einhergehender Haftungsbeschränkung und gleichzeitigen Kompetenzentzug der Mitglieder.[12]
Eine Reorganisation der Vereine in betriebswirtschaftliche Unternehmen, wie u.a. von zahlreichen Fußball-Bundesligisten angestrebt, ist aufgrund der Verbandshoheit von den Vorschriften der jeweiligen Dachverbände abhängig.[13]

Eine Vorreiterrolle in Sachen Professionalisierung scheint in Deutschland aufgrund der großen finanziellen Probleme zahlreicher Profivereine der Deutsche Eishockeybund (DEB) zu übernehmen.[14] Der DEB plant spätestens ab der Saison 1995/96 eine völlige Umstrukturie-

---

[9]Lizenzierungsverfahren des DFB für die Fußball-Bundesligasaison 1993/94.

[10]Ein entsprechendes Konzept befindet sich derzeit beim DFB in Arbeit.

[11]Beispiele sind die Hochspringerin Heike Henkel und der Mittelstreckenläufer Dieter Baumann, Goldmedaillengewinner bei den Olympischen Sommerspielen 1992 in Barcelona.

[12]Der Handball-Bundesligaverein TV Großwallstadt hat den Wirtschaftsbetrieb seiner Bundesligamannschaft in eine GmbH & Co. KG ausgegliedert (Schmitt 1993).

[13]In der Schweiz ist jeder Sportverein (-verband) nach Art. 61 Abs. 2 ZGB zum Eintrag ins Handelsregister verpflichtet, wenn er ein Gewerbe nach kaufmännischer Art, was bei systematischem Sponsoring der Fall ist, betreibt. Die damit bezweckte Publizitätspflicht soll die ehrenamtlichen, oft wenig professionellen Strukturen in die richtige Bahn lenken (Netzle 1988).

rung der 1. und 2. Eishockey-Bundesliga nach dem Vorbild der amerikanischen Profiliga NHL. Der DEB wird dabei als Franchisegeber fungieren, die Vereine sollen schrittweise in Kapitalgesellschaften mit einem Mindestetat von vier Millionen Mark und einem Stammkapital von 500.000 Mark umgewandelt werden. Die Vermarktung wird zentral vom DEB übernommen (o.V. 1994_2).

Am Beispiel der englische Fußballmannschaft Tottenham Hotspurs kann man sehen, daß Vereine durchaus erfolgreich in der für Wirtschaftsunternehmen üblichen Rechtsform der AG geführt werden können.[15]

5.1.2 Die ehrenamtliche Tätigkeit - eine unverzichtbare Ressource für den Vereinssport

Die wichtigste Ressource der Vereine ist die ehrenamtliche, d.h. die freiwillig, unentgeltlich erbrachte Mitarbeit der Mitglieder.[16] Sie erzeugt nicht nur eine auf eigenem Engagement und solidarischer Kooperation gestützte Interessensverwirklichung, sondern auch eine Solidarität, die nach Ansicht von Heinemann "Trittbrettfahrertum" weitgehend ausschließt (Heinemann, Schubert 1992).

Die ehrenamtliche Tätigkeit stellt eine Wertschöpfung dar, obwohl sie nicht ins Volkseinkommen eingeht (Heinemann/Horch 1988). Eine Bewertung der Freiwilligenarbeit ist insofern problematisch, weil ein Lohn nicht gezahlt wird und somit auch kein Marktpreis existiert.[17] Vorsichtige Schätzungen des DSB bezifferten den Wert der ehrenamtlichen Arbeit 1992 mit etwa drei Milliarden Mark jährlich (DSB 1992).
Eine Kosten-Nutzen-Analyse der ehren- und hauptamtlichen Tätigkeit ist kaum durchführbar, da vor allem die nicht-monetären Belastungen und möglichen Effizienzverluste einer ehrenamtlichen Tätigkeit nur schwer zu quantifizieren sind (Digel 1988). Kernpunkt bei den Auf-

[14]In der Saison 1993/94 mußten die Zweitligamannschaften aus Memmingen und Bayreuth aus finanziellen Gründen ihren Spielbetrieb während der Saison einstellen. Bei zahlreichen Erstligamannschaften (u.a. Hedos München, Mannheimer ERC) mußten die Spieler Gehaltskürzungen von bis zu 30 Prozent akzeptieren (Quellen: diverse Meldungen u.a. in der FAZ bzw. im kicker Sportmagazin).

[15]Der Gewinn nach Steuern hat sich im ersten Geschäftshalbjahr zum 30. November 1992 gegenüber dem entsprechenden Vorjahreszeitraum von 0,81 Millionen Pfund auf 3,07 Millionen Pfund bei einem Umsatz von 15,05 Millionen Pfund erhöht (Unternehmensnachrichten FAZ, 26.02.1993).

[16]Bei ehrenamtlichen Vertretern geht es beispielsweise zu Lasten des privaten Bereichs (Familie, Hobby, Freizeit).

[17]Als wirtschaftliche Berechnungsgrundlage würde sich die Ermittlung aufgrund von Opportunitätskosten bzw. mit Hilfe von Schattenpreisen anbieten. Auf der Basis des Opportunitätskostenprinzips wäre allerdings die Arbeit eines Arbeitslosen, einer Hausfrau oder eines Rentners ohne Wert. Hinzu kommt die unentgeltliche Inanspruchnahme von Leistungen Dritter, die durch ehrenamtliche Mitarbeiter vermittelt wird (Heinemann, Schubert 1992).

wendungen ist sicherlich die Bewertung des Faktors Zeit, der für die Leistungserfüllung aufgewendet wird.

Die ehrenamtliche Mitarbeit ist für den Sport eine unverzichtbare Größe. Die Zahl der haupt- und nebenamtlichen Vereinsmitglieder hat sich seit 1982 zwar fast verdoppelt, aber selbst im Jahr 1991 standen in der Verwaltung des Sports den etwa 1,2 Millionen ehrenamtlichen Führungskräften nur knapp 40.000 hauptamtliche Verwaltungskräfte und sonstige Angestellte gegenüber (Heinemann 1988, DSB 1992).
Im Trainingsbereich ist der Anteil von Hauptamtlichen sogar noch niedriger.[18] Bei Großvereinen ist der Anteil der hauptamtlichen Mitarbeiter deutlich höher als bei kleinen Vereinen.[19]
Ehrenamtliche Mitarbeiter, die über disponible Zeit verfügen, die spezifische Kenntnisse haben, die Zugang zu materiellen Ressourcen haben und diese in die Organisation neben ihrer eigenen Arbeitskraft einbringen können, sind für die Vereine bzw. Verbände unverzichtbar. Personen in solchen Berufsdispositionen verfügen nämlich meist über ein hohes Sozialprestige, wodurch nicht nur die Akquisition von Ressourcen, sondern auch der Zugang zu anderen Organisationen und Institutionen für die Vereine erleichtert wird (Winkler 1990).[20]
Der ehrenamtliche Mitarbeiter bekommt in unserer Gesellschaft ein Zeitallokationsproblem, und zwar in dem Maße, in dem die alternativen Möglichkeiten der Freizeitgestaltung zunehmen. Fluktuierende Freizeitinteressen, bürokratische Entwicklungen innerhalb und außerhalb der Sportorganisationen, Tendenzen einer weiteren Kommerzialisierung, fehlendes Verständnis für die Belange der ehrenamtlichen Mitarbeiter oder auch die arbeitsmäßige Überforderung können die Bereitschaft zu ehrenamtlicher Tätigkeit weiter einschränken. Der Einzelne wird zwar dann gelegentlich eine sog. informelle Freiwilligenarbeit übernehmen, er wird idR. aber weniger bereit sein, ein festes Amt zu übernehmen, das den Arbeitsumfang erhöht und gleichzeitig den "Möglichkeitshorizont" einschränkt (Heinemann, Schubert 1992).[21]

Hirschmann erklärt am Konzept der Enttäuschung recht anschaulich die Motivation des Einzelnen zur ehrenamtlichen Arbeit im Verein. Er verweist aber gleichzeitig auf die durch den gesellschaftlichen Einstellungswandel hervorgerufenen Konsequenzen für die Vereine, wenn,

---

[18]Auf 1,3 Millionen ehren- und nebenamtliche Betreuer, Übungs- und Jugendleiter kamen 1991 knapp 9000 hauptberufliche Sportlehrer und Trainer (DSB 1992).

[19]Der Anteil von hauptamtlichen Mitarbeiter im Trainingsbereich beträgt bei Großvereinen 41,3 Prozent gegenüber 14,5 Prozent bei kleinen Vereinen (DSB 1990).

[20]Zwei Drittel aller ehrenamtlichen Mitglieder verfügen einer Untersuchung von Winkler zufolge auch in anderen Vereinen und Verbänden außerhalb des Sportsystems über Mitgliedschaften. Vereinsaktive sind dementsprechend aktivere und am öffentlichen Leben interessiertere Personen (Winkler 1990).

[21]Heinemann, Schubert definieren informelle Freiwilligenarbeit in Abgrenzung zur formellen Freiwilligenarbeit als Verzicht auf die Ausübung eines Amtes in einem Verein (Heinemann, Schubert 1992).

wie z.Zt. der Fall, immer mehr Jugendliche ihre Defizite durch eine aktive Freizeitgestaltung außerhalb der Vereine kompensieren (Winkler 1990).[22]

Für den Sport stellt sich die entscheidende Frage, inwieweit durch die notwendige Professionalisierung (u.a. die Einstellung hauptamtlicher Mitarbeiter) die Anpassungsfähigkeit der Vereine und Verbände an neue Sportentwicklungen und Nachfragebedingungen gefördert wird, ohne daß gleichzeitig unverzichtbare Elemente der Sportorganisation, wie z.B. das Gemeinschaftsgefühl, die Bereitschaft zu ehrenamtlicher Mitarbeit etc. zerstört werden. Einerseits werden nämlich hauptamtliche Mitarbeiter im Sport benötigt, um den gestiegenen organisatorischen und verwaltungstechnischen Anforderungen gerecht zu werden, andererseits kann man auf viele von ehrenamtlichen Mitarbeitern erfüllten Aufgaben und Tätigkeiten allein schon aus finanziellen Gründen nicht verzichten.[23] Das Nebeneinander von haupt- und ehrenamtlicher Tätigkeit im Verein ist dadurch nicht frei von Problemen.[24]

5.1.3 Die Notwendigkeit hauptamtlicher Führungskräfte im Profisport

Vereine besitzen im Gegensatz zur hierarchischen Struktur der Autoritätsbeziehungen in Wirtschaftsunternehmen eine demokratische Entscheidungsstruktur und sind weniger arbeitsteilig organisiert.[25] Es existiert meist nur eine lose Aufgabenverteilung innerhalb des Vorstandes und eine Gliederung in Abteilungen nach einzelnen Sportarten, die oft weitgehend autonome Einheiten innerhalb des Vereins darstellen (Heinemann, Schubert 1992).
Eingetragene Vereine sind in der Regel Nonprofit-Unternehmen. Als solche arbeiten sie nicht gewinnorientiert und befinden sich nicht in einer Konkurrenzsituation zu anderen Marktteilnehmern. Dies erschwert eine effizienzorientierte Führung, Planung und Steuerung des Vereins durch den Vorstand und gleichzeitig für Außenstehende die Kontrolle der Aktivitäten der Vereinsvertreter (Struller 1991).

---

[22]Nach Hirschmann ist jede Handlung durch Erwartungen gesteuert. Übertragen auf das soziale Handeln von Personen bedeutet dies, daß eine Differenz zwischen Erwartungen und Realität, insbesondere im beruflichen und/oder privaten Bereich, häufig zu Enttäuschungen führt. Der Einstieg in eine öffentliche Tätigkeit soll diese Enttäuschungen kompensieren helfen, also die Kosten des Engagements den Charakter "eines Nutzen- oder Eigenwertes" annehmen. Enttäuschungen (Frustrationen) im öffentlichen Bereich führen umgekehrt zu einem teilweise abrupten Wechsel in den privaten Bereich (Winkler 1990).

[23]Im Jugendbereich sind das Betreueraufgaben, Fahrservice zu den Veranstaltungen etc., die meist von den Eltern der Jugendlichen unentgeltlich übernommen werden.

[24]Probleme können bei der Finanzierung der Hauptamtlichen, der Motivation der Ehrenamtlichen, der Zuordnung von Entscheidungs- und Verwaltungsaufgaben, der formalen und inhaltlichen Kompetenzregelung von Haupt- und Ehrenamtlichen sowie durch das basisdemokratische Vereinsprinzip auftreten (Heinemann 1980).

[25]Die demokratische Entscheidungsstruktur bedeutet, daß die Vereinsziele gemeinsam von allen Mitgliedern bestimmt werden. Die Machtbasis im Verein ist also das Stimmrecht und nicht wie bei Wirtschaftsunternehmen das Eigentum (Heinemann, Schubert 1992).

Im Vergleich zu Wirtschaftsunternehmen sind die Positionen in einem Verein wenig differenziert und standardisiert, Rolle und Person sind kaum zu trennen. Die Personalisierung tritt meist anstelle der Standardisierung und Spezialisierung in bezug auf die Erwartungshaltung an eine Position, da sich die Mitglieder vorrangig an der Person und nicht an abstrakten Regeln oder spezifizierten Rollenerwartungen orientieren (Heinemann, Schubert 1992). Die notwendige Koordination kann nicht durch Weisung, Programmierung oder Planung erfolgen, da bei Ehrenamtlichen wenig Neigung besteht, Befehlen zu folgen. Auch fehlt ein entsprechendes Maß an Formalisierung als Grundlage für eine entsprechende Planung und Programmierung. Selbstabstimmung in informellen Zusammenkünften sowie eine Führung, die auf persönlicher Ausstrahlung und persönlicher Überzeugungskraft beruht, prägen die Vereinsarbeit (Heinemann, Horch 1988).[26]

Besonders in Großvereinen und Sportverbände können die anfallenden Arbeitsumfänge und fachlichen Anforderungen mittlerweile nicht mehr von ehrenamtlichen Funktionären allein bewältigt werden. Die Anstellung hauptamtlicher Mitarbeiter wird immer wichtiger, weil

- die Aufgaben der Verwaltung und der sportlichen Betreuung aufgrund ihres Umfangs von ehrenamtlichen Mitarbeiter alleine nicht mehr erfüllt werden können.[27]
- die Entscheidungskosten im Verein aufgrund der ehrenamtlichen Arbeit deutlich höher sind als in Wirtschaftsunternehmen.[28]
- in zunehmenden Maße Fachkompetenz erforderlich ist.[29]
- ein hauptamtliches Management zur Ressourcenakquirierung (Beschaffung von Geldern vom Staat bzw. der Wirtschaft) notwendig ist.
- die Bereitschaft der Mitglieder zur Übernahme ehrenamtlicher Tätigkeit nicht in dem Maße steigt, wie ihre Erwartung an eine reibungslose professionelle Aufgabenerfüllung (Digel 1988).[30]

---

[26]Ehrenamtliche Arbeit ermöglicht eine hohe zeitliche, sachliche und soziale Flexibilität der Aufgabenerfüllung. Feste Arbeitszeiten, begründet durch oftmals unflexible arbeitsrechtliche Regelungen, müssen nicht berücksichtigt werden. Der Arbeitsumfang wird den jeweiligen Arbeitsanforderungen weniger nach Effizienzgesichtspunkten als nach der Möglichkeit sozialer Integration und Einbindung angepaßt (Heinemann, Schubert 1992).

[27]Ehrenamtliche Mitarbeiter benötigen zur Entfaltung ihrer Leistungsfähigkeit personelle und fachliche Unterstützung.

[28]Durch die ehrenamtlichen, demokratischen Entscheidungsprozesse treten Führungsschwächen auf, die mit der Größe des Vereins, der Zunahme der Außenfinanzierung und der Vermarktung immer offensichtlicher werden. Ehrenamtliche Tätigkeit ist Tätigkeit im Nebenberuf. Sie läuft langsamer ab, ist weniger schematisiert, gebunden und formloser, daher auch unpräziser bzw. uneinheitlicher (Digel 1988).

[29]Sportbezogene Dienstleistungen mit hohen Qualtitätsanforderungen (z.B. Rehasport, Sport mit Diabetikern, Coronar-Sport) setzen für eine professionelle Leistungserstellung ein entsprechend qualifiziertes Personal voraus. Die üblichen Dienstleistungen im Bereich des Freizeit- und Breitensports können qualitativ durchaus durch ehrenamtliche Tätigkeit garantiert werden (Wagner 1990).

- Vereinbarungen meist nur mündlich und informell getroffen werden, die dann im Konfliktfall nur schwer einzumahnen sind (Heinemann 1988).

Die Sportunternehmen in der Rechtsform des eingetragenen Vereins werden von einem ehrenamtlichen Präsidium geleitet. Das Tagesgeschäft wird von einem Geschäftsführer und/oder mindestens einem nur für die Profiabteilung zuständigen Manager erledigt.[31] Wichtige Präsidiumsentscheidungen können sich durch die nebenberufliche Ausübung dieser Tätigkeit verzögern und zu Koordinationsproblemen führen. Der Präsident eines professionellen Mannschaftssportunternehmens bekleidet eine Position von einem hohen öffentlichen Stellenwert, ohne die entsprechende Fachkompetenz für ein derartiges Sportunternehmen zu besitzen.

Mit wachsender Vereinsgröße nimmt die gesellschaftliche Bedeutung der ausgeübten Position im Verein zu, die entscheidungsrelevanten Personen, insbesondere der Präsident und häufig noch der "Schatzmeister" stehen immer mehr im Blickpunkt des öffentlichen Interesses. Daraus ergeben sich auch für die einzelne Person, neben der Möglichkeit zur Selbstdarstellung der eigenen Person, Möglichkeiten zur Akquirierung neuer Ressourcen oder auch der Zugang zu neuen Institutionen und Organisationen, nicht nur im Vereinsinteresse.[32] Beteuerungen einer uneigennützigen (selbstlosen) Aufopferung für den Verein werden häufig durch das eigene, oft vereinsschädigende Auftreten in der Öffentlichkeit, insbesondere bei Diskussionen um mögliche Trainer- oder Spielerwechsel, von selbst ad absurdum geführt. Dieses von den Medien, im Kampf um Auflagenzahlen noch kräftig unterstützte "Spektakel" schädigt das Vereinsimage gerade gegenüber aktuellen bzw. potentiellen Sponsoren erheblich. Der Ausstieg von Sponsoren zum frühest möglichen Vertragszeitpunkt ist dann nur eine logische Folge.[33]
Eintracht Frankfurt, in der Saison 1989/90 mehr durch permanente Vorstandsquerelen als durch die sportlichen Erfolge (3. Platz in der Meisterschaft) im Blickpunkt des öffentlichen Interesses, tat sich bei der Akquirierung eines neuen Hauptsponsors als Nachfolger der

---

[30]Die Auswahl der Mitarbeiter erfolgt nicht immer nach dem Kriterien höchster fachlicher Kompetenz, da die Mitarbeiter aus dem Kreis der Mitglieder gewonnen werden müssen und sich auch nicht immer die fachlich Qualifiziertesten zur Verfügung stellen (Wagner 1990).

[31]Anfangs war der Manager der Profiabteilung für den sportlichen Bereich und den Marketingbereich zuständig. Im Zuge einer weiteren Spezialisierung sind bei einigen Sportunternehmen diese beiden Arbeitsbereiche auch personell getrennt worden (u.a. der 1.FC Kaiserslautern, der VfB Stuttgart und der Hamburger SV im Fußball, der Kölner EC und die Düsseldorfer EG im Eishockey).

[32]Gerd Schmelzer, Ex-Präsident des 1.FC Nürnberg hat in einem Interview mit dem kicker Sportmagazin die Beweggründe für seine Präsidentschaft ehrlich mit der Befriedigung persönlicher Eitelkeiten und der Erwartung von positiven Effekten für seine eigenen geschäftlichen Interessen beschrieben (kicker Sportmagazin 1988).

[33]Der "medienträchtige Hauskrach" beim 1.FC Köln im Vorfeld der Hauptversammlung 1991 war nach Angaben von Matthias Bierdümpfl, für das Sportsponsoring beim damaligen Hauptsponsor Citibank zuständig, ausschlaggebend für die Entscheidung des Unternehmens, das Engagement bereits nach zwei Jahren zu beenden und die einjährige Option nicht auszuüben.

Hoechst AG sehr schwer. Die damals deutlich geringere "Vergütung" gegenüber anderen Vereinen kann durchaus als "Imageabschlag" bezeichnet werden.[34]

Insbesondere im Bereich der professionalisierten Mannschaftssportarten haben sich die Vereine zu Wirtschaftsunternehmen entwickelt, ohne daß die (ehrenamtlichen) Führungsstrukturen diesem Wandel angepaßt wurden. Ein Mangel an qualifizierten Führungskräften vornehmlich in den Bereichen Öffentlichkeitsarbeit, Vermarktung und Finanzen führt immer wieder zu Problemen und Mißverständnissen in der Zusammenarbeit mit Sponsoren, mit der Folge, daß sich die Wirtschaftsunternehmen aus dem Sportsponsoring zurückziehen.

Die Sportunternehmen müssen eigene Sponsoringkonzepte entwickeln, die sowohl die Ansprüche und Forderungen potentieller Sponsoren erfüllen, als auch gleichzeitig die eigentlichen sportlichen Werte im Sinne einer beiderseitigen, langfristigen Erfolgsmaximierung nicht unterminieren.[35]
Erfolgreiches Sportsponsoring kann sich gerade bei Mannschaftssportarten für den Sponsor mittlerweile nicht mehr nur auf die Trikot- und Bandenwerbung beschränken, sondern muß ein breites Spektrum kommunikationspolitischer Maßnahmen abdecken. Das fängt bei der Suche nach Möglichkeiten zur Integration des Sponsoringengagements in die klassische Werbung an und geht bis hin zur gezielten Fanansprache und -betreuung.
Die Vereine müssen verstehen lernen, daß nicht jeder potentielle Sponsor auch zu ihrer Sportart paßt, sondern daß für die Unternehmen vorrangig das Image der Sportart und ihrer Vertreter, der sportliche Erfolg sowie die Gruppe der Sportinteressierten wichtig ist.[36] Ein entsprechendes fundiertes Wissen um die wirtschaftlichen und kommunikationspolitischen Ziele und Vorstellungen der Sponsoren bei den Vertretern des Sports würde viele Mißverständnisse vermeiden helfen.

---

[34]Der Vertrag mit dem koreanischen Elektronikunternehmen Samsung garantierte der Frankfurter Eintracht ab der Saison 1991/92 1,4 Millionen Mark jährlich. Vergleichsweise wenig gegenüber den fünf Millionen Mark, die Bayern München von Opel erhält, den drei Millionen Mark von Sharp für den Hamburger SV oder auch den zwei Millionen Mark der Citibank für den FC Köln (Walkhoff 1993).

[35]Kleinert, für die Öffentlichkeitsarbeit bei Mercedes Benz verantwortlich, hat bereits mehrfach eine weitere Förderung des Spitzensports, u.a. die Unterstützung der Olympiastützpunkte, von einem schlüssigen Konzept des DSB abhängig gemacht (Hecker 1992).

[36]Ein Unternehmen wie Mercedes Benz, "das deutsche Automobilunternehmen", kann trotz aller Standortgesichtspunkte nicht Hauptsponsor eines vergleichsweise "mittelmäßigen" Fußballvereins wie dem VfB Stuttgart werden.

5.1.4 Die Problematik der Professionalisierung

Die Prinzipien der ehrenamtlichen Vereinsführung, der Gemeinnützigkeit sowie das Prinzip der Kostendeckung waren und sind Merkmale, die finanziellen Anreizsystemen für ein unternehmerisch-wettbewerbliches Verhalten der Sportunternehmen in der Rechtsform des eingetragenen Vereins noch immer entgegenstehen. In dem bisherigen Sportsystem fehlten den Sportunternehmen die einer freien Marktwirtschaft inhärenten Wettbewerbszwänge (Heiduk 1987). Ebenso gab es auf der Ebene des Breitensports so gut wie keine Konkurrenz zwischen den Sportunternehmen. Durch die Zusammenschlüsse in lokale, regionale und überregionale Sportverbände wurde das Kooperations- und nicht das Konkurrenzverhalten gefördert (Heiduk 1987).[37]

Erfahrungen aus dem geschäftlichen und beruflichen Bereich lassen sich nicht automatisch auf ein professionelles Sportunternehmen übertragen. So basiert der Reiz des Fußballs nicht unerheblich auf seiner Irrationalität. Investitionen in Spieler ruhen immer auf dem Prinzip Hoffnung, sie sind vergleichbar mit Börsenspekulationen.[38]
Je höher der angestrebte Grad der Professionalisierung und Kommerzialisierung im Spitzensport ist, um so wichtiger ist die offene Diskussion zwischen Sportunternehmen und Sponsoren über die Ziele ihrer gemeinsamen Zusammenarbeit und deren Realisation.
Dazu darf die Einbringung der vertraglich vereinbarten Gegenleistungen von den verantwortlichen Funktionären und Aktiven nicht erst im nachhinein angestrebt werden, sondern das Verständnis und die Kenntnisse über derartige Verpflichtungen müssen bereits Grundlage der Philosophie der Sportunternehmen bzw. seiner Vertreter sein.

Mit der Einführung des hauptamtlichen Mitarbeiters (Sportfunktionärs) ist eine organisatorisch-funktionale Doppelstruktur aus ehren- und hauptamtlichen Mitarbeiterstäben entstanden, bei der der ehrenamtliche Funktionär als gewählter Organisationsvertreter die Geschäfte des hauptamtlichen und in Entscheidungsgremien nicht stimmberechtigten "Geschäftsführers" kontrolliert (Rigauer 1982). Der Geschäftsführer und/oder der Manager sind als Angestellte des Vereins dem ehrenamtlichen Vorstand in seiner Aufgabenerfüllung untergeordnet. Sie verfügen zwar aufgrund ihrer täglichen Vereinsarbeit über fundiertere und vollständigere Informationen hinsichtlich der Verwaltungs-, Organisations- und Finanzfragen, erhalten aber

---

[37]Dem Sportunternehmen als ehemals relativ stabilem, autarkem Selbstversorgungssystem können sich durch das Sportsponsoring neue Handlungsspielräume zur "Selbstverwirklichung" eröffnen, wenn es gelingt, die Identität der Sportnachfrager stärker als bisher zu berücksichtigen.

[38]In Unternehmen läßt sich bei der Personalentscheidung der Wert von Persönlichkeit, Fähigkeiten und Erfahrungen besser einschätzen bzw. übernehmen bei den Führungskräften geschulte Personalberater eine Art Vorselektion.

nur exekutive Befugnisse. Die eigentliche Entscheidung wird vom ehrenamtlichen Vorstand, ohne Stimmrecht der hauptamtlichen Mitarbeiter, gefällt.[39]

Kritiker sehen die durch den Einsatz hauptamtlicher Mitarbeiter hervorgerufenen Probleme hauptsächlich in Bürokratisierungs- und Oligarchisierungstendenzen, weil

- die Aufgaben stärker geregelt und ausdifferenziert sein müssen,
- zur Stärkung der eigenen Position im Verein die Ressourcen auf eine sichere Grundlage gestellt werden, indem Leistungen vom Staat und der Wirtschaft erschlossen werden, um sich unentbehrlich zu machen,
- zusätzliche Kosten anfallen, die durch die ehrenamtliche Arbeit nach außen verlagert wurden (Heinemann 1988).[40]

Mit dem zu erwartenden Wandel der professionellen Sportunternehmen von der Rechtsform des eingetragenen Vereins in eine Kapital- oder Aktiengesellschaft und der Trennung vom Hauptverein würde sich das Problem der ehrenamtlichen Mitarbeit für den Profibetrieb, nicht aber für den Hauptverein lösen.

Die Führungs- und Organisationsstruktur des Sports wird sich dadurch in den nächsten Jahren in drei Gruppen aufspalten:

- in die reinen Profivereine in der Rechtsform der Kapitalgesellschaft,
- in die Sportunternehmen in der Rechtsform des eingetragenen Vereins mit einer hauptamtlichen Geschäftsführung,
- in die klassischen, ehrenamtlich geführten Vereine.

5.1.5 Die wirtschaftlichen Probleme des Sports

Der Sport vom Freizeit- bis zum Hochleistungssport wurde bzw. wird in Deutschland traditionell durch Vereine und Verbände angeboten. Diese befinden sich - ökonomisch gesehen - in einer anderen Situation als Wirtschaftsunternehmen, wenn man Finanzierung und Nutzung des von ihnen erstellten "Gutes" Sport betrachtet.[41]

---

[39]Borussia Dortmund ist derzeit der einzige Fußball-Bundesligaverein, bei dem der hauptamtliche Manager als Mitglied des Vereinsvorstands bei allen Entscheidungen stimmberechtigt ist. Eine entsprechende Satzungsänderung war auf einer Mitgliederversammlung im Herbst 1991 verabschiedet worden. Bei Eintracht Frankfurt und dem 1.FC Kaiserslautern sind gleichfalls derartige Satzungsänderungen im Gespräch.

[40]Das sind z.B. Telefon-, Porto-, Fotokopierkosten an der Arbeitsstelle des ehrenamtlichen Mitarbeiters bzw. der Einsatz von Mitarbeitern zur Erledigung dieser Aufgaben (z.B. Sekretärin) (Winkler 1990).

Die als juristische Personen des privaten Rechts in das Vereinsregister eingetragenen Sportvereine richteten ihr wirtschaftliches Handeln ursprünglich nach dem gemeinwirtschaftlichen Prinzip aus. Die Bedürfnisbefriedigung der organisierten Mitglieder hatte Vorrang vor dem erwerbswirtschaftlichen Gewinnstreben (Pöttiner 1989).[42]

Die Eigenmittel und die durch die Entwicklung der öffentlichen Haushalte notwendigerweise in der Höhe begrenzten Subventionen reichen in vielen Fällen nicht mehr aus, verbesserte Organisations- und Infrastrukturen, erweiterte sportliche Angebote, ausgeweitete Wettkampfsysteme, erhöhte Veranstaltungsrisiken und eine verstärkte soziale Absicherung von Leistungssportlern etc. zu finanzieren.[43]
Vereine und Verbände sehen sich deshalb gezwungen, neue Geldquellen zu erschließen. Das sind Geldquellen, die mit der eigentlichen sportlichen Tätigkeit nicht in direkter Beziehung stehen, also dem wirtschaftlichen Geschäftsbetrieb zugeordnet werden müssen. Dazu zählen:

- Werbung/Sponsorengelder,
- Fernsehgelder,
- Lotteriegelder,
- Verkauf von Nebenrechten,
- Einnahmen aus eigenen Wirtschaftsbetrieben,
- Organisation von Reisen für Mitglieder und Nichtmitglieder.[44]

Die Professionalisierung im Sport hat die Angebots- und Finanzstruktur der Vereine in den letzten Jahren erheblich verändert. Selbst die den Alltags- und Jedermannsport organisierenden Vereine können sich mittlerweile den Kommerzialisierungstendenzen im Sport nicht mehr entziehen.[45] Auf der einen Seite sind sie von der Kommerzialisierung des Profisports betroffen, dessen Mannschaften in den attraktiven Sportarten durch eine entsprechende Medienpräsenz andere Vermarktungsmöglichkeiten als das Gros der Vereine hat und diese Beträge auch zunehmend in die Nachwuchsarbeit investiert. Auf der anderen Seite werden sie mit

[41] Der Verein in seiner ursprünglichen Form war unabhängig von Dritten und finanzierte sich aus den Beiträgen und der Freiwilligenarbeit seiner Mitglieder.

[42] Ein gemeinnützig anerkannter Verein, der durch Trikot- oder Bandenwerbung Einnahmen erzielt, unterhält nach §§ 14 und §§ 64 der AO einen wirtschaftlichen Geschäftsbetrieb, da die Werbeeinnahmen von der Sache her in keiner Beziehung zu der eigentlichen sportlichen Betätigung stehen (Pöttiner 1989).

[43] Die Einnahmen werden mittlerweile nur noch zu 10 Prozent aus Mitgliedsbeiträgen gedeckt; d.h. die Verbände/Vereine müssen sich den Forderungen unterschiedlicher Gruppierungen anpassen (Heinemann 1987).

[44] Skivereine bieten Skireisen oder Trainingscamps an.

[45] Bei den Vereinen ist deutlich der Trend zum Erschließen neuer Finanzierungsquellen sichtbar. 1988 stammten bereits nur noch 40,8 Prozent der Einnahmen der Sportvereine aus Mitgliedsbeiträgen. Im Jahr 1979 waren es noch rund 50 Prozent gewesen (Trosien 1991, Timm 1979).

differenzierten Nutzen- und Konsumansprüchen ihrer Mitglieder konfrontiert, stehen also plötzlich vor allem im Fitneßbereich in direkter Konkurrenz mit kommerziellen Wettbewerbern (Heinemann 1987).

Im Verein entscheiden die Mitglieder über die Verwendung der von ihnen eingebrachten Ressourcen zur bestmöglichen Verwirklichung dieses Ziels. Im kommerziellen Sport produziert das Sportunternehmen keine Leistungen für seine Mitglieder, sondern eine Leistung für erwartete Interessen und Wünsche Dritter. Die Verbände/Vereine müssen sich damit Forderungen, Ansprüchen und Bedürfnissen unterschiedlicher Gruppierungen anpassen, um ihre Etats zu finanzieren.
Der DSB ist durch seine Vereine die mit Abstand mitgliederstärkste Gruppierung in Deutschland. Das Potential der Vereine ist trotz aller finanziellen Probleme eine vergleichsweise gut ausgebaute Infrastruktur von Sporteinrichtungen, die nicht vereinsmäßig organisierten Sporttreibenden allenfalls in Auszügen zur Verfügung steht.

Experten schätzen, daß 1992 etwa acht Milliarden Mark von der öffentlichen Hand für den Sport aufgebracht wurden (Neumann 1993). Der Spitzensport allein wurde 1993 vom Bundesinnenministerium mit 230 Millionen Mark gefördert.[46] Die Zuschüsse der öffentlichen Hand haben sich damit in den letzten fünfundzwanzig Jahren vervierfacht, mit zuletzt allerdings rückläufiger Tendenz (DSB 1992).
Die Stiftung Deutsche Sporthilfe stellte 1993 zur Förderung des Spitzensports 32 Millionen Mark zur Verfügung.[47] Die leistungsbezogene Kostenerstattung für einen Platz unter den ersten acht bei Olympischen Spielen, Welt- und Europameisterschaften betrug für die Athleten 1992 insgesamt 4,5 Millionen Mark (o.V. 1993_{16}).
Kritiker sehen in der, wie sie es bezeichnen, Subventionspolitik des Staates eine nicht ganz uneigennützige Strategie der Politiker. Sporterfolge lassen sich nun mal sehr gut mediengerecht vermarkten (Neumann 1993).[48]
Obwohl Sportverbände wie z.B. der Deutsche Leichtathletikverband oder der Deutsche Fechterbund attraktive Verträge mit Sponsoren und Fernsehanstalten abgeschlossen haben und sich ihre Etats in den letzten Jahren durch die Werbeeinnahmen vervielfacht haben, fordern sie

[46]Der Bund finanziert u.a. 22 Olympiastützpunkte und 44 Bundesleistungszentren, unterstützt 270 Bundesstützpunkte, sowie das Bundesinstitut für Sportwissenschaften in Köln, das Institut für Angewandte Trainingswissenschaften in Leipzig, die Dopingkontrollen in Köln und Kreischa, die Olympiabewerbung Berlins oder auch Großveranstaltungen wie die Leichtathletik-Weltmeisterschaften in Stuttgart. Weiterhin zahlt der Bund den Bau und Unterhalt von Bob- und Rodelbahnen, Stadien, Schießständen etc. (Reinsch 1993_1).

[47]Athleten erhalten die Sporthilfe anhand von disziplin- und personenabhängigen Kriterien gewährt. Die Maßnahmen der Sporthilfe unterteilen sich in die Grundhilfe, um die Spitzenleistungen zu ermöglichen, und die Leistungsförderung, um Spitzenleistungen entsprechend zu honorieren. Die Gewährung und der Umfang der Sporthilfe ist von der Höhe der sportbezogenen jährlichen Einnahmen der Athleten abhängig (Haffner 1992).

[48]z.B. Empfänge für die Medaillengewinner.

vom Staat immer neue Zuschüsse. Aktuellstes Beispiel waren sicherlich die Leichtathletik-Weltmeisterschaften 1993 in Stuttgart, die überwiegend aus Steuergeldern finanziert wurden.[49] Das Subsidaritätsprinzip, das öffentliche Förderung nur vorsieht, wenn die Verbände und/oder Vereine die Mittel nicht selber aufbringen können, wird damit im Sport außer Kraft gesetzt. Heinemann beschreibt dieses Gebaren der Sportunternehmen mit den Worten "die Gewinne der Sportler würden privatisiert und die Kosten sozialisiert".

Die Bedeutung des Sports für die kulturelle Gestaltung unserer Gesellschaft erzwingt eine Anpassung der Strukturen des Sports an die gesellschaftliche und wirtschaftliche Entwicklung. Die Erschließung zusätzlicher Eigenmittel kann angesichts der wirtschaftlichen Probleme des Staates nur aus dem Bereich des Sports kommen, nämlich in der Vermarktung von Gütern, die im und mit dem Sport produziert werden (Henze 1991).

Sportlicher Erfolg im Profisport ist meist nur unter erheblichem finanziellem Aufwand zu erreichen. Ausbleibender sportlicher Erfolg, Mißmanagement oder der Ausstieg des Hauptsponsors bringen immer wieder zahlreiche Profivereine in erhebliche finanzielle Schwierigkeiten (u.a. Fischer 1986).[50]

5.2 Die Sportberichterstattung in den Medien

5.2.1 Die Quantität der Sportübertragungen

Seit dem Ende des staatlichen Rundfunk- und Fernsehmonopols hat sich die Zahl der TV- und Radio-Programme in Westeuropa mehr als verzehnfacht. Die quantitative Ausweitung der Sendezeiten, der Zahl von Programmveranstaltern und Distributionskanälen führt(e) zu einem Mangel an Qualitätsprogrammen und zu einem verstärkten Wettbewerb um deren Nutzungsrechte (Meier 1990).
Immer mehr Fernsehstationen buhlen um die Gunst der Zuschauer, denn nur hohe Einschaltquoten garantieren die für die privaten Sender notwendigen Werbeeinnahmen.[51] Die Folge ist ein ungeheurer Wettbewerb um die Übertragungsrechte an den populären Sportarten. Pro Kontinent existieren nur wenige Sportarten, auf die sich die Medien schwerpunktmäßig kon-

[49]Die Leichtathletik-Weltmeisterschaft kostete den deutschen Steuerzahler knapp 60 Millionen Mark. Die IAAF, der Leichtathletik-Weltverband beteiligte sich bei Einnahmen von schätzungsweise 100 Millionen Dollar aus Vermarktungs- und Übertragungsrechten nur mit 12 Millionen Mark an den Veranstaltungskosten (o.V. 1992$_9$).

[50]z.B. im Handball die Frauenmannschaft des TUS Walle Bremen, die Volleyballmannschaft des TV Milbertshofen, die Basketballmannschaft von Saturn Köln oder auch die Eishockeymannschaft des SB Rosenheim.

[51]Sportliche Aktivitäten, die nicht ein bestimmtes Maß an Spannung versprechen, wie etwa der Breitensport, verschwinden fast völlig vom Bildschirm der privaten Fernsehanstalten.

zentrieren. In Europa sind das im wesentlichen Fußball und Tennis sowie große internationalen Veranstaltungen wie Olympische Spiele oder Weltmeisterschaften. In Nordamerika konzentrieren sich die Medien überwiegend auf Basketball, Football, Baseball und Eishockey (Horak, Penz 1992).

Die kräftige Zunahme des Fernsehsports manifestiert sich in einer vermehrten Live-Berichterstattung, also von Sportsondersendungen und nicht der regelmäßigen Serienberichterstattung (z.B. Sportschau). Die quantitative Veränderung des Sportangebots hat zu einem qualitativ vielfältigerem Programm geführt. Zwar werden die medienwirksamen und besonders telegenen Sportarten von den privaten Fernsehanbietern immer noch extensiver präsentiert,[52] aber daneben haben sich reine Sportsender etabliert, die ihr vierundzwanzig Stundenprogramm mit Berichten und Beiträgen über mediale Randsportgruppen ergänzen (Tewes 1991).[53]

Allein die vier großen Fernsehanstalten (ARD, ZDF, RTL und SAT.1) übertrugen 1992 täglich im Durchschnitt knapp 3 1/2 Stunden Sport. Dabei ist eine deutliche Verschiebung der Übertragungsdauer von den öffentlich-rechtlichen zu den privaten Fernsehanstalten zu erkennen. Mit dem Erwerb der Fernsehrechte an der Fußball-Bundesliga ist SAT. 1 zum führenden Sportsender unter den Vollprogrammanbietern aufgestiegen (s. Tab. 2).

Für den Erfolg einer Werbung im Umfeld des Sports ist eine hohe öffentliche Aufmerksamkeit und damit eine umfassende öffentliche Darstellung in den Medien erforderlich. Die Schere zwischen finanziell potenten, weil telegenen Sportarten und den für das Fernsehen unattraktiven Sportarten vergrößert sich dadurch immer mehr (Tewes 1991).

Sender	Sendedauer in Min./Tag						
	1986	1987	1988	1989	1990	1991	1992
ARD	130	106	117	79	49	51	50
ZDF	108	86	117	52	34	54	51
RTL	32	32	26	50	46	33	34
SAT.1	40	9	38	44	75	58	72
Gesamt	310	233	298	225	204	196	207

(Quelle: Arbeitsgemeinschaft der Werbegesellschaften 1993)

Tab. 2: Die Entwicklung der Sendezeit von Sportberichterstattungen

52 Diese telegenen Sport-Highlights garantieren den Fernsehanstalten über hohe Einschaltquoten teure Werbezeiten und rechtfertigen teure Übertragungsrechte.

53 Die Sportsender Eurosport und DSF berichten u.a. häufig über Surfen, Mountain-Biking bzw. zeigen Aufzeichnungen und/oder Live-Übertragungen aus den amerikanischen Professional Leagues.

Die Sportübertragungsrechte waren in Deutschland bis Mitte der 80er Jahre im Verhältnis zu den aufwendigen Eigenproduktionen, Serien und Filmen aufgrund der jahrelangen Monopolstellung der öffentlich-rechtlichen Fernsehanstalten vergleichsweise billig (Gellner 1989). Erst mit dem Einstieg der privaten Fernsehsender entstand ein Wettbewerb um die Sportübertragungsrechte mit immensen Preissteigerungen.[54]

Insbesondere die privaten Fernsehanstalten griffen (greifen) aus fernsehökonomischen Gründen vermehrt auf den Sport als Programmware zurück.[55] Die Übertragung eines Sportereignisses erfordert im Gegensatz zur Herstellung eines Spielfilms oder der Inszenierung eines Theaterstückes einen minimalen, im wesentlichen auf die technische Realisierung der Sendung bezogenen Aufwand (Horak, Penz 1992).[56]

Voraussetzung für diese Affinität zwischen Sport und Massenmedien ist das große Publikumsinteresse am Mediensport und damit einhergehend eine entsprechende Nachfrage der werbetreibenden Wirtschaft nach attraktiven Werbezeiten.[57] Die programmpolitische Flexibilität erlaubt es den privaten Fernsehanstalten, Werbespots nicht nur zwischen den Programmen, sondern auch innerhalb eines produktadäquaten Programmumfeldes, also auch während der Übertragung von Sportereignissen auszustrahlen.[58] Es können dadurch viel mehr Menschen erreicht werden, bei denen eine höhere Affinität zu dem umworbenen Produkt anzunehmen ist (Tostmann 1989).

---

[54] Weitere Ursachen der vor Jahren kaum vorstellbaren Fernseh- und Medienentwicklung sind im wesentlichen die fortschreitende Technisierung, das Satellitenfernsehen, das Kabelfernsehen, das Pay-TV, das Entstehen neuer Fernsehsender, die Internationalisierung und Regionalisierung der Märkte und letztendlich auch die Verbilligung des technischen Equipments.

[55] Sportübertragungen garantieren den Fernsehanstalten derzeit immer noch eine hohe Publikumsakzeptanz, attraktive Werbeeinnahmen, ein konsumfreudiges, für die Werbewirtschaft interessantes Publikum und Reichweitenwerte zu einem attraktiven Preis-Leistungsverhältnis (Verhältnis von Produktions- und Erwerbskosten zu den Einschaltquoten und Werbeeinnahmen).

[56] Dreh- bzw. Spielort sind vorgegeben, die Akteure der Sportshow einschließlich Rollenverteilung bekannt, Stadion und Zuschauer als natürliche Kulisse, sogar der Geräuschton als untermalende Geräuschhintergrund für den Kommentator stimmt von Beginn an (Horak, Penz 1992).

[57] Die hohen Einschaltquoten sind ein Garant für die wechselseitigen finanziellen Benefizien zwischen Sport und Massenmedien. Sie ermöglichen den Massenmedien eine entsprechende Refinanzierung durch den Verkauf von Werbezeiten. In der Saison 1993/94 kostete ein 30 Sekunden-Werbespot während der Prime Time" in der Fußballsendung "ran" bei SAT.1 108.000 Mark plus MwSt. (Preisprospekt SAT. 1).

[58] Bei einem Footballspiel von 60 Minuten effektiver Spielzeit beliefen sich die hauptsächlich während der Spielzeit eingeblendeten Werbespots auf 24 Minuten. Die amerikanischen Fernsehsender haben sogar die Möglichkeit, sog. "commercials" für Spielunterbrechungen anzuordnen, falls die normalen "Time Outs" während eines Footballspiels zur Einblendung der verkauften Werbespots nicht ausreichen (Ortner 1989).

Der Sport ist zum festen Bestandteil im Programm aller Fernsehsender geworden, da Sportsendungen regelmäßig die höchsten Einschaltquoten erzielen.[59] 1993 wurden in Deutschland durchschnittlich 700 Sportsendungen pro Woche ausgestrahlt.[60]
Derzeit werden die interessanten Sportfernsehrechte immer noch stärker nachgefragt als angeboten, doch sind erste Sättigungstendenzen zu erkennen. Die wachsende Konkurrenz, sinkende Einschaltquoten aufgrund einer "Übersättigung" der Zuschauer mit Sportübertragungen, die rechtliche Begrenzung der Werbezeiten, der fehlende sportliche Erfolg nationaler Sportgrößen sowie die Einführung von wesentlich genaueren elektronischen Zuschauermeßgeräten führen zu sinkenden Werbeeinnahmen und verstärken den Kostendruck auf die Fernsehanstalten (Ridder 1989).

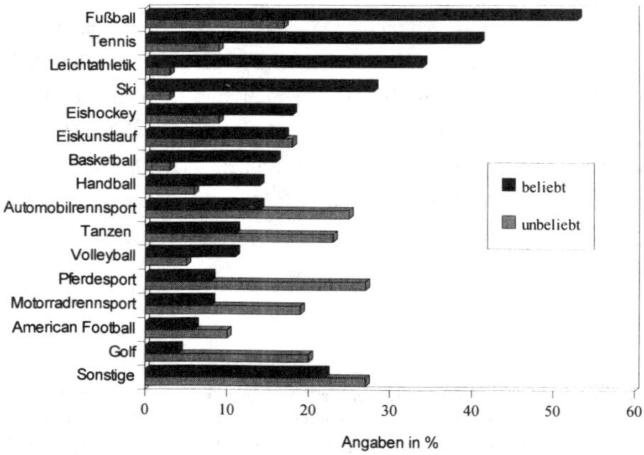

(Quelle: absatzwirtschaft 3/94)

Abb. 5: Die beliebtesten/unbeliebtesten TV-Sportarten 1993

Fußball, Tennis und Leichtathletik sind die beliebtesten TV-Sportarten der Deutschen. Dagegen zählen der Pferdesport sowie insbesondere der Automobilrennsport und das Eiskunstlau-

59 1990 waren die fünf Sendungen mit den höchsten Einschaltquoten allesamt Fußballübertragungen, erst danach folgte mit "Wetten, daß?" ein Sendung aus dem Unterhaltungsbereich (o.V. 1991).

60 s. dazu in den Programmteil der Fernsehzeitschriften.

fen trotz vergleichsweise hoher Sympathiewerte zu den unbeliebtesten TV-Sportarten in Deutschland (vgl. Abb. 5).

In den ersten sieben Monaten des Jahres 1993 waren in den deutschen TV-Sendern die Sportarten Tennis, Fußball und Basketball am häufigsten zu sehen.[61]
Bei Live-Sportübertragungen erzielen Fußballspiele immer noch mit Abstand die höchsten Einschaltquoten (s. Tab. 3).

	Sendung	Sender	Zuschauer* in Mio.
1.	Deutschland - Brasilien	ARD	14,86
2.	Deutschland -Ghana	ZDF	12,12
3.	Deutschland - Uruguay	ARD	11,63
4.	Schottland - Deutschland	ARD	11,58
5.	Tunesien - Deutschland	ZDF	11,38
6.	Borussia Dortmund - Juventus Turin	SAT. 1	10,90
8.	Sondersendung anläßlich der Vergabe	ARD	9,62
	der Olympischen Sommerspiele im		
	Jahr 2000 aus Monaco	ARD	9,62
9.	Dynamo Dresden - Bayern München	RTL	9,79
14.	Leichtathletik WM in Stuttgart 15. August	ARD	8,93
	Viertelfinale Wimbledon		
	Becker - Stich	RTL	6,76
	ATP-Finale Frankfurt		
	Stich - Sampras	SAT. 1	6,12

*) durchschnittliche Zuschauerzahlen (Quelle: FAZ)

Tab. 3: Die erfolgreichsten Sportübertragungen im Jahr 1993

Allerdings führt das Überangebot an Sportübertragungen selbst bei Live-Übertragungen von Top-Veranstaltungen mittlerweile zu sinkenden Einschaltquoten.[62]

[61] Tennis erreichte 116.265 (Vorjahr 103.346) Minuten, Fußball 93.458 (67.252) Minuten und Basketball 28.727 (22.487) Minuten (Quelle: Media Control).

[62]
- SAT 1 verzeichnete 1993 beim Finale des IBM-ATP-Turnier in Deutschland trotz abermaliger deutscher Beteiligung (Michael Stich gewann das Finale gegen Pete Sampras) einen Rückgang der Einschaltquoten um rund 30 Prozent: von 8,38 Millionen Zuschauer auf nur noch 6,12 Millionen Zuschauer (Eichler 1993).
- Die Einschaltquoten der öffentlich-rechtlichen Fernsehanstalten bei den Olympischen Winterspielen 1992 in Albertville lagen mit 12 Prozent der Haushalte bei abendlichen Übertragungen unter den sonst üblichen abendlichen Einschaltquoten, die durchschnittlichen abendlichen Einschaltquoten bei den Olympischen Sommerspielen in Barcelona 1992 lagen bei 17 Prozent (Reinsch 1993_2).

5.2.2 Inhalt und Qualität der Medienberichterstattung

Die Medien fühlen sich nicht mehr wie früher vorrangig einem Informationsauftrag verpflichtet, der am konkreten Ereignis orientiert ist, sondern an einer möglichst werbewirksamen Verkleidung der Sportberichterstattung im eigenen Interesse bzw. im Interesse der Sponsoren.[63] Bei der Sportberichterstattung nähern sich der Unterhaltungs- und der Informationsbereich inhaltlich immer mehr an. Die kritische Distanz der Medien zum Sport bzw. deren Vertretern geht verloren. Im Vordergrund der Berichterstattung steht immer öfter die optimale Vermarktung (Weiß 1990).
Die fernsehgerechte Verarbeitung des Sportereignisses bewirkt, daß dem Zuschauer aufgrund technischer (und finanzieller) Möglichkeiten ein Ereignis dargeboten wird, das mit der Sichtweise des Zuschauers vor Ort nur noch wenig gemeinsam hat.[64]

Sportliche Direktübertragungen inszenieren nicht genau strukturierte Abläufe, Spannungsmomente, Überraschungen, Spontaneität, Einmaligkeit und Ungewißheit über den Ausgang. Die Live-Berichterstattung signalisiert scheinbar "Aktualität" und "Realität". "Infotainment"[65], von Kommunikationswissenschaftlern als das Programm der Fernsehzukunft betrachtet, findet in Sportübertragungen ideale Voraussetzungen (Meier 1990).

Durch Präsentation, Selektion und Interpretation des Sportereignisses gelingt es dem Fernsehen aus dem Sportanlaß ein Medienereignis zu produzieren und aus dem Medienereignis ein Fernsehspektakel zu inszenieren (Meier 1990). Die "fernsehgerechte" Verarbeitung des Ereignisses versieht das Sportereignis mit neuen Dimensionen, die mit der "ursprünglichen" Wettkampfsituation, wie sie von den Zuschauern vor Ort erlebt wird, nur noch wenig gemeinsam hat.[66]

Die eingesetzte Technik bei Liveübertragungen wertet die Sportveranstaltungen immer weiter auf. Zeitlupenbilder vermitteln die spektakulärsten Eindrücke vom Sport. Komplexe körperliche Bewegungen werden anschaulich, Fehler und Fouls offensichtlich, Tatsachenentscheidungen überprüfbar. Sportarten wie der Motorsport oder der Skisport, die in kein Stadion passen und den Zuschauern vor Ort nur eine partielle Einsicht in das unmittelbare Wettkampfgeschehen liefern, werden für den Fernsehzuschauer durch den Einsatz mehrerer Kameras im

[63] Mit Sportübertragungen versuchen die privaten Fernsehanstalten auch den akuten Mangel der Sendeanstalten an Qualitätsprogrammen (u.a wegen Finanzierungs-, Kreativitäts- und Infrastrukturproblemen) zu kompensieren (Horak, Penz 1992).

[64] Zeitlupenwiederholungen, neue Kameraführung/ -positionen und die Computerstatistik sorgen für neue "Wettkampfsituationen" (Hornauer 1990).

[65] Die Bezeichnung für die inhaltliche Verknüpfung von Information und Unterhaltung in den Medien.

[66] Zeitlupenwiederholung, Computergrafik, Hintertor-Kamera, die Helmkamera.

"Rennverlauf" transparenter gemacht. Der Einsatz von Kameras, insbesondere an den kritischen Passagen (Sprünge im alpinen Abfahrtslauf), bewirkt eine Rasanz der Übertragung, von der der unmittelbare Zuschauer nur träumen kann (Horak, Penz 1992).

Das Fernsehen liefert dem Zuschauer ein hyperreales Sportgeschehen, gegen das die unmittelbare Wirklichkeit deutlich abfällt. Sportübertragungen entwickeln sich dadurch immer mehr zu Fernsehshows, denen kaum noch etwas entgeht. Mittlerweile werden bei Fußballspielen bis zu elf Kameras, beim Eishockey sogar bis zu dreizehn Kameras einschließlich einer Torwart-Helmkamera eingesetzt. Die Wiedergabe des Spiels auf dem Fernsehschirm ist besser als das Original.[67]

Die Kameraführung der übertragenden Sendeanstalten differiert weltweit aufgrund der unterschiedlichen nationalen Kulturen. So konzentrieren sich nordamerikanische TV-Anstalten bei der Übertragung im Eishockey mehr auf den puckführenden Spieler und nehmen den Spielverlauf in einem engeren Kamerawinkel als die europäischen TV-Sender auf. Die Konzentration der Kameraführung auf einzelne Spieler und weniger auf den Spielablauf ist Ausdruck der nordamerikanischen Gesellschaft, in der die individuelle Leistung mehr zählt als die Teamarbeit (McNeill 1992).

5.2.3 Konzentration auf sportliche Top-Ereignisse

Im Kampf um Reichweiten und Werbeeinnahmen spielen exklusive Sportübertragungen eine immer bedeutendere Rolle. Der werbetreibenden Wirtschaft bieten sie die Möglichkeit der Konsumentenansprache, die Fernsehanstalten nutzen sie zur Verbesserung ihrer Marktposition.[68] Exklusive Sportübertragungen dienen der Verbesserung des Senderimages und festigen die Position und das Prestige des Senders bei Werbewirtschaft und Zuschauern (Meier 1990).

Die ausschließlich werbegestützten privaten Fernsehanstalten mit ihren sog. "Vollprogrammen" konzentrieren sich bei der Sportberichterstattung, insbesondere während der abendlichen Prime-Time, ausschließlich auf einzelne besonders werbewirksame Sportarten.[69] Dadurch repräsentiert die sportliche Berichterstattung in diesen Sendern keineswegs die bestehende sportliche Vielfalt.

---

[67] Der Abonnementsender Premiere hat Anfang 1993 bei Fußballübertragungen den sog. "Telefinger" eingeführt, der es den Kommentatoren ermöglicht, mit Hilfe eines sog. elektronischen Stifts taktische Spielzüge auf dem Bildschirm zu erklären (o.V. 1993_1).

[68] SAT.1 versucht durch eine umfangreiche Sportberichterstattung, insbesondere über den Fußballsport, seinen Marktanteil, seine Reichweite und die Einschaltquoten deutlich zu erhöhen.

[69] Das sind die Sportarten Fußball, Tennis und der Formel 1-Rennsport.

Das ist aber kein typisches Phänomen der kommerziellen Fernsehsender. Bis zum Ende des staatlichen Fernsehmonopols konnte auch bei den öffentlich-rechtlichen Fernsehanstalten von einer sportlichen Vielfalt bei den Berichterstattungen keine Rede sein.[70] Erst der Verlust der Erstverwertungsrechte an der Fußball-Bundesliga und an zahlreichen Tennisveranstaltungen hat die öffentlich-rechtlichen Sendeanstalten zu einem Umdenken in ihrer Sportberichterstattung gezwungen. Ehemalige Medien-Randsportarten haben in der ARD-Sportschau an den Bundesliga-Samstagen sowie in den zahlreichen Sondersendungen der dritten Programmen der öffentlich-rechtlichen Fernsehanstalten eine neue attraktive Darstellungsplattform gefunden.[71]

Ebenso eröffnet die Etablierung von reinen Sportsendern auch weniger bekannten und populären Sportarten Chancen zur Übertragung. Das Deutsche Sportfernsehen und Eurosport[72] strahlen viel preisgünstiges amerikanisches Filmmaterial der Entertainment and Sports Programming Network (ESPN) aus.[73]

Trotz rückläufiger Einschaltquoten ist der Sport gerade für junge Sender zur Profilierung und Positionierung in einem hart umkämpften Markt überlebenswichtig, auch wenn mit der Sportübertragung direkt kein oder nur wenig Geld zu verdienen ist.[74]

5.2.4 Der Einfluß der Medien auf den Sport

Die Refinanzierung der Sportübertragungsrechte setzt die Übertragung des Sportereignisses zur jeweiligen "Prime-Time" voraus, der Zeit, in der die Fernsehanstalten die höchsten Einschaltquoten und damit die höchsten Spotpreise erzielen können. Die übertragenden Fernsehsender versuchen deshalb aufgrund ihrer finanziellen Macht einen entsprechenden Einfluß auf den Veranstaltungsablauf zu nehmen.

[70] ZDF und ARD widmeten bereits 1985 72 Prozent aller Sportübertragungen drei Sportarten: Tennis (30 Prozent), Fußball (24 Prozent) und dem Alpinen Skilauf (18 Prozent) (Pfister 1990).

[71] Tischtennis, Hockey, Handball, Basketball und Volleyball (o.V. 1992_{20}).

[72] Der Sportkanal Eurosport erhält sein Sendematerial primär von den 15 EBU-Fernsehanstalten, die sich zu diesem Zweck zu einem Konsortium zusammengeschlossen haben.

[73] Dazu zählen u.a. Baseball, Eishockey, Golf, Boxen, Wrestling, Triathlon, Mountain-Biking (Meier 1990).

[74] Der Fernsehsender Vox, wie RTL zu Bertelsmann gehörend, hat deshalb vom "großen" Bruder die Tennisübertragungsrechte für Wimbledon und die US-Open übernommen (Müller, Kalb 1993).

Beispiele sind die Verschiebung von der Wettkampfzeiten, wie bei den Olympischen Sommerspielen 1988 in Seoul auf Forderung des amerikanischen Fernsehsenders NBC oder auch die einstündige Pause nach dem ersten Einzel beim ATP-Tennisturnier in Frankfurt.[75]
Fußballspiele, live bei SAT.1 übertragen, werden entgegen jahrelanger Gepflogenheit wegen der Sendung "Glücksrad" nicht mehr um 19.30 Uhr bzw. 20.00 Uhr, sondern erst um 20.15 Uhr oder 20.30 Uhr angepfiffen.
Die Halbzeitpause hat sich bei Fußball-Live-Übertragungen aus "werbetechnischen Gründen" auf knapp 20 Minuten verlängert.

Die Verbände der verschiedenen Sportarten buhlen um die Gunst der Medien, um attraktive Fernsehverträge. Auf der Suche nach Attraktion und Spannung für den Konsumenten vor Ort und insbesondere am Bildschirm sind für viele Verbände Regeländerungen längst kein Tabu mehr. Derartige Überlegungen bzw. Versuche laufen in zahlreichen Sportarten, u.a. auch im

- Tischtennis: verkürzte Zählweise, Veränderungen des Schlägerbelags, größere oder andersfarbige Bälle,
- Volleyball: obligatorische Auszeiten für Werbespots,
- Biathlon: Einsatz von Laserwaffen, bei denen die Schußbahn sichtbar wird,
- Eishockey: Spiele auf farbigem Eis, um den Puck deutlicher sichtbar zu machen (o.V. 1993_1).

Horak/Penz beobachteten auch, daß das Spannungspotential von Sportveranstaltungen immer öfters durch diverse Eingriffe in das Regelwerk der Sportarten im Sinne eines medialen Spannungsmomentes reformiert wird. Insbesondere die Beschleunigung der sportlichen Abläufe trägt erheblich zur Steigerung der Spannung im Sport bei (Horak, Penz 1992).[76]
Zusätzlich zu der seit dem Sommer 1992 gültigen Rückpaß-Regel gibt es beim Weltfußballverband FIFA zur Zeit Überlegungen, um die Spannung und Attraktivität des Fußballspiels zu erhöhen, künftig

- verletzte Spieler nicht mehr auf dem Rasen behandeln zu lassen,
- am Spielfeldrand Bälle auf Reklameständern zu positionieren, um bei Einwürfen Zeit zu sparen,
- Eckstöße von der Strafraumgrenze aus treten zu lassen (o.V. 1993_1).

---

[75]Nach dem ersten Tageseinzel folgt beim Tennis ATP-Finale in Frankfurt eine mittlerweile auf 60 Minuten gekürzte Pause wegen der SAT1-Sendung "Glücksrad". Der späte, vom Fernsehen geforderte Beginn um 17.00 Uhr und die einstündige Pause führen dann häufig dazu, daß die Tennisveranstaltung weit bis nach Mitternacht dauert (Penders 1992).

[76]z.B. im Alpinen Skilauf oder auch beim Skispringen können sich nur die 30 besten Sportler(innen) für den zweiten Durchgang qualifizieren.

Der Einstieg von Sponsoren erfolgt häufig nur noch unter der Voraussetzung, daß eine entsprechende Fernsehberichterstattung gesichert ist. Das Fernsehen subventioniert durch die Übertragungsrechte nicht nur den professionellen Sportbetrieb, sondern verstärkt durch die den Sponsoren dargebotene Werbeplattform auch noch die Kommerzialisierungsprozesse im Sport.

5.2.5 Die Refinanzierung der Übertragungsrechte

Die Preise für Sportübertragungsrechte sind seit dem Einstieg der privaten Fernsehsender besonders bei den Mediensportarten Fußball und Tennis in die Höhe geschnellt (s. Abb. 5). Die ISPR hat die Übertragungsrechte für die 1. und 2. Fußball-Bundesliga ab der Saison 1992/93 für fünf Jahre zu einem Staffelbetrag von insgesamt 700 Millionen Mark (incl. MwSt.) vom DFB erworben.[77]

Die Fernsehrechte für die Europapokal-Heimspiele der deutschen Vereine hat der Deutsche Fußballbund für 60 Millionen Mark (Fünf-Jahres-Vertrag) an die ISPR bzw. Ufa verkauft.[78+79]

Für die privaten Medien sind nur Sportarten bzw. Veranstaltungen interessant, die entsprechende Einschaltquoten garantieren. Der Privatsender SAT. 1 hat die Erstausstrahlungsrechte aller Fußball-Bundesligaspiele ab der Saison 1992/93 für fünf Jahre für 80 Millionen Mark pro Saison von der Internationalen Sportrechte-Vermarktungsgesellschaft (ISPR) gekauft.
Der Erwerb der Erstrechte an der Fußball-Bundesliga bescherte SAT.1 die angestrebten Marktanteilssteigerungen am deutschen Fernsehmarkt.[80] Trotz intensiver Ausnutzung der Verwertungsrechte - u.a. tägliche Kurzsendungen, drei Sportsendungen am Wochenende - und

[77] Die Einnahmen aus dem Verkauf der Fernsehrechte werden zwischen der 1. und 2. Bundesliga im Verhältnis 65:35 aufgeteilt. Jeder Fußballverein der 1. (2.) Fußball-Bundesliga erhielt in der Saison 1993/94 4,017 Millionen (1,947 Millionen) Mark (Angaben Herr Möglich, DFB).

[78] Lediglich die Fernsehrechte ab dem Viertelfinale im Europapokal der Landesmeister ("sog. Champions-League") und das Pokalsieger-Endspiel sind nicht im Besitz der nationalen Verbände, sondern der UEFA, die die Rechte an die T.E.A.M. in Luzern verkauft hat.

[79] 20 Prozent der Einnahmen gelangen in den sog. Live-Pool, 60 Prozent der Einnahmen werden gestaffelt nach Anzahl der absolvierten Spiele unter den teilnehmenden Mannschaften verteilt (Angaben Herr Möglich, DFB).

[80] Die Einschaltquoten haben sich mittlerweile bei der "ran"-Sendung am Samstagabend auf etwa 5,5 Millionen Zuschauer eingependelt, und damit um gut eine Million über dem geplanten Sollzahlen (Müller/Kalb 1993).

deutlich über den Erwartungen liegender Einschaltquoten ist der Sender weit davon entfernt, mit seinen Bundesligasendungen kostendeckend zu arbeiten.[81]

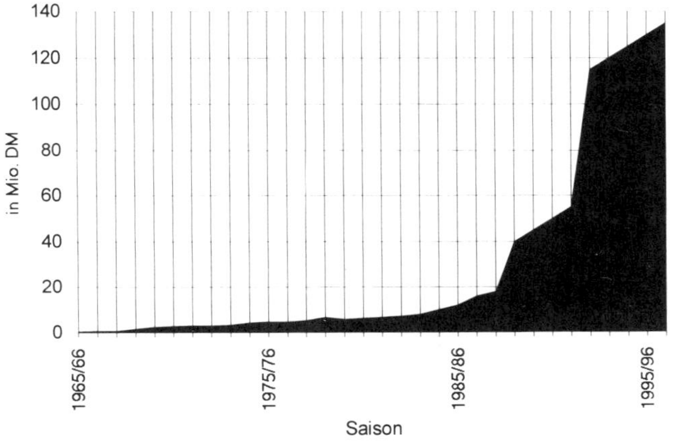

(Quelle: kicker Sportmagazin)

Abb. 6: Die Preisentwicklung bei den Übertragungsrechten der Fußball-Bundesliga

Handball, Leichtathletik, Volleyball, Tischtennis, Hockey und Turnen haben gemeinsam einen bis Ende 1994 laufenden 4-Jahresvertrag mit den öffentlich-rechtlichen Anstalten für insgesamt 42 Millionen Mark abgeschlossen (o.V. 1991).

Die amerikanischen Fernsehanstalten waren Vorreiter dieser Entwicklung. Im Kampf um die besten Sportübertragungsrechte der nordamerikanischen Professional Leagues und den Übertragungsrechten für die Olympischen Spiele überboten sich die drei großen amerikanischen Fernsehanstalten ABC, NBC und CBS gegenseitig. Die amerikanischen Fernsehsender haben für die Fernsehrechte der Olympischen Sommer- und Winterspiele 1992 knapp 650 Millionen Dollar gezahlt. Die Übertragungsrechte für die Olympischen Winterspiele 1994 in Lillehammer und die Olympischen Sommerspiele 1996 in Atlanta kosten zusammen rund 760 Millio-

[81] Für jede Mark Sendegebühr entstehen dem Sender noch einmal Produktionskosten von 60 Pfennig (u.a. für 350 freie und feste Mitarbeiter bei bis zu 11 eingesetzten Kameras pro Spiel). Die Brauerei Holsten beispielsweise zahlte in der Saison 1992/93 zehn Millionen Mark, um vor und nach jeder ran-Sendung Namen und Logo fünf Sekunden lang ins Bild rücken zu lassen, die VW-Tochter Skoda fünf Millionen Mark für das werktägliche Sponsoring der ran-Sendungen (Raithel 1992).

nen Dollar. Bei den Olympischen Winterspielen 1998 in Nagano wird mit rund 370 Millionen Dollar ein neuer Höchstbetrag für die Übertragungsrechte von Olympischen Winterspielen gezahlt (s. Abb. 6).[82]

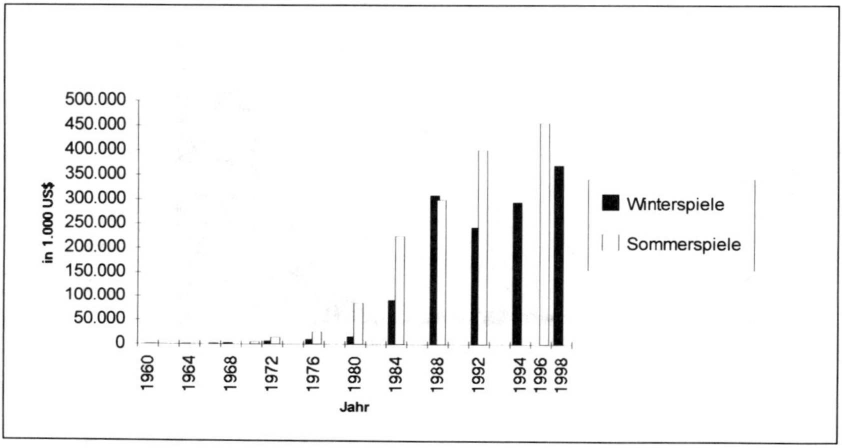

(Quelle: McNeill 1992)

Abb. 7: Kosten der Olympische Fernsehrechte für die nordamerikanischen Fernsehgesellschaften

Zwanzig Jahre zuvor kosteten zum Vergleich die Fernsehrechte nur knapp 20 Millionen Dollar (o.V. 1992_8).[83]

Hinzu kommen noch die aufwendigen Produktionskosten für den Einsatz der entsprechenden Übertragungsteams und ihrem technischen Equipment.[84]

[82] Die EBU (European Broadcasting Union), ein Zusammenschluß der europäischen Rundfunkveranstalter mit den größten Reichweiten im jeweiligen Land, haben 66 Millionen Dollar bezahlt. ARD und ZDF sicherten sich die exklusiven Übertragungsrechte für 21 Millionen Mark.
Die nächsten Spiele in Atlanta werden nochmals teurer. Die EBU hat die Übertragungsrechte für 250 Millionen Dollar erworben, ARD und ZDF müssen dann etwa 60 Millionen Mark aufwenden (o.V. 1992_8).

[83] Außerdem hat die EBU die Rechte an den Leichtathletik-Weltmeisterschaften 1993 und 1995 nebst diverser weiterer Leichtathletikveranstaltungen für 95 Millionen Dollar erworben, und damit etwa den zehnfachen Preis gegenüber den Vorjahren gezahlt (1992_8).

[84] Den öffentlich-rechtlichen Anstalten entstanden für die Übertragung der Olympischen Sommerspiele 1992 aus Barcelona zusätzlich zu den Übertragungskosten noch etwa 20 Millionen Mark an technischen Kosten für mehr als 100 Mitarbeiter, prominente Co-Kommentatoren, der Einsatz eigener Kameras etc. (Hahn 1992).

Das Kontingent einer Sportart muß aufgrund der enormen Einstiegskosten (Übertragungsrechte) möglichst spektakulär und publikumswirksam gestaltet und die Übertragungsrechte möglichst intensiv genutzt werden (Penz 1992).

Die Refinanzierung der teueren Sportübertragungsrechte erweist sich für die Fernsehanstalten häufig als äußerst schwierig. Die Medien suchen deshalb nach neuen, zusätzlichen Refinanzierungsmöglichkeiten. Die Tendenz geht in Richtung einer besseren, intensiveren Ausnutzung der erworbenen Übertragungsrechte:

- eine Verlängerung der Übertragung durch attraktive Interviews im Anschluß an die Sportveranstaltung, häufigere Berichterstattungen oder auch Sondersendungen,[85]
- das Sponsoring von Sportveranstaltungen,
- Änderungen im Ablauf der Sportveranstaltungen zur Integration von zusätzlichen Werbeinseln.[86]

Zur Integration von Werbeinseln in den sportlichen Veranstaltungsablauf bieten sich Spielunterbrechungen ("Time-Outs") und/oder die Spielpausen an.[87]

Gleichzeitig verlangen die Medien vom Sport bestimmte Anpassungen hinsichtlich Übertragungszeiten und -formen.[88] Sportereignisse werden in zunehmendem Maße mediengerecht (kameragerecht) gestaltet. Die Fernsehanstalten nehmen massiv Einfluß auf Inhalt und Ablauf von Sportveranstaltungen, getreu dem Motto "Wer zahlt, will auch bestimmen".[89]

---

[85]Die werktägliche Sportsendung "ran" mit aktuellen Berichten und Nachrichten aus dem Bundesliga-Fußball bei SAT.1, der halbstündige Formel 1-Report vor dem jeweiligen Rennen bei RTL.

[86]RTL kann bei einer Verlängerung durch Interviews von insgesamt zehnminütiger Länge bis zu knapp einer halben Million Mark an zusätzlicher Werbeeinnahmen erzielen (RTL Preisplan 1993).

[87]Vor diesem Hintergrund muß der Vorschlag des amerikanischen Fußballverbandes nach der Vergabe der Ausrichtung der Fußballweltmeisterschaft betrachtet werden, die Spielzeit während der Veranstaltung auf 4 mal 25 Minuten zu verändern (1993_1).

[88]Ein Wochenendspieltag in der 1. Bundesliga zieht sich mittlerweile über drei Tage, von Freitag bis Sonntag, in der zweiten Liga sogar über vier Tage, von Freitag bis Montag.

[89]Bei den US Open der Tennisspieler 1992 in New York ist der Einfluß des amerikanischen Fernsehsenders CBS besonders deutlich geworden. CBS, die für die Übertragungsrechte 17 Millionen Dollar bezahlt, verlangt, daß am sog. "Super Saturday", der entsprechende Einschaltquoten garantiert, neben dem Damenfinale auch die beiden Halbfinals der Herren stattfinden. Im Gegensatz zu den anderen Grand-Slam-Turnieren haben die Spieler und Spielerinnen zwischen Halbfinale und Finale keinen Ruhetag. So mußte beispielsweise Stefan Edberg 1992 sein Halbfinale gegen Michael Chang trotz Freitagsspiel als erster austragen, weil CBS das besser zu vermarktende Match zwischen Courier und Sampras zur besten Sendezeit im Programm haben wollte (Allmeroth 1992).

5.3 Die Zusammenarbeit zwischen Sport-, Wirtschafts- und Medienunternehmen

5.3.1 Konzeptionelle Defizite der Wirtschaftsunternehmen

Schon bei einer relativ oberflächlichen Betrachtung der Sportsponsoringaktivitäten fällt auf, daß die Möglichkeiten dieses Kommunikationsmediums von der Mehrzahl der Wirtschaftsunternehmen nur unzureichend genutzt werden. Vornehmlich in der thematischen Abstimmung mit den anderen Kommunikationsmedien, im Umgang mit ausbleibendem sportlichen Erfolg oder auch in der mangelnden Berücksichtigung der dynamischen Sportentwicklung werden noch erhebliche Defizite sichtbar. Die Mehrzahl der Unternehmen betrachtet den Sport aufgrund seiner positiven Imagewerte und seiner großen gesellschaftlichen Akzeptanz als idealen Werbeträger zur Imageprofilierung und/oder zur Steigerung des Bekanntheitsgrades. Dabei berücksichtigen sie allenfalls unzureichend, daß ausbleibender sportlicher Erfolg in Verbindung mit einer meist zwangsläufig negativen Berichterstattung die angestrebten Imageziele schnell ins Gegenteil verkehren kann. Die meisten Unternehmen reagieren in solchen Situationen ziemlich konzeptionslos.[90] Sie versuchen ihr Engagement zur allgemeinen Schadensbegrenzung möglichst stillschweigend auslaufen zu lassen, anstatt eine Niederlage oder eine schlechte Saison werblich für das Unternehmens zu nutzen.[91]

Diese Beobachtungen werden durch einige umfangreiche wissenschaftliche Untersuchungen bestätigt. Eine von Drees durchgeführte Studie zeigt trotz eines Einstellungswandels der Unternehmen gegenüber dem Sportsponsoring immer noch erhebliche Defizite beim Umgang mit diesem Kommunikationsmedium (Drees 1991):[92]

- Nur 45 Prozent der Unternehmen besitzen ein schriftlich fixiertes Konzept für ihr Sponsoringengagement.
- Eine einheitliche Verantwortlichkeit für die Belange des Sponsoring ist bei den Unternehmen nicht zu erkennen. Verantwortlich für das Sponsoring sind die Geschäftsführung (35 Prozent), die Marketingabteilung (31 Prozent) bzw. die PR-Abteilung (18 Prozent).
- 30 Prozent der Unternehmen führen keine Wirkungskontrollen durch.[93]

---

[90] Das Vertragsverhältnis zwischen der Deutschen Bank und Boris Becker.

[91] Die Anzeigen der Firma Opel nach Niederlagen des Deutsches Davis-Cup Teams bzw. der verkorksten Saison von Bayern München sind ein ausgezeichnetes Beispiel wie auch ausbleibender sportlicher Erfolg positiv für die Unternehmenskommunikation genutzt werden kann.

[92] Bei der Studie von Drees handelt es sich um die bisher umfangreichste, in Form einer Langzeitstudie, durchgeführte Untersuchung (Drees 1991).

[93] Bei Unternehmen ohne schriftlich fixiertem Konzept liegt der Anteil bei 50 Prozent, bei Unternehmen mit schriftlich fixierten Konzept bei 6 Prozent (Drees 1991).

Diese Ergebnisse sind insofern überraschend, weil die Wirtschaftsunternehmen dem Sportsponsoring gleichzeitig eine weiter steigende Bedeutung beimessen.[94]
Die Studie erlaubt zumindest anhand der veröffentlichten Ergebnisse keine Rückschlüsse, inwieweit die entsprechenden Sportsponsoringkonzepte strategisch ausgerichtet sind und wenn ja, welche Entscheidungskriterien ihnen zugrunde gelegt wurden. Die strategischen Überlegungen müssen dabei sowohl die eigene unternehmensinternen Entwicklungsziele und -perspektiven als auch die der Sportunternehmen umfassen[95].

Die Ergebnisse sämtlicher bisheriger Untersuchungen zur Wirkungsweise des Sportsponsoring zeigen, daß Unternehmen mit einer langen Sportsponsoringtradition die höchsten Erinnerungswerte aufweisen und eine entsprechende Imagedynamisierung durch ihr Engagement erreichen.[96] Voraussetzung für ein erfolgreiches Sportsponsoringengagement ist also ein mittel- bis langfristig angelegtes Konzept mit möglichst ganzjähriger Präsenz in verschiedenen Sportarten bzw. mit verschiedenen Sportunternehmen.[97]
Die Präsenz in verschiedenen Sportarten bzw. bei Sportvertretern ermöglicht nicht nur eine ganzjährige Medienpräsenz, sondern garantiert dem Sponsor auch durch diese sportart- und sportmediumspezifische Diversifizierung eine Risikostreuung hinsichtlich etwaiger sportlicher Mißerfolge.

Zur Reduktion des Risikos sollten sich die Sponsoren konsequenterweise an Verfahren der Wirtschaftswissenschaften orientieren und ihre Anwendbarkeit auf die Belange des Sportsponsoring überprüfen. Die Portfolio-Methode könnte beispielsweise eine Möglichkeit zum Aufbau eines optimalen Sportsponsoring-Portefeuilles bieten.[98] Anhand der Faktoren Image, sportlicher Erfolg, saisonale Medienpräsenz, Zuschauerinteresse etc. ließen sich beispielsweise Portefeuilles nach den sponsorindividuellen Wünschen und Anforderungen zusammenstellen.

---

[94]Untersuchungen von Hackforth kommen zu einem ähnlichen Ergebnis. Die Entscheidungen der Sportsponsoren sind mehr durch "Emotionalität und Irrationalität" anstelle von Kompetenz geprägt (Hackforth 1990).

[95]Das dürfte das Hauptmanko der meisten Sportsponsoringkonzepte sein.

[96]Untersuchungen von Troll hinsichtlich der Werbewirkung von Bandenwerbung anläßlich der Fußball-Weltmeisterschaften 1982 in Spanien und 1986 in Mexiko (Troll 1983 und 1988).

[97]Die Assoziation von Opel und Sport hat sich als Folge des Einstiegs in den Tennissport und als Trikotsponsor von Bayern München innerhalb von zwei Jahren (1988 bis 1990) beim Konsumenten von 32 Prozent auf 61 Prozent erhöht (Dahlhoff 1991).

[98]Die Portfolio-Methode entstammt Versuchen aus der Investitionstheorie, eine Grundlage für die Zusammenstellung eines optimalen Wertpapierportefeuilles zu gewinnen (Wittmann 1982).

Unternehmen, die sich für das Sportsponsoring entscheiden, müssen dieses Engagement konsequent in die strategische Kommunikationspolitik integrieren und auch darauf abstimmen. Der kurzfristige Einsatz des Sportsponsoring, möglichst noch isoliert von den anderen kommunikativen Maßnahmen des Unternehmens, kann kaum den gewünschten Erfolg bringen.[99]

Die Wirtschaft und natürlich auch die Medien müssen lernen, mehr Verständnis für die Besonderheiten und Probleme des Sports aufzubringen. Der Sport erfährt seine Attraktivität zu einem großen Teil aus der Ungewißheit des Ausgangs des sportlichen Vergleichs. Die Zufallskomponente, die Chance für vermeintliche "Underdogs" sowie die Unwägbarkeiten externer Faktoren spielen im Sport eine wesentlich größere Rolle als im "normalen" Wirtschaftsleben. Die Produktion von sportlichem Output und Wirtschaftsgütern sind nur bedingt miteinander zu vergleichen.

Wenn sich ein Unternehmen für das Sportsponsoring entscheidet, sollte es sich aufgrund der besonderen Spezifika des Sports darüber im klaren sein, daß trotz sorgfältigster Selektionsverfahren Mißerfolge - eine negative Berichterstattung etc. - Bestandteil des sportlichen Alltags sind. Es gibt nun mal im Sport nur Gewinner oder Verlierer, und sportlicher Erfolg ist im Gegensatz zum wirtschaftlichen Erfolg aufgrund seiner hinlänglich bekannten Zufallskomponenten viel schwieriger kalkulierbar und planbar. Gerade in den Phasen sportlicher Mißerfolge des Gesponserten können sich interessante Ansatzpunkte für das Sportsponsoring, insbesondere in der Verknüpfung mit der klassischen Werbung, ergeben.
In solchen Situationen wird auf der Grundlage der strategischen Planung des Sportsponsoringengagements operatives Agieren vom Sponsor verlangt.

In den als Transaktionsepisoden bezeichneten Verhandlungs- und Realisationsphasen wird die Basis für die künftige Entwicklung des Sportsponsoring gelegt. Verlauf und Ergebnis der Vertragsverhandlungen zwischen Medien und Sportunternehmen determinieren die weitere Kommerzialisierung des entsprechenden sportlichen Outputs und damit auch die Entwicklung des Sportpotentials.

Der Verlauf und auch die Ergebnisse der bisherigen Verhandlungen zeigen unterschiedliche Interessenschwerpunkte der Beteiligten. Die Sponsoren eines Sportunternehmens sind an einem möglichst werbeneutralen medialen Umfeld interessiert, weil dadurch ihre Werbung stär-

[99]Die Ausnahme bildet sicherlich das Engagement des Hygieneartikelherstellers London Rubber Company als Trikotsponsor des FC 08 Homburg. Am Ende des knapp zweieinhalbjährigen Vertrages hatte das Unternehmen eigenen Angaben zufolge in Deutschland einen Bekanntheitsgrad von nahezu 97 Prozent erreicht (Unternehmensangaben).

ker ins Blickfeld der Fernsehzuschauer rückt.[100] Ein Verweilen der Kamera während der Spielunterbrechungen bei den Akteuren am Veranstaltungsort garantiert den Trikotsponsoren zusätzliche mediale Kontaktmöglichkeiten.[101] Eine ruhende Kameraposition erhöht zudem die Kontaktchancen der Bandensponsoren erheblich.[102]
Die Vorschriften des Rundfunkstaatsvertrages garantieren den Sponsoren bei Sportübertragungen in den öffentlich-rechtlichen Fernsehanstalten ein weitgehend neutrales mediales Umfeld.[103]

5.3.2 Die Abhängigkeit der Sportunternehmen

Das Sportsponsoring hat sich zu einem wichtigen, wenn nicht sogar schon zum entscheidenden Finanzierungsinstrument der Sportunternehmen entwickelt. Den Sportunternehmen ist es bei den bisherigen Verhandlungen, insbesondere mit den Medien, nicht gelungen, einen entscheidenden Einfluß auf die Entwicklung der Kommerzialisierung zu nehmen. Angesichts der von den Medien gebotenen Summen für die Übertragungsrechte sind sie zu weitgehenden Zugeständnissen in den Verhandlungen bereit, ohne sich die Konsequenzen für die weitere Entwicklung ihres Potentials vor Augen zu führen.[104]

Ohne die Medien läuft mittlerweile im Profisport so gut wie nichts mehr. Die Sponsoren machen ihr Engagement bei einem Sportunternehmen vorrangig vom Umfang der Medienberichterstattung abhängig. Die privaten Medien konzentrieren sich wiederum auf die Übertragungsrechte, die ihnen entsprechende Einschaltquoten und Refinanzierungsmöglichkeiten garantieren.
Die Sportunternehmen haben sich dadurch in eine gefährliche finanzielle Abhängigkeit von Wirtschaftsunternehmen und Medien begeben. In zahlreichen Profi-Fußballvereinen werden gerade noch ein Drittel der Einnahmen aus dem Spielbetrieb erwirtschaftet (Zorn 1993). Die

---

[100] Unter neutralem medialem Umfeld soll eine Sportberichterstattung verstanden werden, bei der während der Spielunterbrechungen oder in den Pausen keine Werbespots ausgestrahlt werden.

[101] z.B. beim Tennis während des Seitenwechsels.

[102] Umfangreichen Untersuchungen von Hermanns zur Werbewirkung des Sportsponsoring ergaben am Beispiel des Automobilrennsports, daß Einblendungsdauer und Bekanntheitsgrad des Unternehmens die wichtigsten Einflußgrößen für den Erinnerungserfolg beim Sportsponsoring sind (Hermanns 1986).

[103] §22 des ZDF-Staatsvertrages begrenzt das Werbeprogramm für die öffentlich-rechtlichen Fernsehanstalten. Vgl. dazu Kap. 2.5.4.

[104] Den Sportunternehmen fehlt die strategische Sichtweise zur Beurteilung der möglichen Konsequenzen.

(erfolgreiche) Teilnahme an einem europäischen Wettbewerb wird für einige Mannschaften zum finanziellen Rettungsanker.[105]
Der Zuschauer wird für die Sportunternehmen immer mehr ein Mittel zum Zweck, denn erst ein entsprechendes Zuschauerinteresse sichert den Sportunternehmen finanziell attraktive Sponsorverträge mit Wirtschaft und Medien.[106+107]

Für den Sport besteht die Gefahr, daß Medien und Wirtschaft seinen so begehrten Kommunikations- und Werbewert durch die angestrebte totale Kommerzialisierung mehr oder minder stark beeinträchtigen. Der Sport wird von der Wirtschaft und den Medien immer stärker abhängig, weil ein nicht mehr marktgerechter sportlicher Output an ökonomischem Wert verliert.[108]

---

105 Rund 25 Millionen Mark hat Borussia Dortmund in der Saison 1992/93 aus dem Kartenverkauf, der Werbung und den Fernseheinnahmen aus dem UEFA-Cup eingespielt und damit den Gesamtumsatz in der letzten Saison mehr als verdoppelt (Zorn 1993).

106 Die Kosten der Olympischen Winterspiele 1992 in Albertville wurden zu fast 50 Prozent durch Vermarktung und Fernsehhonorare gedeckt. Die Einnahmen aus dem Verkauf der Eintrittskarten deckten dagegen gerade 10 Prozent der Kosten (Jetter 1992).

107 Ohne eine ausreichende Medienberichterstattung dürfte der (Hoch-) Leistungssport für die meisten Sponsoren uninteressant sein. Beim Sponsoring von Breitensport- oder Nachwuchsveranstaltungen, können die Sponsoren u.U. zusätzlich noch die Übernahme gesellschaftlicher Verantwortung demonstrieren.

108 Die Zuschauerresonanz ist der entscheidende Parameter für die Medien. Die Wirtschaftsunternehmen berücksichtigen bei ihrer Entscheidung noch das Image der Sportart bzw. die Kongruenz zwischen der eigenen Zielgruppe und den Zuschauern.

6. Das Potential der Sportunternehmen

6.1 Auswirkungen der Mediatisierung auf das Sportpotential

6.1.1 Der Stellenwert von Sportarten und Sportunternehmen

Der Stellenwert einer Sportart bzw. eines Sportunternehmens läßt sich am Geld festmachen:

- an der Höhe der Beträge für die Übertragungsrechte,
- an den Spielereinkommen,
- an den Sponsoringaufwendungen.

Tennis- und Fußball sind in Deutschland weiterhin die unangefochtenen Spitzenreiter:

- Der DFB hat 1992 seine Fernsehrechte für fünf Jahre an die ISPR für insgesamt 700 Millionen Mark verkauft (Glabus 1992).
- Der DFB hat 1992 die Übertragungsrechte an den Europapokalspielen der deutschen Fußballmannschaften bis 1996 für 60 Millionen Mark pro Saison an die Ufa und ISPR verkauft.[1]
- Der DTB erhält von der Ufa für einen Fünf-Jahres-Vertrag insgesamt 195 Millionen Mark (Glabus 1992).
- Die beiden bestverdienenden deutschen Sportler waren 1993 die Tennisstars Steffi Graf und Boris Becker mit einem geschätzten Jahreseinkommen von 9,8 Millionen bzw. 6,8 Millionen Dollar.[2]
- Im Jahr 1992 betrugen die Sponsoringaufwendungen im Fußball 120 Millionen Mark bzw. 100 Millionen Mark im Tennis. Mit weitem Abstand folgen Reiten, Skifahren, Golf und Eishockey (vgl. Tab. 4).
- Sportübertragungen vom Tennis und Fußball erzielen in Deutschland regelmäßig die höchsten Einschaltquoten (vgl. Kap. 5.2.1).

[1]Die Übertragungsrechte für die Gruppenspiele im Europapokal der Landesmeister ("Champions-League") sind von der UEFA an die T.E.A.M. in Luzern verkauft worden (Glabus 1992).

[2]Nach einer vom US-Wirtschaftsmagazin Forbes durchgeführten Untersuchung war der amerikanische Basketballspieler Michael Jordan mit 36 Millionen Dollar der bestverdienendste Sportler im Jahr 1993 (o.V. 1993_8).

Sportart	Mio. DM 1985	Mio. DM 1988	Mio. DM 1992
Fußball	75	80	120
Tennis	10	75	100
Reitsport	30	50	50
Skisport	15	30	30
Golf	3	10	20
Eishockey	2	10	12
Handball	3	10	12
Leichtathletik	5	10	12
Volleyball	2	5	6
Radsport	2	3	6
Basketball	2	3	5

(Quelle: Walkhoff 1992)

Tab. 4: Die werbeattraktivsten Sportarten in Deutschland

Die Medien entscheiden durch ihr Interesse an einer Sportart bzw. an einem Sportunternehmen über dessen kommerzielle Entwicklung. Durch die Berichterstattung der Medien werden neue Zuschauer an eine Sportart herangeführt und dafür begeistert bzw. ehemalige Anhänger zurückgewonnen.[3]

Die Entwicklung der Zuschauerzahlen in der Fußball-Bundesliga und der Umfang der TV-Berichterstattung verlaufen seit der Saison 1990/91 weitgehend parallel. Der von vielen Kritikern befürchtete Zuschauerrückgang wegen der zahlreichen Live-Übertragungen und Berichterstattungen ist im Fußballsport bisher nicht eingetreten. Das Gegenteil ist stattdessen zu beobachten. Die durchschnittlichen Zuschauerzahlen steigen seit der verstärkten TV-Berichterstattung kontinuierlich.

Das primäre Medieninteresse der Fernsehanstalten konzentriert sich dabei natürlich auf die höchste Spielklasse im Fußball, die 1. Fußball-Bundesliga. Der Umfang der Fernsehbericht-

[3]Genauso können aktive Sportler für die jeweilige Sportart gewonnen werden. Seit dem Auftritt des amerikanischen "Dream Teams" bei den Olympischen Sommerspielen 1992 in Barcelona bzw. dem Gewinn der Europameisterschaft 1993 verzeichnet der Deutsche Basketballbund ein überdurchschnittliches Mitgliederwachstum (Quelle: kicker Sportmagazin).

erstattung hat sich im Zeitraum von 1990/91 bis 1992/93 mehr als vervierfacht[4]. Im gleichen Zeitraum stieg der durchschnittliche Zuschauerschnitt von 20.000 auf über 26.000 bei den Spielen in der 1. Fußball-Bundesliga Zuschauer (s. Abb. 8 und Tab. 5).[5]

Verein	Sendedauer in Minuten Hinrunde 1990/91	Saison 1992/93
Bayern München	622:54	4.850:27
Borussia Dortmund	441:43	3.119:53
Eintracht Frankfurt	532:09	2.924,36
Werder Bremen	374:59	2.921,21
VfB Stuttgart	553:11	2.448:45
1.FC Köln	339:26	2.315:50
Bayer Leverkusen	399:25	2.205:57
1.FC Kaiserslautern	417:41	2.087:05
Hamburger SV	449:12	2.006:00
Karlsruher SC	331:06	1.943:37
Bor. Mönchengladbach	302:02	1.878:50
Schalke 04	256:43*	1.833:58
Dynamo Dresden	**	1.829:14
1.FC Saarbrücken	240:17*	1.816:56
VfL Bochum	320:02	1.777:37
Wattenscheid 09		1.643:50
1.FC Nürnberg	323:26	1.547:08
Bayer Uerdingen	295:19	1.367:22
SC Freiburg	102:49	578:55*
VfB Leipzig	**	450:24*

*) 2. Bundesliga (Quelle: Media Control)

**) Oberliga DDR

Tab. 5: Die Entwicklung der TV-Berichterstattung über die 1. Fußball-Bundesliga

Das Interesse der Medien an einer umfangreichen Berichterstattungen ermöglicht es den Sportunternehmen durch sportliche Erfolge "Werbung in eigener Sache" zu machen.

[4]Zum besseren Vergleich sind die Werte der Übertragungszeiten aus der Hinrunde der Saison 1990/91 verdoppelt worden.

[5]In der Hinrunde der Saison 1993/94 hat sich der Zuschauerschnitt noch weiter auf rund 27.000 erhöht (Quelle: kicker Sportmagazin v. 06.12.1993).

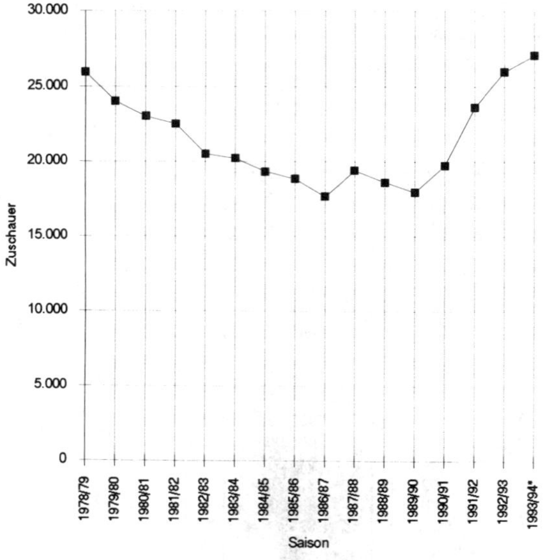

*) Hinrunde Saison 1993/94 (Quelle: kicker Sportmagazin)

Abb. 8: Die Entwicklung der Zuschauerzahlen der 1. Fußball-Bundesliga

	Zuschauerzahlen in Mio.					
	Dienstag*	Mittwoch*	Donnerstag*	Freitag*	Samstag**	Sonntag***
gesamt	2,28	2,49	2,32	2,79	2,73	6,12
Spiel mit dt. Beteiligung	2,91	3,05		3,74	4,12	6,12
Maximum gesamt	3,04	3,60	3,04	3,77	4,63	7,93
Max. mit dt. Beteiligung	3,04	3,60		3,77	4,63	7,93
Max. ohne dt. Beteiligung	2,40	2,86	3,04	2,94	2,32	

*) Gruppenspiele
**) Halbfinale
***) Finale

(Quelle: Media Control)

Tab. 6: Einschaltquoten ATP-Finale 1993 in Frankfurt/Main

Das Publikumsinteresse ist abhängig von sportlichem Erfolg nationaler Sportler und/oder Sportunternehmen. Die durchschnittlichen Einschaltquoten beim ATP-Finale der weltbesten Tennisspieler 1993 in Frankfurt lagen bei Spielen ohne deutsche Beteiligung um mind. 20 Prozent niedriger als bei Spielen mit Beteiligung von deutschen Spielern (s. Tab. 6).

Medien, Sportunternehmen und Sportartikelausrüster werden darum bemüht sein, immer wieder neue Sportlerpersönlichkeiten für die Liga und für den Sport aufzubauen, um damit die Begeisterung und das Interesse der Zuschauer zu entfachen.[6]

Sportler bzw. Sportunternehmen, die die Sportzuschauer polarisieren, erzielen dabei in der Regel auch bei gleicher oder schwächerer sportlicher Leistung deutlich höhere Kontaktzahlen.[7]
Der sportliche Erfolg eines Sportunternehmens schlägt sich unmittelbar im Umfang der Medienberichterstattung nieder. Bayer Uerdingen, der Tabellenletzte der 1. Fußball-Bundesliga, konnte in der Saison 1992/93 die zweieinhalbfache Übertragungsdauer im Vergleich zum dem attraktivsten Verein in der 2. Bundesliga erzielen.[8]

Die erfolgreiche Teilnahme an einem europäischen Fußball-Wettbewerb garantiert dem Sportunternehmen bzw. seinem Sponsor zusätzliche umfangreiche Medienkontakte auf nationaler und internationaler Ebene. In der Saison 1992/93 erreichte die Gesamtdauer der TV-Berichterstattung über die Europapokalspiele von Borussia Dortmund fast die Dauer der TV-Berichterstattung über die Bundesligaspiele während der gesamten Saison 1992/93.[9] Der 1.FC Kaiserslautern konnte durch die Europapokalspiele die Dauer der Berichterstattung um knapp 50 Prozent, Eintracht Frankfurt und der SV Werder Bremen um rund 18 Prozent erhöhen (vgl. Tab. 5 und Tab. 7). Die Sendedauer der Übertragungen in den benachbarten EG-Staaten ist bei dieser Analyse noch gar nicht berücksichtigt.

---

[6] Als Nachfolger des zurückgetretenen Michael Jordan ist von der NBA und der Firma Nike Charles Barkley als neuer Superstar auserkoren worden (Hecker 1993_2).

[7] Derartige Sportunternehmen ziehen ihre überdurchschnittliche Medien- und Zuschauerresonanz aus der ihnen entgegengebrachten "Haß-Liebe". Entweder man ist ein absoluter Fan von ihnen oder man kann sie überhaupt nicht leiden. Entsprechend reichen die Reaktionen bei einem Sieg bzw. einer Niederlage von grenzenloser Euphorie über Trauer bis hin zur Schadenfreude. Beispiele in Deutschland sind auf alle Fälle im Fußball der FC Bayern München und im Tennis Boris Becker.

[8] Die Sendedauer der Berichte von Bayer Uerdingen betrug rund 1.367 Minuten, der MSV Duisburg, das "telegenste Zweitligateam", erzielte lediglich 503 Minuten (Quelle: Media Control).

[9] Borussia Dortmund erreichte in der Saison 1992/93 das Finale im Fußball - UEFA-Cup.

Verein	Sendedauer in Minuten 1992/93
Borussia Dortmund	2.746:40
1.FC Kaiserslautern	1.002:25
Werder Bremen	495:49
Eintracht Frankfurt	487:02
Hannover 96	242:27
1.FC Köln	161:22

(Quelle: Media Control)

Tab. 7: Die TV-Berichterstattung über die deutschen Vereinsmannschaften in den europäischen Fußball-Pokalwettbewerben in der Saison 1992/93

Diese umfangreichen Sportberichterstattungen sichern den Bundesligavereinen entsprechend höher dotierte Sponsorverträge (vgl. Tab. 1). Die Qualifikation für internationale Wettbewerbe wird deshalb nicht nur im Fußball für die Sportunternehmen aus finanziellen Gründen immer bedeutender.[10] Pro Europapokalrunde können die deutschen Vereine allein mit Fernseheinnahmen von rund zwei Millionen Mark kalkulieren (o.V. 1992_8).[11]

6.1.2 Das Sportunternehmen auf dem Weg zum Dienstleistungsunternehmen

Der herkömmliche Sportverein verstand sich als Anbieter, zu dem jeder kommen konnte, der daran Interesse hatte bzw. Neigung verspürte.[12] Die Sportarten, die Sportangebote wie die Sportausrüstung geraten inzwischen aber immer mehr in den Sog allgemeiner Individualisierungsprozesse. Sie werden auf die veränderten Bedingungen der Identitätsfindung zugeschnitten, umstilisiert und verbrauchsfähig, d.h. konsumierbar gemacht. Der traditionelle Sportverein macht ein Angebot für sporttreibende und sportwillige Mitglieder. Der Verein als Dienstleistungsunternehmen kann nicht mehr auf den Konsens der freiwillig beigetretenen Mitglieder bauen. Der kommerzialisierte Sportverein liefert eine Ware für Dritte.

Die Vereine müssen auf diese Veränderungen entsprechend reagieren, wollen sie nicht besorgniserregende Mitgliederrückgänge verzeichnen (Heinemann 1988):

---

[10] Auch im Basketball ist die Mannschaft von Bayer 04 Leverkusen zur Finanzierung ihres Etats auf eine Teilnahme am Europapokal der Landesmeister angewiesen.

[11] Für das Geschäftsjahr 1991/92 wies der FC Bayern München deshalb einen Verlust von 1,5 Millionen Mark aus. Nach einer schwachen Saison (10. Tabellenplatz) konnte sich der Verein nicht für einen europäischen Fußballwettbewerb qualifizieren (1992_{18}).

[12] Für den sozial und bildungsmäßig benachteiligten, den gefährdeten oder leidenden Mitbürger gab es in der Vergangenheit keine speziellen Angebote von Vereinsseite (Schulke 1990).

- Die Befriedigung gestiegener Mitgliederansprüche verlangt die Erschließung zusätzlicher externer Finanzmittel.
- Das notwendige Wirtschaftlichkeitsdenken erfordert qualifiziertes Personal und tritt in Konkurrenz zur klassischen Sportsolidarität.
- Die Entemotionalisierung der Mitgliedschaftsbeziehungen verursacht Veränderungen im Verein und in der Vereinskultur.

Kennzeichen dieser wachsenden Kommerzialisierung innerhalb der Sportvereine sind:

- die Zunahme der angebotenen Sportarten,
- die Bildung größerer Vereinseinheiten,
- die Erweiterung der Sinndimensionen des Sporttreibens,
- die Lockerung der Teilnahmebedingungen,
- Änderungen in der Form der Mitarbeit (Cachay 1988).

Der Trend zu größeren Vereinseinheiten und die innerhalb der Sportorganisation immer wieder erhobene Forderung nach einer stärkeren Einbindung der Mitglieder in die Arbeit des Vereins stellen zwei nur schwer miteinander zu vereinbarende Zielsetzungen dar (Cachay 1988).[13]
Zum einen haben sich innerhalb der Vereine Abteilungen ohne Wettkampfcharakter gebildet, deren Schwerpunkt die Vermittlung von Übungs- und Spielgelegenheiten für jedermann sind.[14] Zum anderen hat sich im Rahmen der Realisierung sog. "Kursprogramme" eine Kursform entwickelt, die anstelle einer formellen Vereinsmitgliedschaft die Bezahlung einer Kursgebühr verlangt um Sportinteressierte anzusprechen, die an der sozialen Verpflichtung einer Vereinsmitgliedschaft nicht interessiert sind (Cachay 1988).

Die sportlichen Angebote und der soziale Rahmen der Vereine sollte sich auch in Zukunft dadurch auszeichnen, möglichst vielen Menschen die Möglichkeit zu bieten, mehr als nur Spaß und Unterhaltung beim Sporttreiben zu finden. Gerade in unserer heutigen, multikulturellen Gesellschaft mit ihrer Ausländerproblematik sollten die integrativen gesellschaftlichen Möglichkeiten von Seiten der Vereine intensiv, wenn möglich in Zusammenarbeit mit Sponsoren, genutzt werden.

---

[13]Deutlich zeigt sich ein Trend zu größeren Vereinseinheiten (Vereine mit mehr als 1000 Mitgliedern). Ihr Anteil stieg von 1961 bis 1982 von 1,6 Prozent auf 5,3 Prozent. In diesen 5,3 Prozent der Vereine sind nahezu 30 Prozent aller Sportvereinsmitglieder organisiert (Cachay 1988).

[14]Abteilungen für Hausfrauen und berufstätige Frauen, Seniorensport, Mutter- und Kindersport, Familienabteilungen und Spiel- und Sportabteilungen für jedermann (Cachay 1988).

6.1.3 Der Verlust der sportimmanenten Werte

Der Sport baut im wesentlichen noch immer auf dem Gedanken des Fair Play. Der Beste, bezogen auf die natürlichen Eigenschaften und Anlagen des betreffenden Sportlers, soll gewinnen. Ein Sportler, der verbotene leistungsfördernde Mittel einnimmt, verliert seine Vorbildfunktion und Glaubwürdigkeit. Er schadet nicht nur sich, sondern auch seinem Sport, der dadurch in der Öffentlichkeit einen nicht unerheblichen Imageverlust erleidet.[15]
Die traditionellen Elemente der professionellen Sportmoral, die Vorstellungen von Fairplay, Kameradschaft, Teamgeist und Bescheidenheit sind mit den neuen, rein kommerziellen Werten des Spitzensports nicht zu vereinbaren. Gemessen am sportlichen Erfolg und am finanziellen Gewinn wird die Moral im Sport zweit- und drittrangig. Sponsoren und Sportunternehmen versuchen gemeinsam den Fair-Play-Gedanken im Sport mit Hilfe von entsprechenden Kampagnen am Leben zu erhalten.[16]

Auch die in der Vereinsarbeit ursprünglich intendierten und durch demokratische Willensbildungsprozesse in die Praxis umgesetzten Werte des Sports - bessere Bedingungen für Gesundheit, Wohlbefinden, Persönlichkeitsentwicklung möglichst vieler junger Menschen zu schaffen und soziale Kommunikation zu erleichtern - geraten in Widerspruch zu den gesundheitsgefährdenden spitzensportlichen Leistungen, der Vernachlässigung der beruflichen Ausbildung und der sozialen Ausgrenzung von Normalsportlern (Schulke 1990).

Die Implementierung des Profisportlers in die Sportbewegung gerät in Widerspruch zum Amateurstatus, der Ehrenamtlichkeit, der Gemeinnützigkeit und der Gemeinwohlorientierung. Eine Integration des Spitzensportlers kann letztendlich nur in einer Abkopplung des Spitzensports vom traditionellen Sport enden. Als problematisch dürfte sich künftig die Verrechnung der Ausbildungskosten erweisen, wenn der Sportler sich als Profi sozusagen vom Verein lossagt.[17]

Das Image des Sports wird sich als Folge dieser Entwicklungen immer mehr verändern. An die Stelle des frischen, freien, dynamischen Sportlers tritt der rational operierende, unter wirtschaftlichen Gesichtspunkten abwägende Vertreter. Seine Tätigkeit wird mehr von ökonomischen als von sportlichen Werten geprägt. Damit verändert sich das Vorstellungsbild vom

[15] Der Deutsche Leichtathletikverband durch die Dopingaffäre um Kathrin Krabbe.

[16] Meinberg zweifelt zu recht, ob dies in unserer, nicht gerade von Fairness-Aspekten geprägten Gesellschaft gelingen wird (Meinberg 1991).

[17] Seine Ausbildungskosten wurden bis dahin vom Sport (Mitgliedsbeiträge und ehrenamtliche Tätigkeit) und durch staatliche Subventionen bzw. die Sporthilfe getragen (Haase 1991).

Sport im Rahmen seiner Ökonomisierung. Der Wert des Sports wird auf seinen von Marktmechanismen bestimmten Preis reduziert. Am Sport geht dann verloren, was nicht monetär bewertbar ist (Pöttiner 1989).[18] Mit dem Geld wird alles individuelle, verschiedenartige im Sport, alle Qualitäten und Eigenschaften des sportlichen Outputs bzw. seiner Produzenten auf eine, die Tauschbarkeit ausdrückende Dimension reduziert.
Der Sportmarkt nimmt verstärkt industrielle Merkmale an. Der sportliche Output wird standardisiert und serienmäßig angeboten.[19] Standardisierung und Reproduktion ersetzen immer mehr die Originalität. Der Zufall und die Spontaneität werden immer mehr von Planung und Kontrolle, der Nutzen durch die Maximierung verdrängt (Rigauer 1992).[20]

Der Sport, von den Fernseh- und Sponsorengeldern abhängig, unterwirft sich in der Hoffnung auf noch höhere Einnahmen allzu häufig den Forderungen der Medien und der Wirtschaft. Selbst Regeländerungen, zur Erhöhung der medialen Attraktivität der jeweiligen Sportart, sind für Sportunternehmen kein Tabuthema.[21]

Chandler warnt zu Recht davor, daß die Emotionen mit bzw. durch den Sport verloren gehen, wenn der Sport zu einem reinen kommerziellen Produkt denaturiert.[22]

Der Sport entfernt sich als Folge der von Wirtschaft und Medien initiierten Kommerzialisierungsprozesse immer mehr von dem, wegen dem die Wirtschaft ihn einmal so erstrebenswert fand. Die Gefahr besteht, daß sich dann irgendwann die Wirtschaft aus dem Sportsponsoring zurückzieht.

---

[18] z.B. das individuelle und soziale Leben.

[19] Im Tennissport durch verschiedene Turnierserien, Turniere mit unterschiedlicher "finanzieller" Wertigkeit. Ähnliche Entwicklungen gibt es auch bereits im Reitsport und der Leichtathletik.

[20] Ab der Saison 1994/95 sind die Landesmeister der wichtigsten europäischen Fußballnationen für die Gruppenspiele im Fußball-Europapokal automatisch qualifiziert. Die UEFA will damit im Interesse der Hauptsponsoren verhindern, daß wie in den vergangenen Jahren geschehen, einige der besten Mannschaften bereits in den Vorrunden ausscheiden und das Zuschauerinteresse an dieser Veranstaltung in diesen sonst fußballverrückten Ländern weitgehend erlischt.

[21] Der Tiebreak im fünften Satz beim Volleyball, die "Jagdrennen" im Skilanglauf, die Verlängerung im Basketball.

[22] "In fact, football has become simply a commercial product, "Monday Football Night" has no future" (Chandler 1991).

6.2 Die Problematik des Hochleistungssports

6.2.1 Der Erwartungsdruck im Sport

Die hohen Erwartungen und Anforderungen an Sportler und Sportunternehmen werden verstärkt durch die, die öffentliche Meinung prägenden Medien und die wirtschaftliche Macht der Sponsoren hervorgerufen. Erfolgsdruck und -erwartungen, die auf den Trainern, Spielern und Funktionären lasten, werden immer stärker. Derart im medialen Rampenlicht stehend, bleibt den professionellen Sportunternehmen kaum Zeit für eine vernünftige Aufbauarbeit bzw. eine ausreichende Regenerationszeit für die Sportler.

Bereits nach zwei Niederlagen in Folge werden Trainer von den Medien in Frage gestellt und abgelöst, hektisch für viel Geld ein neuer Trainer und neue Spieler verpflichtet.[23] Die kurzfristigen wirtschaftlichen Zwänge lassen eine kontinuierliche Aufbauarbeit in den seltensten Fällen zu. Nur unter strengen Auflagen bzw. großem wirtschaftlichem Druck versuchen Vereine mit jungen, erfolgshungrigen aber vergleichsweise "billigen" Sportlern ihre sportlichen Ziele zu erreichen. Dieses Konzept ist nicht von vornherein zum Scheitern verurteilt ist, wie der sportliche und finanzielle Erfolg von zahlreichen Vereinen in der Vergangenheit gezeigt hat.[24]

Die Regenerationszeiten von Profisportlern werden immer kürzer, die Verletzungsanfälligkeit dafür umso größer. Die physischen und psychischen Belastungen für die Athleten nehmen aufgrund der steigenden Zahl von Wettkämpfen und Spielen rapide zu. Verkürzte Erholungszeiten, nicht vollständig auskurierte Verletzungen bzw. ignorierte Mikroverletzungen führen zu einer Schadensvergrößerung.[25]

Die wesentliche Ressource des Sportlers, die Gesundheit, wird zugunsten einer nachfragegerechten Darstellung ohne Rücksicht auf etwaige Schäden verbraucht: Starten trotz Verletzung, spektakuläre Rennverläufe im alpinen Skilauf, Durchführung von Veranstaltungen unter widrigen Umständen etc. (Haase 1991).

---

[23] Ausnahmen sind im Deutschen Profi-Fußball sicherlich der SV Werder Bremen und der Karlsruher SC mit den Trainern Rehagel und Schäfer.

[24] Die Eishockeymannschaft der Kölner Haie hat in der Saison 1992/93 gezeigt, daß man auch mit einer vergleichsweise "billigen" Mannschaft großen sportlichen Erfolg haben kann. Mit einer, aufgrund finanzieller Zwänge stark verjüngten Mannschaft wurde nach anfänglichen Startproblemen nur ganz knapp die Deutsche Meisterschaft verpaßt. Im entscheidenden fünften Play-Off-Spiel um die deutsche Meisterschaft unterlagen die Kölner Haie bei der Düsseldorfer EG erst in der Verlängerung "sudden Death" mit 1:2.

[25] Ermüdungsbrüche im Hand- oder Fußbereich sind bei den Tennisspielern keine Seltenheit (Goran Ivanisevic, Michael Chang etc.).

Die Ausbeutung der Ressourcen im Hochleistungssport kann ähnlich wie in der Wirtschaft zu einem Problem marktwirtschaftlicher Steuerung werden. Spitzenstars treten verletzungs- oder auch stressbedingt frühzeitig vom Hochleistungssport zurück. Die Liga verliert ihre "Stars", die Zuschauer ihre Idole und damit u.U. auch das Interesse an der Liga.[26]

6.2.2 Auswüchse im Hochleistungssport

Der Hochleistungssport hat in den letzten dreißig Jahren rapide an gesellschaftlicher Bedeutung gewonnen und die beteiligten Akteure in verstärktem Maße ins Rampenlicht des öffentlichen Interesses gebracht. Die sportlichen Leistungen stehen sicherlich noch im Vordergrund, doch die zunehmende Professionalisierung hat auch die materielle Partizipation der Akteure zu einem bedeutenden Faktor der Berichterstattung werden lassen. Im Sportteil der Zeitungen werden fast täglich die neuesten Nachrichten von privaten und wirtschaftlichen Aspekten des Hochleistungssports mitgeteilt (Fischer 1986).

Die hohen Prämien und Werbeverträge machen Siege und Erfolge monetär immer kostbarer, so daß die Versuchung beim Athleten wächst, sie mit Hilfe unerlaubter Mittel effizienter und wahrscheinlicher zu machen bzw. schneller zu erreichen (Rittner 1988). Die materiellen Perspektiven im Falle des Erfolges haben bei Sportlern, Trainern und/oder Funktionären zu zahlreichen negativen Auswüchsen im Hochleistungssport geführt (u.a. Rigauer 1982):

- biologische Manipulationen,
- gesundheitsgefährdende Übungsanforderungen,[27]
- eine abnehmende Altersverteilung in zahlreichen Sportarten,[28]
- die Problematik der Tierquälerei,[29]
- die physischen, psychischen und sozialen Überforderungen von Jugendlichen und Kindern,
- die Zunahme der Gewalt im Umfeld des Hochleistungssports.[30]

---

[26] z.B. Mats Wilander, Tracy Austin im Tennis, Michael Jordan im Basketball.

[27] z.B. im Frauenturnen.

[28] u.a. im Schwimmen, Frauenturnen, Eiskunstlauf.

[29] beim Reiten oder im Modernen Fünfkampf.

[30] Fanausschreitungen im Fußballsport.

Diese nicht nur latent vorhandene Gewalt im Umfeld des Sports wird noch durch Werbespots der Sportartikelindustrie aufgebaut oder verstärkt. Nike hat in Amerika die Basketballstars Michael Jordan und Charles Barkley geschickt als Gegenpole von Gut und Böse aufgebaut. In einem Werbesport des Sportartikelunternehmens Nike "tötet Charles Barkley - getreu seinem Image - einen Schiedsrichter, rammt das Monster Godzilla brutal gegen einen Wolkenkratzer, bevor er zum Dunking hochsteigt: Kraft, Macht, Erfolg dank Nike. "Wie wäre es, wenn du es beim nächsten mal mit Schuhen probierst", rät Barkley dem unterlegenen Ungeheuer.
Die Manager interessieren sich nicht für die subtile Wirkung solcher aggressiven Marketingstrategien, sondern nur für die Verkaufszahlen (Hecker 1993_2).
Kevin Young, der die Zuschauergewalt in der Berichterstattung der Medien eingehend untersuchte, schließt nicht aus, daß eine sensationsträchtige Medienberichterstattung über Gewalt im Sport durchaus eine Reihe von Nachahmungseffekte bei den Fans bewirken kann. Gesicherte empirische Erkenntnisse liegen bisher allerdings noch nicht vor (Young 1992).

Die Dopingmentalität ist keineswegs nur im Sport, sondern mittlerweile in fast allen gesellschaftlichen Bereichen anzutreffen. Der regelmäßige Konsum koffeinhaltiger Getränke und Rauchwaren, der gewohnheitsgemäße Gebrauch von Roboranzien bzw. gesundheitssteigernden Pharmaka ist den Sportlern oft schon von Kindesbeinen bewußt oder unbewußt anerzogen worden. Die Anwendung verbotener Substanzen zur Leistungssteigerung und -entwicklung beschränkt sich nicht mehr nur auf den Spitzensportbereich, sondern greift mittlerweile in hohem Maße auch auf den Breitensport und den jugendlichen Nachwuchs über (Schulke, Fietzke, Mahltig, Scharf 1992).[31]

Nur ein internationales Netz von Doping-Kontrollstützpunkten kann Gerechtigkeit schaffen und Chancengleichheit für alle Athleten herstellen. Solange nicht weltweit einheitliche Standards hinsichtlich Art, Umfang und Durchführung der Dopingkontrollen bestehen und angewendet werden, wird sich eine dopinginduzierte Zwei-Klassen-Leistungsgesellschaft bilden.

Befürworter einer Dopingfreigabe, zu denen auch der ehemalige Weltklassesprinter Manfred Ommer zählt, sollten bedenken, daß

- Jugendliche zur Nachahmung neigen, und der Eintritt in den Drogenkonsum, ohnehin ein riesiges gesellschaftliches Problem, dadurch vielleicht noch erleichtert wird,
- die anderen Athleten gegen ihren Willen praktisch zum Dopingkonsum gezwungen werden, wenn auch sie weiterhin sportlichen Erfolg haben wollen.

[31] u.a. im Gewichtheben und Bodybuilding.

Erfolge und Siege werden immer kostbarer für den Einzelnen, die Grundelemente der traditionellen Sportmoral (Fairplay, Kameradschaft, Teamgeist, Bescheidenheit) sind einer neuen "Ethik des Spitzensports" gewichen. Das Doping läuft den Prinzipien der Chancengleichheit und der Ungewißheit des Wettkampfausgangs zuwider. Nur die Siege zählen, sind materiell ausnutzbar und entschädigen für die Trainingsentbehrungen und dem teilweise enormen Erfolgsdruck der Umwelt.

Mit dieser Entwicklung steht jedoch die Zukunft des Spitzensports auf dem Spiel, da mit dem sportlichen Wert letztlich auch der ökonomische Wert des Spitzensports ruiniert wird.

Gerade in unserer Zeit, in der Wissenschaft und Forschung die Grenzbereiche des Sports laufend neu determinieren (u.a. in den Gentechnik), braucht der Sport einen vernünftigen Umgang mit den zur Verfügung stehenden Mitteln. Kleinert formuliert diese Sachverhalt recht treffend: "Jede Leistung hat ihren Preis - aber keine Leistung um jeden Preis" (Kleinert 1991).

6.2.3 Die Entwicklung zum Showsport

Der Spitzensport hat sich immer deutlicher zu einer spektakulären Kunstfertigkeit, dem Showsport entwickelt, die gegenüber anderen professionellen Kunstgattungen noch den Vorzug einer "authentischen Spannung" hat, da das Resultat eines sportlichen Wettbewerbs vorher nie definitiv festgelegt ist, genauso wie sich auch der Verlauf entsprechend der Dynamik des sportlichen Geschehens immer spontan entfaltet (Heinemann 1989).[32]
Die Kommerzialisierung und Professionalisierung hat unterschiedliche Auswirkungen auf die Spielausübung und den Stil des Wettkampfes. Der Wettkampf orientiert sich nicht mehr wie ursprünglich am Erlebnis- und Erfahrungswert. Die Sportler kämpfen nicht mehr für sich, sondern sie produzieren eine Ware. Sie orientieren sich an den Interessen, der fachlichen Kompetenz und den zeitlichen Möglichkeiten der Zuschauer. Sport ist gleichzusetzen mit Show, mit Unterhaltung. Der Zuschauer will den besten, spektakulärsten, spannendsten Sport sehen. Die besten Sportler sind dementsprechend Profis, der Sport unterliegt den marktwirtschaftlichen Gesetzen von Angebot und Nachfrage.

Nicht die eigentliche sportliche Leistung steht im Interesse des Zuschauers, sondern das Spektakuläre, die Atmosphäre. Damit wird der Sportler austauschbar, der Prozeß der Leistungserstellung wird irrelevant, das Produkt in Form seines Unterhaltungswertes steht im Mittel-

[32]Hortleder hat auf die Gefahr einer solchen Entwicklung bereits Ende der siebziger Jahre hingewiesen (Hortleder 1978).

punkt. Die sportliche Leistung ist die Grundlage, deren publikumswirksame Umsetzung durch den Sportler ist der Kern des Ganzen (Meier 1990).[33]

Problematisch kann die Ökonomisierung des Sports werden, wenn wesentliche Prinzipien des Sports, wie z.B. die Ungewißheit des Ausgangs sportlicher Wettkämpfe, durch die marktgerechte Modifikation sportlicher Regeln und Veranstaltungen zugunsten einer nachfragegerechten Produktion ersetzt werden.

Für publikumswirksame Freiluftsportarten werden sog. "Indoor-Ableger" konzipiert, die im Falle der Natursportarten fernab der eigentlichen Austragungsorte, dem Konsumenten nahe gebracht werden. Dazu zählen die Sportarten:

- Segeln,[34]
- Windsurfing,
- Moto-Cross-Rennen,
- Mountain-Biking,[35]
- Indoor-Football,[36]
- Hallenfußball,[37]
- Klettern.

Die meisten dieser Indoor-Veranstaltungen sind von recht zweifelhaftem sportlichem Wert. Die Veranstaltungen sind in erster Linie auf die Bedürfnisse der Sponsoren zugeschnitten. Die Segel- und Surfwettbewerbe werden beispielsweise mit lauter Rockmusik untermalt, um den Krach der Ventilatoren, die den Wind erzeugen, zu übertönen. Dem Zuschauer wird ein gigantisches Spektakel geboten, eine Show, die mit ernstem Sport nichts mehr zu tun hat und die Athleten zu Clowns degradiert.[38] Die Sportler wirken in dieser Show wie eine lebende Werbe-

[33] John McEnroe im Tennis, Michael Jordan im Basketball.

[34] In einem 40 mal 80 Meter großen Becken im Palais Omnisport von Paris-Bercy finden die Segel- und Windsurfingveranstaltungen statt (o.V. 1992_{11}).

[35] 1994 startete die erste internationale Hallen-Mountainbike-Tour mit fünf Veranstaltungen in Deutschland (o.V. 1993_{21}).

[36] Aktuellstes Beispiel ist sicherlich die neue im Aufbau befindliche "Indoor-Football-League" in den USA. Auf dem 30 mal 60 Meter großen Spielfeld treten jeweils acht Spieler in Verteidigung und Angriff gegeneinander an. Die Begegnungen sind in vier Vierteln zu je 15 Minuten eingeteilt (o.V. 1993_{7}).

[37] Das Fußball-Hallenmasters mit seinen diversen Qualifikationsturnieren.

[38] Siebenundzwanzig Ventilatoren erzeugen rund 3000 PS Leistung. Der Stromverbrauch entspricht dem einer mittleren Kleinstadt (Groß 1993).

fläche, die als Gegenleistung für eine stattliche Antrittsprämie die Produkte ihres Sponsors auf dem Wasser präsentieren müssen.
Haase sieht die Sache realistisch, wenn er sagt, daß man in unserer profit- und konsumorientierten Leistungsgesellschaft vom Profisportler nicht verlangen könne, daß vor allem er, unter Vernachlässigung seiner eigenen wirtschaftlichen Tätigkeiten, den Sport zu fördern habe (Haase 1991). Das ist schließlich Aufgabe derer, die den Sport auch weiterhin für ihre kommunikativen Zwecke einsetzen wollen.

7. Externe Faktoren und ihr Einfluß auf die Entwicklung des Sportsponsoring

7.1 Demographische Trends

Die allgemeinen gesellschaftlichen Entwicklungen am Ende des 20.Jahrhunderts deuten auf einen raschen technologischen, ökonomischen, sozialen und kulturellen Wandel hin. Die gesellschaftlichen Bedarfe und individuellen Bedürfnisse werden sich im Freizeit-, Gesundheits, Bildungs- und damit insgesamt im Kulturbereich erheblich verändern (Schulke 1990). Die künftige Bedeutung des Sportsponsoring für die Kommunikationspolitik ist nicht unwesentlich von den qualitativen und quantitativen Veränderungen innerhalb der Gesellschaft abhängig.

7.1.1 Die Bevölkerungsentwicklung

UN-Schätzungen zufolge wird die Weltbevölkerung von 5,3 Milliarden im Jahre 1990 auf 8,4 Milliarden im Jahre 2025 anwachsen. Mittelfristig wird die freie Wahl des Wohnortes und des Arbeitsplatzes in ganz Europa gelten.[1] Die Folge dürfte eine der historisch größten Wanderbewegungen innerhalb Westeuropas sein:

- Der Bevölkerungsdruck der Dritten Welt auf Europa dürfte langfristig kaum aufzuhalten sein, bis zum Jahre 2005 werden zwischen 20 und 60 Millionen Einwohner aus bisherigen Drittländern nach Westeuropa einwandern (Tietz 1990).
- In Europa leben bereits jetzt außerhalb der GUS, hauptsächlich in "Jugoslawien" und der Türkei, ca. 60 Millionen Mohammedaner. Die kulturellen Unterschiede der einzelnen Nationen vermengen und differenzieren sich im Rahmen dieser multikulturellen Entwicklung. Ländergrenzenunabhängie religiöse und kulturelle Segmentierungen treten anstelle der bisherigen nationalen und regionalen Segmente (Tietz 1990).

Das Statistische Bundesamt rechnet bis zum Jahre 2030 wegen des zu erwartenden anhaltenden Geburtendefizits mit einem erheblichen Bevölkerungsrückgang in Deutschland:

- Die Gesamtbevölkerung von Deutschen und Ausländern schrumpft von 80 Millionen Menschen auf rund 70 Millionen Menschen im Jahr 2030.[2] Ein positiver Wanderungssal-

---

[1] In der EG ist das Recht auf die freie Wahl von Wohnort und Arbeitsplatz gesetzlich verankert.

[2] Die Gesamtbevölkerungszahl schrumpft voraussichtlich um 14 Millionen Menschen (Julitz 1993).

do von fast 5 Millionen Menschen, vor allem durch die Zuwanderung von Aussiedlern und Ausländern, mindert den tatsächlichen Bevölkerungsrückgang (Julitz 1993).[3]

- Die deutsche Wiedervereinigung hat den Bevölkerungsumfang deutlich, die Bevölkerungsstruktur nur marginal verändert.[4] An die Stelle der Übersiedlung ist die Binnenwanderung getreten (Brinkmann 1991).

7.1.2 Verschiebungen in der Alters- und Haushaltsstruktur

Die Alterspyramide verschiebt sich in den nächsten Jahren deutlich nach oben. Dem Rückgang in der Alterstufe unter 20 Jahren steht aufgrund der steigenden Lebenserwartung ein Anstieg der Personen über 45 Jahre gegenüber.[5] Weiterhin steigt bis Mitte der 90er Jahre die Anzahl der privaten Haushalte bei gleichzeitiger Abnahme ihrer durchschnittlichen Größe (Brinkmann 1991).

Die veränderte Altersstruktur, das vielfach gesättigte Ausstattungsniveau und die Verschiebungen in der Einkommensverteilung führen zu erheblichen Nachfrageverlagerungen:[6]

- Waren und Dienstleistungen für konsumkräftige ältere Menschen werden verstärkt nachgefragt.[7]
- Ein spürbarer Nachfragerückgang wird sich zuerst nach Erzeugnissen und Dienstleistungen für Kinder und Junioren und ab der Jahrtausendwende auch innerhalb der Gruppe der 20 bis 30jährigen entwickeln (Schürmann 1990).
- Die Konsumgewohnheiten zwischen West- und Ostdeutschen werden sich langsam angleichen.[8]

---

[3]Der Wanderungssaldo ist der Saldo aus Zuzügen und Fortzügen.

[4]Die Einwohnerzahlen haben sich um rund ein Viertel auf etwa 79 Millionen Menschen erhöht. Für die Bevölkerungsstruktur ergeben sich folgende Ergebnisse:

- Der Anteil der unter 15jährigen an der Gesamtbevölkerung lag in der DDR bei 20 Prozent gegenüber 16 Prozent in der BRD.
- Der Anteil der über 15jährigen und unter 65jährigen lag bei 69 bzw. 66 Prozent und der Anteil der über 65jährigen bei 13 bzw. 15 Prozent (Brinkmann 1991).

[5]Die durchschnittliche Lebenserwartung beträgt z.Z. bei Frauen 78,1 Jahre und bei Männern 71,5 Jahre (Schürmann 1990).

[6]z.B. durch steigende Rentenanteile.

[7]u.a. Diätprodukte, Gesundheits- und Kulturreisen, gesundheitsorientierte und medizinische Produkte.

[8]Die Ostdeutschen neigen derzeit noch aufgrund ihrer historischen und wirtschaftlichen Vergangenheit zum Spar- und Versorgungskonsum, während die Westdeutschen mehr vom Geltungs- und Luxuskonsum Gebrauch machen (Opaschowski 1991).

7.1.3 Konsequenzen für das Sportsponsoring

Senioren werden künftig nicht nur passiv den Sport konsumieren (Berichterstattung in Print- und Fernsehmedien), sondern auch vermehrt aktiv Sport treiben. Entsprechende "Senioren-Sportarten" sind u.a. Tennis, Golf, Schwimmen, Wandern und Joggen. Innerhalb der Sportsponsoringetats ist eine prozentuale Verschiebung von den sehr stark jugendorientierten Sportarten hin zu Sportarten zu erwarten, die die mittleren und älteren Zielgruppen ansprechen.[9]

Der Rückgang der jugendlichen Käufergruppe wird den Wettbewerb zwischen den entsprechenden Konsumgüterherstellern weiter verschärfen. Sportartikelausrüster und sportnahe Unternehmen werden verstärkt versuchen, die jugendlichen Konsumenten u.a. im unmittelbaren Umfeld ihrer Sportausübung mit entsprechenden Produkten bzw. Produktserien und/oder Sponsoringaktivitäten anzusprechen. Der Aufbau nationaler und wenn möglich auch internationaler Mega-Sportstars und die Entwicklung und Vermarktung entsprechender, auf den Star abgestimmter Produktlinien wird zunehmen.

Die veränderten Haushaltsstrukturen führen gleichfalls zu grundsätzlich neuen Begegnungs- und Kommunikationsformen außerhalb der bisherigen Vereinsstrukturen, z.B. in Form von (Schürmann 1990):

- Sportgruppen (Lauftreffs etc.),
- Stadtteilgruppen,
- Freizeitvereinigungen,
- Selbsthilfeorganisationen,
- sozialen oder umweltpolitischen Gruppen.

Die Förderung und Unterstützung derartiger Sportgruppen, die Organisation von Breitensport-Laufveranstaltungen oder Volleyball-Freizeitturnieren bietet Unternehmen die Chance, mit ausgewählten Zielgruppen direkt Kontakt zu pflegen und gesellschaftliche Verantwortung zu übernehmen.

Die Bevölkerungsentwicklung dürfte auch zu Strukturverschiebungen im Sportbereich führen. Dem wachsenden Potential an Senioren steht ein Rückgang der Jugendlichen gegenüber. Nachfrageorientiert handelnde Sportunternehmen sollten ihr künftiges Sportangebot nicht ein-

[9] Die Auswahl der gesponserten Sportler bzw. Sportunternehmen sollte sich an den (gewandelten) Sportidealen der alternden Bevölkerung orientieren.

seitig an den mittleren und älteren Jahrgängen ausrichten, sondern sie müssen sich gerade wegen des zu erwartenden Geburtenrückgangs um die Kinder und Jugendlichen, das "Potential von morgen", kümmern.

7.2 Wirtschaftliche Veränderungen

7.2.1 Die deutsche Wiedervereinigung und die Öffnung der Ostmärkte

Die Folgen der deutschen Wiedervereinigung und die weltweite Rezession haben insbesondere die exportorientierte deutsche Wirtschaft hart getroffen.[10] Die Kostenbudgets fast aller Unternehmen werden nach Einsparmöglichkeiten durchforstet. In einer Zeit des konjunkturellen Abschwungs tun sich viele Unternehmen schwer, ihr Sportsponsoringengagement gegenüber den eigenen Mitarbeitern bzw. den Kunden und Lieferanten zu rechtfertigen, wenn gleichzeitig tausende von Arbeitsplätzen abgebaut werden.[11] Das sind die direkten Konsequenzen einer verfehlten (internen) Öffentlichkeitsarbeit.

Die langsame Öffnung der Wirtschaft und Gesellschaft in Osteuropa bietet den international orientierten Unternehmen langfristig neue, attraktive Absatzmärkte (Traxler 1993). Unterschiede in der Kaufkraft und in der Außenhandelstätigkeit werden die wirtschaftliche Entwicklung aber noch eine längere Zeit erschweren (Tietz 1990).

7.2.2 Der EG-Binnenmarkt

Der EG-Binnenmarkt hat zumindest vom Papier her gesehen einen gemeinsamen Markt mit 324 Millionen Menschen geschaffen. Das sind 6,5 Prozent der Weltbevölkerung.[12] Der gemeinsame Binnenmarkt öffnet die Grenzen zwischen den Mitgliedsstaaten völlig, so daß sich

[10] Die Arbeitslosenzahlen haben in Deutschland im Januar 1994 mit über vier Millionen einen neuen historischen Höchststand erreicht (FAZ v. 10.02.1994).

[11] Das neue, im Frühjahr 1993 verabschiedete Sportsponsoringkonzept der Bayer AG sieht mit Ausnahme des Breitensports, der auch weiterhin mit 20 Millionen Mark unterstützt wird, zum Teil erhebliche Kürzungen im Bereich des Spitzensports vor. Die Optimalförderung erhalten künftig nur noch die absoluten Spitzenteams der Bayer AG: im Fußball (Bayer 04 Leverkusen), im Basketball (Bayer 04 Leverkusen), im Handball (Bayer Dormagen) und im Volleyball (Wuppertaler SV). (Hennecke 1993).
Der Molkereikonzern Südmilch AG hat als Folge seiner wirtschaftlichen Schwierigkeiten sein Sportsponsoringbudget in den Jahren 1992 bis 1994 drastisch zusammengestrichen. Sämtliche Sponsoringaktivitäten wurden auf den VfB Stuttgart konzentriert, die Verträge mit Steffi Graf und Anke Huber nicht verlängert (u.a. o.V. 1992_{15}).

[12] Der EG-Binnenmarkt zählt weltweit zu den größten Absatzmärkten. Der Weltmarktanteil beträgt beim Sozialprodukt 26,6 Prozent und beim Außenhandel 40 Prozent (Tolksdorf 1991).

der Wettbewerb beleben dürfte.[13] Der Vorteil des gemeinsamen Binnenmarktes liegt in der Vermeidung der enormen Kosten der Marktzersplitterung durch physische, technische, rechtliche oder steuerliche Hemmnisse. Bestehende länderspezifische Differenzen (z.B. Kaufkraftunterschiede) zwischen den EG-Ländern werden sich allerdings erst langsam reduzieren (Tietz 1990).[14]

Die Öffnung des Europäischen Marktes bringt auf alle Fälle eine Vervielfachung der Angebote. Den Bedarfsvarianten stehen entsprechende Angebotsvarianten gegenüber, die aber aufgrund der mangelnden Angebotstransparenz nicht unbedingt greifbar sind.

Damit ist die Kommunikationskreativität gefordert (Köst 1989):

- Viele Produkte leben von ihrem unverwechselbaren Image, ausgenommen Massengüter, die man sich von einem einheitlichen Markt verspricht.
- Voraussetzung für den Erfolg ist die Durchsetzung von einheitlichen Markenartikeln in der Europäischen Gemeinschaft, eine einheitliche Werbung ist notwendig (Mohrmann 1990).[15]
- Werbung ist nötig, damit der Binnenmarkt die erhofften Kräfte des Wettbewerbs freisetzt. Insbesondere die mittelständischen Unternehmen, die bisher überwiegend (ausschließlich) auf den heimischen Markt konzentriert waren, müssen sich auf härtere Wettbewerbsbedingungen einstellen und daher verstärkt Werbung betreiben (o.V. 1992_{14}).[16]
- Kulturelle Eigenheiten und differenzierte Konsumgewohnheiten werden in Europa nationale und regionale Märkte bestehen lassen. Diese religiöse und kulturelle Segmentierung muß vom Marketing berücksichtigt werden (Tietz 1990).

Gerade die Automobil-, Kosmetik-, Genußmittel- und Modebranche brauchen eine starke Marktbearbeitungsintensität. Voraussetzungen sind u.a. (Tietz 1990):

- ein ganzheitliches marktpolitisches und unternehmenspolitisches Denken,

[13]Folgende fünf Branchen werden dabei im europäischen Binnenmarkt besonders stark herausgefordert: Ernährungsindustrie, Finanzdienstleistungen, Verkehr/Spedition/Handel, Chemie und Pharma und Telekommunikation (Tietz 1990).

[14]Von den Auswirkungen des Binnenmarktes sind insbesondere betroffen: Unternehmen mit einem hohen Exportanteil, Unternehmen mit hohen Preisunterschieden in den europäischen Ländern, Unternehmen mit relativ geringen Transport-, Vertriebs- und Personalkosten, Unternehmen mit der Marktstellung eines Preis- oder Qualitätsführers sowie Unternehmen mit einem geringem/keinem Exportanteil (o.V. 1992_{14}).

[15]Zentrale Marktbereiche, wie der Markt der technischen Verbrauchsgüter, der Modemarkt sowie der Markt für Gesundheitsprodukte und Medikamente stehen dagegen vor einer vollen Institutionalisierung und Globalisierung (Tietz 1990).

[16]Neben geeigneten Marketingstrategien sind insbesondere die Suche nach europäischen Kooperationspartnern, die Verbesserung der firmeninternen Kommunikation und Information sowie die Entwicklung europäischer Organisationsstrukturen wichtig (o.V. 1992_{14}).

- eine entsprechende Markt- und Unternehmensphilosophie als Grundlage für ein strategisches Bewußtsein,
- die Positionierung und Profilierung im Markt zur Erhöhung der Marktmacht,
- eine einheitliche Corporate Identity.

Der Binnenmarkt wird erst langsam zu einem einheitlichen Markt wachsen. Die Gründe liegen, abgesehen von bürokratischen Hemmnissen, hauptsächlich in den erheblichen Kaufkraftunterschieden und in der Arbeitslosigkeit (Tietz 1990).

7.2.3 Staatliche Subventionen

Weitere Kürzungen der Staatssubventionen für den Spitzensport sind aufgrund des defizitären Staatshaushaltes auch für die nächsten Jahre zu erwarten. Den Kürzungen steht aber gerade auch durch die Wiedervereinigung ("Aufbauplan Ost") ein zunehmender Geldbedarf der sportlichen Organisationen, Institutionen und Unternehmen gegenüber.
Die kommerziellen Sponsoren fördern publikumswirksame Sportunternehmen, die auch weitestgehend ohne staatliche Unterstützung überleben können. Im Interesse des sportlichen Pluralismus bedürfen deshalb gerade die kleineren Vereine, als sog. "Nischenanbieter", einer entsprechenden finanziellen Unterstützung durch den Staat.[17] Die Sportunternehmen müssen sich weiterhin konsequent nach privaten Geldgebern umschauen, aber möglichst unter Wahrung ihrer Unabhängigkeit.

Die amerikanischen Finanzverwaltungen haben beispielsweise durch die steuerliche Abzugsfähigkeit von Sponsorshipausgaben einen Anreiz für die Wirtschaft geschaffen, gesellschaftliche Verantwortung in den Bereichen Sport, Kultur und Soziales zu übernehmen (Dahlhoff 1992). Die Schaffung finanzieller Anreize für Sponsoren würde auch in Deutschland erhebliche zusätzliche Gelder in das Sponsoring und damit auch speziell ins Sportsponsoring fließen lassen und die Staatskassen erheblich entlasten. Die Sponsorengelder würden aber aufgrund der betriebswirtschaftlichen Sicht- und Handlungsweise der Unternehmen wahrscheinlich weiterhin nur in solche Sportarten und Sportunternehmen investiert werden, von denen sich die Unternehmen entsprechende überdurchschnittliche kommunikative Leistungen oder finanzielle Rückflüsse erhoffen.
Hier wäre dann der Staat und der Sport gemeinsam gefordert, die sportliche Vielfalt durch entsprechende finanzielle Unterstützungen für die sog. Medien-/Sponsoren-Randsportgruppen zu erreichen. Der Sport darf sich dabei nicht nur auf das Subsidiaritätsprinzip stützen, sondern

[17] Gerade hier muß auch künftig das staatliche Subsidiaritätsprinzip greifen.

er muß in Eigenregie für einen Ausgleich bzw. eine Umverteilung der finanziellen Mittel zwischen seinen Mitgliedern sorgen.[18]

7.2.4 Die Globalisierung der Märkte

Die zunehmende Internationalisierung der deutschen Unternehmen kommt in den Fusionen, Joint-Ventures oder auch Kooperationen mit europäischen, amerikanischen und neuerdings auch verstärkt mit japanischen Unternehmen zum Ausdruck. Trotz aller Globalisierungsbemühungen werden aufgrund von

- Kaufkraftunterschieden,
- kulturellen Eigenheiten,
- differenzierten Konsumgewohnheiten,

nationale und regionale Märkte bestehen bleiben. Internationale Unternehmen werden sich deshalb auf eine abgeschichtete Marktbearbeitungsstrategie konzentrieren (Tietz 1990).[19] Segmentierte Marktbearbeitungskonzepte werden die Aktivitäten der Unternehmen in Europa prägen.

In den östlichen Bundesländern und dann auch in Osteuropa wird der Übergang von der Mangel- und Versorgungswirtschaft in eine Wohlstandsgesellschaft mit bekannten Produkten und Dienstleistungen und mit eingeübten Marktbearbeitungsmethoden sichergestellt werden. Der EG-Binnenmarkt erfordert dagegen ein neues, kreatives Marketinginstrumentarium (Tietz 1990). Auf der globalen Ebene, die den Produkten, der Distribution und der Grundkommunikation vorbehalten bleibt, erweist sich das Sportsponsoring als äußerst praktikables sprach- und kulturübergreifendes Kommunikationsmedium.

---

[18]Eine Möglichkeit wäre die Bildung eines sog. "Fernseh-Pools", in den alle Sportveranstalter einen festen Prozentsatz ihrer Einnahmen aus den Fernsehübertragungsrechten einzahlen müssen. Aus diesen Einnahmen könnten dann die weniger telegenen Sportarten unterstützt werden. Damit würde gleichzeitig die sooft beschworene Solidarität im Sport wieder mit Leben erfüllt werden.

[19]Beispiel für eine abgeschichtete Marktbearbeitungsstrategie:

- global: Produkte, Distribution, Grundkommunikation,
- europaweit: Preiseinheitlichkeit, Servicequalität,
- national: Außendienst, Kommunikationspolitik,
- regional und lokal: Standortpolitik, Mengenpolitik, regionale und lokale Kommunikationspolitik,
- kundenindividuell: spezifische Liefer- und/oder Serviceleistungen (Tietz 1990).

7.2.5 Konsequenzen für das Sportsponsoring

Die Einführung des europäischen Binnenmarktes dürfte die nationalen Besonderheiten und die Autonomie der Sportverbände nicht bedrohen, da die EG keine originären Zuständigkeiten im Bereich des Sports hat (Pöttiner 1989). Problematischer wird sich im Zuge der geplanten EG-Harmonisierung aber die Festlegung der künftigen Rechtsform der Vereine und ihre steuerliche Behandlung gestalten sowie die Vereinbarkeit der Ausländerregelungen der einzelnen Verbände mit dem in der EG garantierten Recht auf die freie Wahl des Arbeitsplatzes.[20]
Ebenso müssen einheitliche Regelungen bezüglich der Toto- und Lottogesellschaften getroffen werden, die in Deutschland eine der wichtigsten, in anderen europäischen Ländern die wichtigste Finanzierungsquelle des Sports darstellen. Als staatliche Monopole müßten sie eigentlich in einem freien Markt abgeschafft werden (Pöttiner 1989).[21]

Die Entwicklung unserer Gesellschaft zu einem multikulturellen und multilinguistischen Schmelztiegel erschwert die Konsumentenansprache und erfordert eine entsprechende Zielgruppendifferenzierung bzw. -segmentierung.
Sportsponsoring eignet sich für multinationale Unternehmen als Dachstrategie zur Überwindung von multikulturellen und multilinguistischen Barrieren, um ein(en) Produkt-/Unternehmensnamen oder -signet in einem vereinten Europa aber auch weltweit bekannt zu machen.
Dabei sollten jene Sportarten, Sportveranstaltungen oder Sportunternehmen berücksichtigt werden, die sich in den verschiedenen Kulturkreisen einer gleich großen Beliebtheit und gesellschaftlichen Akzeptanz erfreuen. Dazu zählen der Fußball-, Basketball- oder Tennissport, die Olympischen Spiele und Welt- oder Europameisterschaften.

Werbekampagnen international tätiger Konsumhersteller müssen sich, auch wenn sie sich auf ähnlich wirkende Bildelemente stützen, aufgrund der unterschiedlichen kulturellen und gesellschaftlichen Neigungen, Vorlieben und Gebräuche der verschiedenen Gruppierungen sowie unterschiedlicher wirtschaftlicher Voraussetzungen unterscheiden (Paefgen 1992):

- Der Sport als Werbemedium bietet den Unternehmen die Möglichkeit, die Zielgruppen unabhängig ihrer kulturellen und linguistischen Eigenheiten anzusprechen, ohne werbliche Mißverständnisse zu erzeugen.[22]

[20]Auch die Problematik des Transferzahlungssystems ist noch nicht geregelt.

[21]Außerdem müssen gemeinsame Standards für die unterschiedlichen Gebiete des Sports, wie z.B. die Ausbildungslehrgänge für Sportlehrer, Trainer, Sportärzte oder Sportphysiotherapeuten, veterinärmedizinische Bestimmungen oder auch Richtlinien für den Sportwaffentransport, gefunden werden (Pöttiner 1989).

[22]In islamischen Ländern sollte beispielsweise keine vergleichende Werbung verwendet werden, weil der gläubi ge Mohammedaner nach gesellschaftlichem Konsens und nicht nach Dissens strebt (Kreutzer 1989).

- Das Sportsponsoring eignet sich daher insbesondere für internationale Unternehmen als Medium der Grundkommunikation zum Aufbau einer europäischen bzw. einer weltweiten Corporate Culture und Corporate Identity.
- Internationale Sportveranstaltungen und Sportunternehmen bieten multinationalen Unternehmen eine einheitliche mediale Kommunikationsplattform.[23] Kulturelle und sprachliche Besonderheiten werden durch einen differenzierten Einsatz der klassischen Kommunikationsmedien erfaßt.

7.3 Einstellungen und Werthaltungen der Verbraucher

7.3.1 Der Wertewandel in der Gesellschaft

In den westlichen Industrienationen setzt sich der Übergang von materialistischen zu postmaterialistischen Werten weiter fort.[24] Anstelle von Pflicht- und Akzeptanzwerten (Disziplin, Gehorsam, Leistung, Treue, Fleiß, Selbstbeherrschung, Pünktlichkeit) treten immer stärker Selbstentfaltungswerte (Emanzipation, Partizipation, Genuß, Spontaneität, Ausleben emotionaler Bedürfnisse) (Opaschowski 1989).[25] Die Folgen sind (Opaschowski 1989):

- Der Bedeutungsverlust von Pflicht- und Akzeptanzwerten konkretisiert sich in einer Abnahme der Marken- und Firmentreue.
- Der Bedeutungsverlust von Werten wie Unterordnung, Gehorsam, Disziplin dürfte sich in zunehmenden Reklamations- und Beschwerdetendenzen und auch in einer wachsenden Kritik gegenüber der klassischen Werbung zeigen.
- Eine neue Genügsamkeit bedeutet für viele, mit weniger Geld auszukommen, allerdings nicht zu Lasten des Freizeit- und Sportbudgets.
- Es findet ein Wechsel vom "Prestige des Besitzes" (teure Kleidung, Autos, Schmuck) zum "Prestige der Verwendung" (Wissen, Bildung, Kultur) statt.[26]

---

[23] z.B. Olympische Spiele wegen ihres polysemen Charakters.

[24] Unter Berufung auf die Maslow`sche Bedürfnispyramide kann man dies als Verschiebung von physischen Bedürfnissen (Versorgungs- und Sicherheitsbedürfnisse) hin zu sozialen Bedürfnissen und zur Selbstverwirklichung bezeichnen (Schürmann 1990).

[25] Für die Postmaterialisten sind andere Ziele als der Konsum wichtig. Eine Steigerung der Lebensqualität wird außerhalb der Konsumsphäre in Bildung, Kultur sowie politischem und sozialem Engagement gesucht (u.a. Opaschowski 1991).

[26] In den ostdeutschen Bundesländern stehen Versorgungs- und Sicherheitsbedürfnisse aufgrund des großen "Nachholbedarfs" im Komsumgüterbereich im Vordergrund (Opaschowski 1991).

- Ein neues Körperbewußtsein wird erlebt (u.a. beim Joggen oder Fitneßtraining).
- Intensivere Freizeiterlebnisse sollen den Arbeitsfrust kompensieren.

7.3.2 Das Konsum- und Freizeitverhalten

Die zunehmende Rationalisierung in vielen Lebensbereichen, immer mehr "freie" Zeit, steigende (nominale) Einkommen, Erlebnisarmut, Bewegungsmangel und zunehmende Naturferne beeinflussen auch weiterhin die Freizeitbedürfnisse der Menschen. Die Flucht aus den Städten wird geprägt durch die Suche nach Körpererfahrung, Abenteuer, Exotik und unberührter Natur in der Freizeit (Opaschowski 1989).

Die traditionelle Bedeutung von Arbeit und Freizeit verschiebt sich weiter. Während die freie Zeit früher zur Regeneration diente, und subjektive Werte wie Erfolg und Anerkennung ausschließlich bzw. überwiegend über den Arbeitsbereich gewonnen wurden, wird nunmehr die Freizeit zum Lebensinhalt. Die Freizeit entwickelt sich immer mehr zur Konsumzeit. Vergleichbar mit der Steigerung der Produktivität im Arbeitsleben, versuchen die Deutschen ihre Konsumzeit zu steigern, immer mehr in der gleichen Zeit zu erleben. Der Schlüssel liegt in der Kombination der verschiedenen Konsumwünsche.[27]
Veränderungen bei den Wertvorstellungen führen gleichzeitig dazu, daß die Arbeit nur noch der Erhaltung (Erreichung) der ökonomischen Sicherheit dient. Anerkennung und Selbstbestätigung werden in der Freizeit gesucht und meist auch gefunden (Freyer 1990).[28]

Kennzeichen dieser Entwicklung sind (u.a. Freyer 1990):

- die Ich-Bezogenheit und Selbstentfaltung,
- ein gesteigertes Kommunikationsbedürfnis,
- ein gesteigertes Gesundheitsbewußtsein,
- die Lust- und Genußorientierung anstelle von Arbeit,
- die Alternativkultur,
- das gesteigerte Umweltbewußtsein.

---

[27]z.B. die Kombination von Urlaub und Sport, von Fitneßtraining und Kommunikation, von Golfen und geschäftlicher Verbindung (Opaschowski 1989).

[28]Freizeit ist mithin nicht mehr nur Erholungszeit (Pendant zur Arbeit), sondern vielmehr Zeit, in der man für etwas frei ist (Opaschowski 1990). Freizeit ist freie, aber nicht untätige Zeit. Auf der Suche nach dem Lebenssinn will sich der Mensch weiterbilden, sozial engagieren, sich als Individuum profilieren.

Mit steigendem Wohlstand hat sich in Deutschland innerhalb der privaten Konsumstruktur eine deutliche Verschiebung der Ausgabenanteile von den Grundbedarfsgütern zugunsten des sog. "gehobenen" oder "freien" Bedarfs ergeben.[29]

7.3.3 Sportliche Aktivitäten in der Gesellschaft

Der Zuwachs an Freizeit, der allgemeine Wertewandel, neue Formen des Freizeitverhaltens, die Monotonie der Arbeit und die Massenmedien haben die Entwicklung des Freizeitsports begünstigt. Immer mehr Menschen suchen Aktivitäten im Sport außerhalb der Vereine, in denen der organisierte Wettkampf kaum eine Rolle spielt.[30]

Neben den skizzierten extrem leistungsorientierten Werten kommt es zu einer lustorientierten und einer gesundheitspolitischen Funktionalisierung des Sporttreibens. Ursachen sind:[31]

- die Bindungsangst,[32]
- die Suche nach persönlichen Erfolgserlebnissen außerhalb der Arbeitswelt,
- der Individualitätskonsum,
- die Demonstration von Kondition und Leistungsfähigkeit,
- der Wohlbefindens-Anspruch (Wunsch nach Wohlfühlen und Selbstdarstellung zur Stärkung des Selbstwertgefühls).

Für den Sport bedeutet dies (Opaschowski 1989):

1. Aus Fitneß wird Wellness, körperliche Aktivierung in Verbindung mit seelischer Entspannung und geistiger Anregung (persönliches Wohlbefinden). Wellness ist Fitneß auf die sanfte Tour, die Körperübungen dürften spielerischer und tänzerischer werden.

---

[29] Seit 1982 steigen die Sportausgaben in Deutschland überproportional zur Entwicklung der gesamten Konsumausgaben (Freyer 1990).

[30] Einer Untersuchung von Opaschowski zufolge treiben 18 Prozent der Westdeutschen und 15 Prozent der Ostdeutschen selber aktiv Sport außerhalb von Vereinen oder kommerziellen Studios (Opaschowski 1991).

[31] Der Freizeitsport wird zum Ort gesellschaftlicher Individualisierungsprozesse (Freyer 1990).

[32] Gemeint ist damit das Desinteresse an traditionellen Bindungen und Verpflichtungen im Verein.

2. Probier-, Experimentier- und Risikofreude gehören heute kaum noch zum Berufsleben. Im Freizeitsport kann man dagegen noch sich selbst beweisen, neue Grenzerfahrungen sammeln.[33]
3. Die Sportlichkeit wird zum neuen Lebensgefühl, die Sensibilisierung für die eigenen körperlichen Fähigkeiten, das Sich-Wohlfühlen in der eigenen Haut. Sportlichkeit ist die Verkörperung von Gesundheit, Gelenkigkeit, Schlankheit und gutem (jugendlichem) Aussehen. Äußerliche Attraktivität gilt als Voraussetzung von sozialer Anerkennung, sowohl im Privat- als auch im Berufsleben.

Der zeitliche Schwerpunkt breitensportlicher Aktivitäten hat sich dabei in den letzten Jahren immer mehr in Richtung Wochenende und Urlaub verlagert als Folge des zu geringen sportlichen Angebots und der fehlenden landschaftlichen bzw. geländemäßigen Voraussetzungen zur Ausübung des Sports in unmittelbarer Wohnraumnähe.[34]

Für den Sport zeichnen sich damit folgende Trends ab (Opaschowski 1989, Freyer 1990):

- Die Sportausgaben werden weiter steigen.
- Mehr Freizeit erlaubt mehr sportliche Aktivität bzw. die Hinwendung zu neuen Sportangeboten.[35]
- Lustorientierung und neue Körperlichkeit bestimmen die neuen Formen des Freizeitsports.
- Die Tendenz zu Extremsportarten, extremen Ausdauersportarten[36] bzw. Abenteuersportarten[37] nimmt bei den Berufstätigen weiter zu.
- Der technische und medizinische Fortschritt schafft neue Trainingsgeräte und -angebote.

---

[33]Insbesondere die Männer favorisieren Abenteuersportarten wie Bergsteigen, Tauchen, Autorennen, Klettern, Mountain-Biking, Drachen- und Segelfliegen oder auch Fallschirmspringen (Opaschowski 1989).

[34]Die technisch und finanziell anspruchsvollen Formen des neuen Breitensports (Surfen, Tauchen, Drachenfliegen, Snowboarding, Mountain-Biking) konnten und können von den wenigstens Sportvereinen aufgrund ihrer traditionellen Angebots- und Organisationsstruktur aufgefangen werden.

[35] Der Breitensport hat sich nach Meinung von Freyer als Folge seiner Kommerzialisierung zum sog. Freizeitsport entwickelt (Freyer 1990).

[36]Die Suche nach den Grenzen der eigenen körperlichen Belastbarkeit scheinen bisher keine Grenzen zu kennen. Die klassische Ironman-Distanz im Triathlon oder auch der 100km-Lauf reichen den wahren "Extremisten" nicht mehr. Mittlerweile müssen es schon sog "Ultras" sein: z.B. Triathlons mit 10 km Schwimmen, 450 km Radfahren und 100 km Laufen, Bergläufe von 180 km Länge und mit 5000 Metern Höhendifferenz (Gerbert 1993).

[37]Die Pyrenäen-Abenteuerspiele am Cayon von Anisclo in der Sobrarbe, erstmals 1993 veranstaltet umfassen 15 Sportarten, darunter B.M.X- und Skateboardrennen, Fallschirmspringen, Gleitschirmfliegen, Bergläufe, Down-Hill-Rennen für Mountain-Biker etc. (Allgaier 1993).
Dazu zählt auch die Sportart "Canyonning, bei der sich die Teilnehmer schwimmend, springend, kletternd und rennend durch einen Canyon fortbewegen (Allgaier 1993).

- Die Bevölkerungsentwicklung weist auf eine Entwicklung zum Seniorensport hin, bei gleichzeitigen Problemen im Jugendbereich. Die Verstädterung hält an.
- Die Kommerzialisierung des Sports wird weiter zunehmen.
- Der Sport bleibt ein wichtiger gesellschaftlicher Faktor.

Der von Digel befürchtete dramatische Rückgang von Jugendlichen im Vereinssport aufgrund der verstärkten Hinwendung zu neuen, von den Vereinen nur selten angebotenen Sportarten wird in diesem Umfang sicherlich nicht eintreten (Digel 1991).[38] Viele Jugendliche werden sogar angesichts einer perspektivenlosen Arbeitswelt und eines von den Medien glorifizierten Sportlerlebens versuchen, ihren Sportstars nachzueifern und darüber den Zugang zu den professionalisierten, im Verein angebotenen Sportarten finden.

7.3.4 Konsequenzen für das Sportsponsoring

Gesponserte Sportveranstaltungen werden aufgrund eines entsprechenden persönlichen Interesses am Sport besucht bzw. die Übertragungen im Fernsehen angeschaut. Dieses persönliche Interesse am Sport und die positiven emotionalen Erlebnisse sorgen dafür, daß der Widerstand gegen die werbliche Beeinflussung vergleichsweise gering bleibt.[39]
Die Verschiebungen im Konsum- und Freizeitverhalten der Deutschen werden sich auch in den Sportsponsoringengagements der Unternehmen niederschlagen:

- Jugendliche dürften sich künftig neben den professionellen Sportarten Tennis und Fußball vor allem über die neuen Trendsportarten (Snowboarding, Mountain-Biking, Basketball und Football) ansprechen lassen.
- Sportstars werden wieder verstärkt von Sponsoren in der Werbung eingesetzt.
- Die Sportartikelindustrie wird verstärkt neue Sportstars zur Vermarktung spezieller Produktlinien einsetzen.
- Ausrüsterfirmen sponsern Extremsportveranstaltungen, um die Leistungsfähigkeit ihrer Produkte zu demonstrieren und zu dokumentieren.

---

[38] Der derzeitige Basketball-Boom stützt sicherlich nicht Digel`s These.

[39] Vgl. auch Hermanns/Drees zum Thema "Lernen mit geringem Involvement" (Hermanns, Drees 1990).

7.4 Die Umweltproblematik

7.4.1 Das Umweltbewußtsein in der Gesellschaft

Die Menschen suchen als Gegengewicht zu dem erlebnisarmen Berufsalltag in unseren Städten vermehrt intensive Erlebnisse in der Natur, häufig mit dem Wunsch nach Risiko und Abenteuer. Dementsprechend sind Sportarten wie Moutain-Biking, Tauchen, Kanufahren, Rafting oder auch Klettern derzeit voll im Trend.
Gerade das Eindringen in die oftmals noch weitgehend unberührte Natur führt zu starken Beeinträchtigungen der Lebensräume vieler Tier- und Pflanzenarten (Wilken 1993). Angesichts des zunehmenden Bewegungsmangels, vor allem bei der Arbeit, ist dieses Sporttreiben einerseits zu begrüßen, andererseits sollte man aber berücksichtigen, daß die mit dem Sport einhergehenden Umweltbelastungen langfristig dessen eigene Zukunft bedrohen können.

In den letzten Jahren hat sich unsere Gesellschaft hinsichtlich Umweltfragen verstärkt sensibilisiert.[40] Gewachsene Bewußtseins- und Anspruchshaltungen gegenüber der Wirtschaft, die Forderung der Verbraucher nach mehr Transparenz und Kontrolle sowie die Bereitschaft, Kritik und Widerspruch zu artikulieren, haben die Industrie in eine Art Legitimationszwang gebracht. Insbesondere die Chemie-, Pharmazie- und Automobilbranche geraten unter zunehmenden ökologischen Druck. Von ihnen wird aufgrund ihrer exponierten gesellschaftlichen Stellung die Übernahme sozial- und umweltbewußter Verantwortung verlangt und nicht nur die Bereitstellung von Dienstleistungen und Produkten.
Die Ökologie mit neuen umweltverträglicheren Produkten, ihrem Verzicht auf bekannte und bewährte Ware, dem Zwang zu grundsätzlichen Veränderungen der Verpackungen, strengen gesetzlichen Vorschriften hinsichtlich Ressourcenverbrauch und -recycling sowie neuen Logistiksystemen zwischen Handel, Industrie und Dienstleistungsbetrieben wird die Zukunft prägen (Tietz 1990).

7.4.2 Das Problem der Natursportarten

Immer mehr Sportarten finden in der freien Natur statt. Dadurch wird zwangsläufig der ökologische Kreislauf in vielen Regionen beeinflußt.[41] Vor allem die Natursportler dringen, durch

[40] Eine gemeinsame Repräsentativumfrage von Sport-Bild und der LBS ergab u.a., daß drei Viertel der Befragten sowohl unter den Naturschutz-Interessierten wie auch bei den Sportlern gegen eine weitere Erschließung von Skigebieten sind, und fast die Hälfte aller Befragten für die stärkere Nutzung öffentlicher Verkehrsmittel bei Großveranstaltungen sind (Quelle: Sportbild 25/92).

[41] Der Skitourismus mit seinen extra breiten Skipisten und Trabantenstädten.

eine entsprechende Werbung noch zusätzlich motiviert, in besonders reizvolle, naturnahe und entsprechend ökologisch labile Gebiete vor (Schulke 1990).
Der Wunsch des Einzelnen nach einer Sportausübung in naturnaher Landschaft und intensiven Erlebnissen ist aufgrund unserer alltäglichen Lebensbedingungen verständlich und vom gesundheitlichen Standpunkt aus auch zu begrüßen. Die Zunahme der Zahl der Sporttreibenden und die fortschreitende Differenzierung der Sportarten verursachen aber eine zunehmende Belastung von Natur und Umwelt.[42]

Sport und Bewegung sind vor allem dann gesundheitsfördernd, wenn sie in den Alltag integriert und regelmäßig ausgeübt werden. Voraussetzung ist eine gesunde Umwelt. Die Sportausübung wird allerdings häufig durch allgemeine Umweltbelastungen beeinträchtigt:

- Baden, Schwimmen, aber auch Surfen, Kanufahren und andere Wassersportarten werden durch Gewässerverschmutzungen stark beeinträchtigt.
- Joggen und Fahrradfahren in unseren Großstädten ist an manchen Tagen aufgrund hoher Ozonwerte eher ungesund.[43]

Neben ausreichenden wohnungsnahen Sportangeboten ist vor allem die stärkere Verbindung von Sport und Bewegung mit anderen Aktivitäten und Interessen von Bedeutung.[44] Die Verringerung vorhandener Umweltprobleme ist gerade unter dem Aspekt eines gesundheitsorientierten Sports eine vorrangige Aufgabe, die, von einigen positiven Ansätzen abgesehen, von den Sportorganisationen bisher noch weitestgehend vernachlässigt wird.

7.4.3 Die Umweltproblematik im Sport

Für die Beurteilung der von den Sportaktivitäten ausgehenden Umweltbelastungen ist das Merkmal der Dichte bzw. Frequenz/Intensität von Bedeutung. Je häufiger (zahlreicher) die Sporttreibenden pro Flächeneinheit auftreten, desto deutlicher sind in Abhängigkeit der ein-

---

42 Angesichts einer aggressiven und Umweltgesichtspunkte ausklammernden Werbe- und Verkaufspolitik von Sportartikelindustrie und -fachhandel, eines auf Leistung und Wettbewerb ausgerichteten Sportverständnisses, des Sporttourismus und einer von der Natur entfremdeten Lebensweise wird es nicht einfach sein, den Sporttreibenden von einem entsprechendem "Umweltbewußtsein" zu überzeugen (Schulke 1990).

43 Sport und Bewegung nutzen wenig, wenn ihre gesundheitlichen Wirkungen durch vorhandene bzw. zusätzliche, gerade auch durch die Sportausübung, entstehende Umweltbelastungen ins Gegenteil verkehrt werden.

44 z.B. die Einkaufstour oder der Besuch von Freunden mit dem Fahrrad.

zelnen genutzten Landschaftsräume (Wohnfeld, freie Landschaft, Schutzgebiete) Auswirkungen auf die Umwelt festzustellen (DSB 1991a).[45]
Im Einzelnen lassen sich folgende Auswirkungen der Sportausübung auf die Umwelt ausdifferenzieren (Cachay 1988):

- der Flächenverbrauch,[46]
- die Umweltverschmutzung,[47]
- die Belastung und Zerstörung ökologischer Lebensgemeinschaften,[48]
- die Lärmimmissionen.[49]
- der Energie- und Wasserverbrauch.[50]

Neben dem Wassersport, dem Motorsport und dem Alpinen Skisport gehören mittlerweile auch zahlreiche Modesportarten wie Rafting, Fallschirmspringen und Mountain-Biking zu den heiklen, die Umwelt stark beeinträchtigenden Sportarten.
Wo eine intakte Natur zum Sporttreiben nicht mehr zur Verfügung steht, bleibt dem Sport nur mehr der Weg in die Künstlichkeit, womit allerdings wesentliche Sinndimensionen des Sports verloren gehen dürften. Die Rücksichtnahme auf die Umwelt wird die Qualität und die Überlebenschance des Sports erheblich beeinflussen. Der Sport kann nicht gegen den gesellschaftlichen Strom schwimmen.[51]

---

45 Dazu zählen Boden, Wasser, Luft, Flora/Fauna und die Menschen.

46 Der Golfsport belastet die Umwelt durch seinen Landschaftsverbrauch nicht unerheblich, insbesondere wenn für die Anlagen nicht minderwertige Flächen benutzt werden, und/oder wenn dieses Land der Allgemeinheit als Erholungsgebiet durch Absperrung entzogen wird (Cachay 1988).

47 Umweltverschmutzung entsteht mittelbar aufgrund der Schadstoffemissionen durch den Besucherverkehr und den Abfall der Besucher im Rahmen von sportlichen Großveranstaltungen und unmittelbar bei der Ausübung sämtlicher Motorsportarten (Auto- und Motorradrennen, Autorallyes) (Hornauer 1990).

48 Gerade bei nicht anlagengebundenen Sportarten (Segeln, Surfen, Kajakfahren, Skifahren, Bergsteigen, Bergwandern, Mountain-Biking) werden ökologische Schutzgebiete belastet. Wassersportarten tangieren Verlandungs- und Uferzonen (Schilfgürtel), die als Standorte bedrohter Tier- und Pflanzenarten (Fischlaichplätze, Brutplätze von Vögeln) eine besondere ökologische Bedeutung haben. Oft kollidiert auch der Rhythmus der Natur mit dem Rhythmus des Sports. Der richtige Wasserstand für das attraktive Befahren von Wildwasser fällt mit der Brutzeit der Vögel zusammen. Der Einsatz von Schneekanonen verlängert die Skisaison und verkürzt gleichzeitig die Vegetationsdauer erheblich (Wilken 1993).

49 Lärm in oft nicht unerheblichem Maße entsteht bei den Sportveranstaltungen mittelbar durch an- und abfahrende Fahrzeuge der Besucher und unmittelbar durch die Veranstaltungen bei allen Motorsportarten.

50 Der Energie- und Wasserverbrauch durch Sportanlagen (Kunsteisbahnen, Schneekanonen).

51 Bereits seit 1985 gibt es beim Landessportbund Hessen eine Präsidialkommission Umwelt. In diesem Arbeitskreis Sport und Umwelt (AKSU) sitzen Vertreter des Sports, der Naturschutzverbände sowie der Ministerien für Umwelt, Landwirtschaft und Inneres. Ziel ist es, daß jeder Sportkreis und jeder Fachverband über einen Umweltschutzbeauftragten verfügt (Angaben des LSB).

Die wachsende Sensibilität der Gesellschaft für ökologische Fragen und Probleme dürfte auch die Sponsoren in einen gewissen Legitimationszwang bringen. Unternehmen, die sich ein ökologisches Image aufbauen wollen oder vielleicht schon bereits besitzen, werden bei der Auswahl ihrer Sponsoringengagements künftig viel stärker ökologische Gesichtspunkte berücksichtigen müssen, um hinsichtlich ihrer umweltpolitischen Bewußtseins nicht unglaubwürdig zu erscheinen. Der Sport ist gefordert, in Eigeninitiative bzw. in Zusammenarbeit mit aktuellen oder potentiellen Sponsoren entsprechende Konzepte zu entwickeln und umzusetzen.[52]

Die Berücksichtigung ökologischer Aspekte bei allen Planungsmaßnahmen ist nicht nur hinsichtlich der Standortwahl wichtig, sondern auch für die Konzentration der Sportaktivitäten in der Natur in möglichst belastbaren Landschaftsteilen (Wilken 1993).

Entsprechende Möglichkeiten ergeben sich durch

- eine veränderte Weg- oder Loipenführung,
- die Kontingentierung von Sportmöglichkeiten,[53]
- die Reduktion der Verkehrsbelastungen durch Errichtung von Sporträumen in Wohnraumnähe, die Anbindung an das öffentliche Verkehrssystem oder auch die Erweiterung der Sportgeräteausleihe in den Urlaubs- und Naherholungsorten (Wilken 1993).

Die Umweltbelastungen durch den Sport können jedoch nur dann nachhaltig reduziert werden, wenn der Sport wieder stärker in den Alltag integriert wird. Attraktive Radwegnetze, vielseitig nutzbare Grünflächen und Spielstraßen ermöglichen beispielsweise einen mit Bewegung geprägten Alltag und verringern damit sowohl den Bedarf an immer spezielleren Sportstätten als auch den Erholungsdruck auf die Natur. Solange jedoch Umweltverschmutzung und Gewässerverunreinigungen in Wohnraumnähe die Sportausübung zu einer Gesundheitsgefahr werden lassen, wird der Drang in die noch unverbrauchte Natur jedoch eher noch zunehmen (Wilken 1993).

[52] Der 1. FC Kaiserslautern hat Anfang 1992 einen Ökologieausschuß in Leben gerufen, der sich mit allen Umweltschutzfragen in und um das Stadion beschäftigt und Vertreter von Land, Stadt, Kommune und Wirtschaft angehören. Ein erster Erfolg dieser Bemühungen war die Auszeichnung des Fritz Walter Stadions 1992 als umweltfreundlichstes Stadion der Bundesliga vom Bundesumweltministerium. Schwerpunkte des derzeitigen Umweltschutzkonzeptes, das in Zusammenarbeit mit der Karlsberg-Brauerei umgesetzt wird, sind u.a. das Trinkbecher-Recycling, ein aufwendiges Park & Ride System sowie die Verwendung von Umweltpapier bei sämtlichen Vereinspublikationen (Unterlagen der Pressekonferenz des 1. FC Kaiserslautern Nov. 92).

[53] z.B. die begrenzte Ausgabe von Tagesskipässen.

7.4.4 Konsequenzen für das Sportsponsoring

Der Umweltschutz zählt aus Sicht der Bevölkerung zu den wichtigsten gesellschaftspolitischen Herausforderungen unseres zu Ende gehenden Jahrhunderts. Wesentliche Voraussetzung für ein Unternehmen, ein entsprechendes Umweltimage aufzubauen, ist die Glaubwürdigkeit des Unternehmens und seines Engagements.
Das Sponsoring von Sportarten bzw. Sportveranstaltungen mit umweltbelastenden Auswirkungen, wie z.B. der Motorrennsport, der Alpine Skilauf oder auch die zahlreichen jungen Sportarten (Snowboarding, Mountain-Biking, Rafting), kann sich für umweltbewußte Unternehmen gerade unter strategischen Gesichtspunkten leicht zum Bumerang entwickeln.
Umweltbewußte Unternehmen sollten künftig ihre Sportsponsoringengagements einer genauen Umweltverträglichkeitsanalyse unterziehen. Die meisten Sportunternehmen sind angesichts fehlender finanzieller Mittel und eines unzureichenden ökologischen Know-hows nicht in der Lage, ökologische Projekte eigenständig zu initiieren.
Unternehmen bietet sich die Möglichkeit, gesellschaftliche Verantwortung zu dokumentieren, indem sie gemeinsam mit Sportunternehmen umweltverträgliche Aktionen im Umfeld von Sportveranstaltungen initiieren bzw. zum umweltverträglichen Sporttreiben mit entsprechenden Aktionen animieren.[54]

7.5 Sport und Gesundheit

7.5.1 Sport und Arbeit

Mit der weiteren Verschiebung der Beschäftigung geht der industrielle Charakter der Arbeit immer mehr verloren. Arbeitsvollzüge am Schreibtisch und am Computer werden noch weiter zunehmen.[55] Die fortschreitende Computerisierung führt langfristig zu einer Zunahme der elektronischen Heimarbeit (Wagner 1990).[56]
Gleichzeitig geht die Verkürzung der Arbeitszeit mit einer "Verdichtung" der Arbeit einher, da die Produktivität zum Erhalt der für eine Exportnation wie Deutschland wichtigen internationalen Wettbewerbsfähigkeit immer mehr gesteigert werden muß.

---

[54]Problematisch dürfte sich die Ansprache der großen Anzahl der nicht organisierten Sportler und Sportlerinnen gestalten.

[55]Der menschliche Körper, der seiner Konstruktion und Veranlagung nach noch immer den motorischen Erfordernissen des Jägers und Sammlers entspricht und die Erfüllung derselben für den Erhalt seiner Funktionsfähigkeit benötigt, ist in der Arbeitssphäre und im Alltag kaum mehr gefordert (Norden, Schulz 1988).

[56]"Telearbeit, distance working" (Tietz 1990).

Gesundheitliche Probleme für den einzelnen Arbeitnehmer sind die unmittelbare Folge (Wagner 1990).
Der Sport wird im Arbeitsleben eine immer größere Rolle spielen. Sport am Arbeitsplatz und Betriebssport dienen der Regeneration und der Reduzierung der Ausfallzeiten.

7.5.2 Das Gesundheitsbewußtsein

Die Gründe für die zunehmende gesundheitliche Belastung liegen vorwiegend in den alltäglichen Lebensumständen: Arbeit, Freizeit, Wohnen, Verkehr, Ernährung sowie zunehmende Umweltverschmutzung und Lärmbelästigung (Schulke 1990).
Die Menschen leben heute bewußter als noch vor zwanzig Jahren. Das Wissen um die Zusammenhänge zwischen Lebensführung, Gesundheit und Wohlbefinden ist auf allen Gebieten gewachsen. Gesundheit ist vor allem eine Frage der "guten Figur", der gesunde Körper ist zum Markenartikel geworden. Gesundheit ist heute mehr denn je Ausdruck unseres täglichen Umgangs mit unserem Körper, unseren Gedanken und Gefühlen, unserer Umwelt und unseren Mitmenschen (Schulke, Fietze, Mahltig, Scharf 1992).

Hochleistungssport und Gesundheitsbewegung lassen sich nur schwer miteinander in Einklang bringen. Die Förderung sportlicher Höchstleistungen wird durch Überlastung von Muskeln und Gelenken, der Ausgrenzung aus dem alltäglichen sozialen Lebenszusammenhängen, einer problematischen Ernährungsstimulation bzw. der medikamentösen Substitution geprägt. Engagierte Wettkämpfe und ein darauf vorbereitendes Training führen häufig zu schmerzhaften Kontakten mit dem Gegner, dem Sportgerät und der Sportstätte. Das Resultat ist ein erhöhtes Unfall- und Verletzungsrisiko.

Im Spitzensport ist also die Gesundheit nicht das Ziel sondern die Voraussetzung. Die Gesundheit wird extrem belastet, oft gefährdet und nicht selten im Training und Wettkampf geschädigt. Der Spitzensport ist stets ein Balanceakt zwischen Gesundheit und Überbelastung (Schulke 1990).

7.5.3 Konsequenzen für das Sportsponsoring

Zwischen Sport und Gesundheit besteht eine komplexe ökonomische Beziehung, die sich noch intensivieren wird:

- Unter dem Aspekt der Volksgesundheit und der Präventivmedizin erweist sich der Breitensport als gutes Werbemedium für Krankenkassen und Versicherungen.[57]
- Hersteller von Sportprodukten und -geräten werden dieses Werbemedium nutzen.[58]
- Unternehmen können gegenüber den eigenen Mitarbeitern durch entsprechende Sportangebote in Zusammenhang mit diesem Sponsorship für Akzeptanz sorgen bzw. präventiv im Sinne des Sporttreibens animieren.

7.6 Veränderungen im Sport

7.6.1 Die zunehmende Professionalisierung

Die Professionalisierung des Sports wird in Deutschland weiter vorangehen. Neue Konzepte hinsichtlich der Finanzierung und Vermarktung müssen entwickelt und umgesetzt werden. Zu den notwendigen organisatorische Veränderungen zählen:

- die Einstellung hauptamtlicher Mitarbeiter in den Bereichen Öffentlichkeitsarbeit, Marketing, Verwaltung und Finanzen,
- die Überführung der Profi-Abteilungen in Kapitalgesellschaften,
- ein hauptamtlicher Vorstand,
- die Gründung von Interessensvertretungen der Sportler.[59]

Mögliche inhaltliche Veränderungen/Entwicklungen sind:

- die eigenständige Vermarktung der professionellen Liga,
- die Vergabe von Lizenzen an internationale Nachfrager,
- die eigenständige Vermarktung der Fernsehrechte.

Umfang und Geschwindigkeit dieser Professionalisierungstendenzen werden nicht unwesentlich vom internationalen sportlichem Erfolg, vom Auftreten der einzelnen Sportler sowie dem damit einhergehenden Interesse der Medien abhängig sein.

---

[57]Die Behauptung vom gesundheitswirksamen und kostensparenden Sport kann nach Schulke zum Bumerang mit Langzeitwirkung für den Staat (Krankenkassen, Versicherungen) werden. Herz-Kreislauf-Erkrankungen werden nicht nur durch Bewegungsmangel verursacht, Allergien durch eine verstärkte Schweißbildung eher noch verschärft (Schulke 1990).

[58]Die "Produktfitneß" erweist sich dabei als Verkaufsschlager.

[59]Im Bereich des Profi-Fußballs und des Eishockeys existieren mit der Vereinigung der Vertragsfußballer (VDV) und der Vereinigung der Eishockeyspieler (VDE) bereits derartige Interessensvertretungen (Klein 1992).

7.6.2 Der Einstieg kommerzieller Unternehmer in den Sport

Bislang hat der Sport über seine Organisationen die Produkte und Dienstleistungen in Eigenregie produziert. Das Investitionsrisiko in eine Sportkarriere lag damit fast ausschließlich bei den Sportverbänden und -vereinen. Die Wirtschaft und der Sportler gingen kein (wesentliches) finanzielles Risiko ein. Im Gegenteil, sie nutzten im Falle des sportlichen Erfolges die sich daraus ergebenden finanziellen Möglichkeiten (Haase 1991).

Kommerzielle Unternehmen werden künftig in den kommerziellen Individualsportarten verstärkt in hoffnungsvolle Sportstars investieren, d.h. auf eigene Rechnung deren sportliche Ausbildung finanzieren, um im Falle eines späteren sportlichen Erfolges an den Werbeverträgen und Siegprämien zu partizipieren.

Die kommerziellen Unternehmen lösen sich damit von den eigentlichen Produzenten der sportlichen Leistung. Die kostenintensive sportliche Grundförderung, die bisher vom Verein bzw. vom Staat gemäß dem Subsidiaritätsprinzip übernommen wurde, wird damit zum Gegenstand kommerzieller Verwertung. Hier müssen Regelungen getroffen werden, die zumindest eine partielle Rückzahlung der in Anspruch genommenen Leistungen im Falle eines späteren kommerziellen Erfolges vorsehen.

7.6.3 Die Vereine auf dem Weg zum Dienstleistungsunternehmen

Die Ausdifferenzierung des Breitensports gegenüber dem Spitzensport wird immer deutlicher. Der Breitensport spricht nicht nur ganz andere Bevölkerungsgruppen (sportlich weniger begabte Menschen, soziale Randgruppen etc.) an, sondern er wird auch weiterhin eigenständige Formen und Inhalte entwickeln. Dazu zählen u.a. die Natursportarten (und Trendsportarten) wie Mountain-Biking, Snowboarding, die in der Regel in zwangloser Geselligkeit und Kommunikation vollzogen werden.[60]

Die einkommensstärkeren Bevölkerungsgruppen trimmen sich in kommerziell ausgerichteten Sportstudios. Die Freizeit- und Unterhaltungsindustrie wird versuchen, durch neue Angebote

[60] Der Breitensport braucht nicht mehr als Rekrutierungsfeld für den Spitzensport legitimiert zu werden (sog. Pyramidenmodell), sondern er strahlt in seiner wachsenden Eigenständigkeit und Vielfalt auf den Spitzensport zurück: er bildet gewissermaßen einen kritischen Spiegel gegenüber der derzeitigen Realität des Spitzensports und fordert nach Ansicht von Schulke allein durch seine Existenz zu der Frage heraus, wie der Spitzensport zum Ziel "Sport für alle" beitragen kann (Schulke 1990).

sportliche Bedürfnisse zu wecken, umzustrukturieren oder sie mit zusätzlichen Attributen zu versehen.[61]

Die neuen Trendsportarten haben sich außerhalb des Vereinswesens entwickelt. Anhänger dieser Sportarten sehen aufgrund des fehlenden bzw. unzureichenden Angebots von Vereinsseite keine Notwendigkeit, zur Ausübung ihrer Sportart einem Verein beizutreten. Die Vereine müssen lernen, wenn nicht auch künftige Sportentwicklungen an ihnen vorbeilaufen sollen, sich wie Wirtschaftsunternehmen am Bedarf der Konsumenten zu orientieren. Das "Monopol" zur Sportausübung haben die Vereine spätestens mit dem Eintreten der ersten kommerziellen Sportanbieter verloren.

Für den Verein eröffnen sich damit eine Vielzahl von Möglichkeiten:[62]

- Sportangebote für Nichtmitglieder,
- Verkauf von Vereinsaccessoires,
- Veranstaltung von Sportreisen,
- Veranstaltung von Trainingscamps.

Die Ausübung des Spitzensports wird sich schwerpunktmäßig immer mehr auf die medienattraktiven Sportarten konzentrieren.

7.6.4 Globalisierungstendenzen im Sport

National weitgehend gesättigte Märkte veranlassen die National Football League (NFL) und die National Basketball Association (NBA) den europäischen und asiatischen Markt für ihre Sportart und ihre Produkte zu erschließen. Der amerikanische Markt ist hinsichtlich Zuschauerzuspruch, Übertragungsrechten und Fanartikelverkauf weitgehend ausgereizt.[63] Die Professional Leagues erhoffen sich durch den Export ihrer Sportart nach Europa nicht nur

[61] Die ursprünglichen Werte des Sports sowie auch die soziale Komponente der kostengünstigen Sportausübung können von kommerziellen Anbietern nicht berücksichtigt werden (Schulke 1990).

[62] Haase hat den Wandel der Vereine zu Dienstleistungsunternehmen in wenigen Punkten zusammengefaßt (Haase 1991):

- Gewinnmaximierung statt Gemeinnützigkeit,
- Professionalisierung anstelle von Ehrenamtlichkeit,
- Marketing anstelle von Selbstbestimmung,
- Dienstleistungsmentalität anstelle Mitgliederorientierung.

[63] Die Hallenkapazitäten bei den NBA-Spielen sind zu über 95 Prozent ausgelastet, die Erlöse aus Übertragungs- und Lizenzrechten mit über 1 Milliarde Dollar in der Saison 1993/94 weitgehend ausgereizt (Schulte 1993).

neue Fans, sondern mittel- bis langfristig neue lukrative Fernsehverträge, zusätzlich Werbeeinnahmen und neue Absatzmärkte für die Fanartikel (Bowy, Knitter, Rosenstein 1992).

- Mit Hilfe einer gezielten PR-Kampagne der NBA wurde der Auftritt der amerikanischen Basketball-Nationalmannschaft zum medialen Top-Ereignis der Olympischen Sommerspiele 1992 in Barcelona.[64] Der NBA gelang es im Anschluß an diese Sommerspiele zahlreiche Verträge mit europäischen Fernsehanstalten über Übertragungsrechte von den NBA-Spielen abzuschließen (Schulte 1993).[65]

- Der erste Versuch der NFL, eine sog. World League im American Football (WFLA) aufzubauen, wurde nach zwei relativ erfolglosen Jahren Ende der Saison 1992/93 vorerst auf Eis gelegt. Die Eigentümer der 20 amerikanischen NFL-Teams waren nicht bereit, die entstandenen Verluste bei den europäischen Mannschaften noch länger zu tragen (Kazda 1993_1).[66]

- Der Welt-Fußballverband versucht mit Hilfe der Vergabe der Fußball-Weltmeisterschaft 1994 nach Amerika und 2002 nach Japan den Grundstein für die Gründung von professionellen Fußball-Ligen in den beiden Ländern zu legen und damit neue, konsumfreudige Märkte zu erschließen.

Vor allem die Jugendlichen in den betreffenden Ländern sollen für diese "neuen" Sportarten begeistert werden und zwar mit Hilfe von

- attraktiven Turnieren, Freundschaftsspielen etc. von Spitzenteams aus den Heimatländern,
- Fernsehübertragungen von den nationalen Profiligen,
- Angeboten im Bereich des Jugendtrainings,
- dem Aufbau einer nationalen, europa- oder weltweiten Liga.

---

64 Erstmals durften bei einem olympischen Basketballturnier Profis teilnehmen. Der NBA gelang es, sämtliche Stars für eine Teilnahme an den Olympischen Spielen zu gewinnen und diese Mannschaft geschickt als sog. "Dream Team" medienmäßig zu vermarkten (Schulte 1993).

65 In Deutschland mit SAT.1 und dem DSF

66 Mit Ausnahme der Frankfurt Galaxy arbeitete kein Team dieser World-League kostendeckend. Zudem blieben die Einschaltquoten bei den Live-Übertragungen in Amerika trotz der Sommerpause der NFL weit hinter den Erwartungen zurück (Kazda 1993_1).

7.6.5 Beschleunigte Sportentwicklung

Die Kommerzialisierung des Sports führt dazu, daß die Sportberichterstattung und die Sportausübung sich immer mehr zu einer spektakulären Show entwickelt. Die werbewirksame Verkleidung der Veranstaltung tritt immer stärker in den Vordergrund. Wettkampfform und -gestaltung werden gezielt auf die Bedürfnisse der Konsumenten zugeschnitten:

- Natursportarten werden in die Halle geholt.[67]
- Neue Veranstaltungen werden zur Überbrückung von saisonalen Pausen ins Leben gerufen.[68]
- Neue Turnierserien werden gegründet,[69]
- Neue Sportarten werden kreiert bzw. neue Bedürfnisse geweckt.

Der kommerzielle Erfolg von Sportarten und einzelnen Sportunternehmen wird immer mehr von sog. Identifikationsfiguren abhängen. Die Sportartikelindustrie und die Verbände werden sich, tatkräftig von den Medien unterstützt, immer intensiver im eigenen kommerziellen Interesse um den Aufbau und die Pflege solcher Stars bemühen.

7.6.6 Konsequenzen für das Sportsponsoring

Mit diesen aufgeführten Veränderungen eröffnen sich den Sponsoren zunächst einmal eine Vielzahl neuer Sponsoringmöglichkeiten und -perspektiven:

- Das Sponsoring von Trendsportarten ermöglicht eine wesentlich genauere Ansprache der jugendlichen Zielgruppe.
- Vor allem die typischen amerikanischen Sportarten Football und Basketball sowie das Snowboarding und Mountain-Biking sprechen den Zeitgeist der Jugendlichen an. Insbesondere die beiden erstgenannten Sportarten eignen sich für amerikanische Unternehmen, die aufgrund des EG-Binnenmarktes auf dem europäischen Markt einsteigen wollen.
- Internationale Unternehmen werden verstärkt globale Sportarten und -unternehmen für ein länderübergreifendes Sportsponsoring nutzen.
- Sportstars werden verstärkt in der Werbung von Sponsoren und Sportartikelunternehmen eingesetzt.

[67] u.a. Segeln, Windsurfing, Mountain-Biking.

[68] im Fußballsport: die Hallenmasters in der Winterpause, der Fuji-Cup in der Sommerpause.

[69] z.B. die "PJA-Serie" der Reiter.

Die Gefahr besteht, daß sich die Unternehmen durch die zunehmende Kommerzialisierung gleichzeitig genau das am Sport zerstören, was den Sport ursprünglich für ihre kommunikativen Zwecke so interessant gemacht hatte: den authentischen, spannenden, leistungsbezogenen und fairen Sport.

7.7 Die Entwicklungsperspektiven der Werbung

7.7.1 Reduktion der Zielgruppenerreichbarkeit

Die Überflutung der Konsumenten mit Werbebotschaften und -informationen jeglicher Art wird immer mehr dazu führen, daß werbliche Informationen allenfalls überflogen oder bewußt selektiv gelesen werden.
Die Sympathie für Werbung nimmt weiter ab.[70] Damit wird die Bestrebung des Fernsehzuschauers, Fernsehwerbekontakte zu vermeiden, weiter zunehmen. Im wesentlichen lassen sich dabei folgende Phänomene feststellen:

- die geistige Abwesenheit bei Werbeeinblendungen,
- die physische Abwesenheit bei Werbeeinblendungen,[71]
- das Umschalten des Programms bei Werbeeinblendungen (Multioption des Programmangebots, Bedienungskomfort durch Fernbedienungen),
- das Abspielen von Videoaufnahmen ohne Werbung (schnelles Vorspielen, Herausschneiden der Werbung bei der Aufnahme),
- die Auswahl werbefreier Sender (z.B. Pay-TV, Pay per view) (Brokhoff, Dobberstein 1989).[72]

Untersuchungen aus den USA belegen, daß die Werbung zwischen zwei Sendungen tendenziell am höchsten vom Zapping betroffen ist. Die Wahrscheinlichkeit, daß es zu einem Werbekontakt kommt, sinkt in diesem Zeitraum erheblich. Hinzu kommt, daß in Deutschland die Kennzeichnung der Werbung als solche im Rundfunkstaatsvertrag festgeschrieben ist.

[70]Erhebungen der Verbraucheranalyse zufolge sahen 1993 nur noch 53 Prozent der Westdeutschen und 30 Prozent der Ostdeutschen Werbung als hilfreich für die Kaufentscheidung an (o.V. 1993$_{18}$).

[71]Eine amerikanische Studie aus dem Jahr 1984 ergab, daß zu Beginn eines Werbeblocks sich fast 50% der Zuschauer nicht mehr im Raum befinden oder auf ein anderes Programm umgeschaltet haben (Tostmann 1989).

[72]In der Deutschland ist das derzeit der Abonnementsender "Premiere".

Gerade bei Live-Übertragungen von Mannschaftssportarten hat die Pause eine feste, dem Zuschauer meist bekannt Länge, die es ihm ohne nennenswerten Informationsverlust erlaubt, sich während dieser Spielpause anderweitig zu beschäftigen.
Es werden künftig deshalb verstärkt sog. integrierte Werbeformen gefragt sein, die es dem Zuschauer schwermachen, zwischen Werbung und Programm zu unterscheiden.

Die Markt- und Produktdifferenzierung nimmt weiter zu. Die Segmentierung der Märkte nach demographischen und psychologischen Kriterien wird immer genauer möglich sein. Insbesondere bei der Segmentierung nach Lebensalter, psychologischer Einstellung, Lebensstil oder auch Beruf kann der Sport aufgrund seiner vielfältigen Ausprägungen eine relativ exakte Zielgruppenansprache unter Vermeidung von großen Streuverlusten ermöglichen.

7.7.2 Reduktion der Werbemittel-Kontaktintensität

Einer amerikanischen Studie zufolge wird sich allein die Zahl der Werbemittel bis zur Jahrtausendwende noch einmal fast verdoppeln (Tostmann 1989). Die wachsende Werbedichte wird den Zuschauer kaum dazu bewegen, intensiver zuzuhören oder zuzuschauen. Im Gegenteil, sein gedankliches Involvement mit der Werbebotschaft dürfte dadurch noch punktueller, oberflächlicher und sporadischer ausfallen.

Die wachsende Zahl von Fernsehsendern und -programmen mit befriedigender Reichweite erschwert zudem die mediastrategische Erfassung des definierten Zielgruppenpotentials für ein spezifisches Produkt:

- Je mehr Fernsehprogramme es gibt, desto schwieriger wird es, Zuschauer an ein Programm oder einen Fernsehspot zu binden.
- Fernsehspots werden zunehmend schwerer zum Zuschauer durchdringen (Tostmann 1989).

7.7.3 Zunahme der Werbeflut

Für das nächste Jahrzehnt muß mit einer enormen Zunahme der Werbeinformationen gerechnet werden. Die Globalisierung der Märkte, die Internationalisierung vieler Unternehmen, die hohen Lohnkosten, die wachsende Konkurrenz durch Unternehmen aus Amerika und Japan sowie aus heutigen "Schwellenländern" verschärfen den Kampf um Marktanteile in Deutschland bzw. im europäischen Binnenmarkt.

Zenith Media Worldwide prognostiziert in der Studie "Television to the Year 2003" für ganz Europa ein reales Wachstum der TV-Ausgaben um 81 Prozent auf mehr als 31 Milliarden Dollar.[73] Die Fernsehwerbung würde auf Basis dieser Prognose einen Marktanteil von 32 Prozent erreichen (Löhmer 1993).

In den USA existieren bereits sog. TV- Kaufhäuser, das sind Fernsehprogramme, deren Inhalt im wesentlichen aus dem Anpreisen von Waren besteht. Mit Hilfe der im Aufbau befindlichen "interaktiven" Fernsehtechnologie wären dann künftig die Bestellung über Knopfdruck der Fernbedienung des häuslichen Fernsehers möglich (o.V. 1993_3).

Die Kommunikationsbedingungen haben sich in den letzten Jahrzehnten dramatisch verändert. Dabei sind nach Kroeber-Riel insbesondere folgende Trends zu beobachten (Kroeber-Riel 1993, Zentes 1988):

1. Information-Overload: Die Informationsüberflutung führt zu einer verringerten Werbewirkung.[74]
2. Gesättigte Märkte: Die Austauschbarkeit der Produkte - Produkte und Dienstleistungen weisen keine und/oder nur geringe Qualitätsunterschiede auf - verlangt eine kommunikative Produktdifferenzierung.
3. Lebensorientiertes Kaufverhalten: Die Konsumenten wählen die angebotenen Güter nach ihrem Beitrag zu ihrem persönlichen Lebensstil aus. Die durch Produkte und Dienstleistungen vermittelten Konsumerlebnisse spielen dabei eine Schlüsselrolle.

Daraus ergeben sich folgende Konsequenzen für die Kommunikationspolitik der Unternehmen (u.a. Kroeber-Riel 1993, Schürmann 1990, Böhme-Kost 1989):

- Die Aktualität des Angebots tritt anstelle der Produktinformation.[75] Aktualität ist eine notwendige, bei geringem Käuferinvolvement sogar hinreichende Bedingung für das Kaufverhalten.[76]

[73] Diese Gesellschaft ist eine hundertprozentige Tochter der Werbeagentur Saatchi & Saatchi (Löhmer 1993).

[74] Untersuchungen von Kroeber-Riel ergaben, daß mehr als 95 Prozent der dargebotenen Werbeinformationen von den Rezipienten nicht berücksichtigt werden (Kroeber-Riel 1993).

[75] Aktualität bedeutet die gedankliche Verfügbarkeit eines Angebots beim Käufer, so daß dieses Angebot in der Kaufsituation als eine der wahrgenommenen Alternativen in die engere Wahl genommen wird (Kroeber-Riel 1993).

[76] Untersuchungen von Kroeber-Riel ergaben, daß der Konsument die Austauschbarkeit der dargebotenen Dienstleitungen und Produkte sehr genau wahrnimmt und entsprechend die Informationen über die (austauschbare) Qualität des Angebots für überflüssig hält (Kroeber-Riel 1993).

- Firmen und/oder Marken müssen stärker profiliert werden, ein eigenständiger Auftritt muß in Form von langfristig wirksamen Sach- und Erlebnisprofilen gesucht werden.
- Werbeinnovationen können langfristig eigenständige Firmen- und Markenprofile aufbauen helfen.
- Die Glaubwürdigkeit einer Werbebotschaft, ihr realer Bezug zum wirklichen Leben ist unverzichtbar (Böhme-Köst 1989).
- Marken und Firmen, die mit klaren inneren Bildern verbunden werden, erreichen eine besondere Dynamik und Durchsetzungskraft am Markt.
- Nur die integrierte Kommunikation ermöglicht die Erzeugung konsistenter Eindrücke. Eine formale, inhaltliche und zeitliche Abstimmung der vermittelten Eindrücke bewirkt eine stärkere Werbewirkung.[77]

7.7.4 Konsequenzen für das Sportsponsoring

Die Wirtschaftsunternehmen müssen nach Möglichkeiten suchen, die Werbewirkung ihrer Kommunikationsinstrumente zu steigern.
Dazu muß die Werbeantipathie beim Konsumenten gesenkt oder umgangen werden. Als Konsequenz ergibt sich u.a. die Suche nach integrierten Werbeformen, die es dem Zuschauer schwermachen, Werbung und Programm zu unterscheiden, sich also der Werbung bewußt zu entziehen. Dazu zählen das Product Placement, Banden- und Trikotwerbung, Moderatorenwerbung, das Patronat der Fernsehuhr oder des Wetterberichtes, Live-Durchsagen oder die Sponsorschaft von Sportveranstaltungen oder -übertragungen (Brokhoff, Dobberstein 1989).
Eine Studie der deutschen MC Sponsoring Corporation GmbH ergab, daß dem Sponsoring bei der Überwindung dieser Kommunikationsschranken von den Unternehmen dabei eine entscheidende Funktion zugebilligt wird (Mussler 1992).[78]

Den traditionellen Sportsponsoringformen, also der Trikot- und Bandenwerbung, kann sich der Zuschauer auch künftig bei Sportübertragungen nicht bewußt entziehen. Die Effektivität der Werbewirkung solcher unterschwelliger Kommunikationsformen ist bewiesenermaßen

[77]Die integrierte Kommunikation kann verhaltenswissenschaftlich als Lernkonzept bezeichnet werden (Kroeber-Riel 1993).

[78]Unter acht verschiedenen Kommunikationsinstrumenten belegt Sponsoring bedeutungsmäßig Rang 3, hinter dem Direct Marketing und dem Produktdesign, aber vor der PR, der Verkaufsförderung, dem Product Placement, der klassischen Werbung und dem Messemarketing (Mussler 1992).

derzeit deutlich geringer als bei den klassischen Kommunikationsformen.[79] Angesicht der weiter steigenden Werbeantipathie und des gleichzeitig weiter bestehenden großen Interesses am Sport kann das Sportsponsoring gerade bei einem langfristigem und kontinuierlichem Einsatz in Abstimmung mit den klassischen Werbemedien eine beachtliche Markenpenetration und auch Imagedynamisierung bewirken. Insbesondere aufgrund des positiven Umfeldes des Sports und der bisherigen Akzeptanz der Werbung im Sport erscheint das Sportsponsoring bei strategischer Ausrichtung geradezu prädestiniert, dieser Kontaktproblematik entgegnen zu können.

7.8 Die Entwicklung der Medien

7.8.1 Programmgestaltung und Berichterstattung

Die neuen TV-Sender versuchen ihr geringes Werbeaufkommen mit effektiver Reichweite, einem attraktiven und aktuellen Fernsehprogramm sowie durch attraktive Sportübertragungen zu erhöhen. Zahlen aus Italien belegen, daß mit der Erweiterung des Fernsehprogramms neue kleinere werbungstreibende Anbieter angesprochen werden. Seit der Liberalisierung des italienischen Fernseh- und Rundfunkmarktes hat sich der Kreis der "fernsehwerbenden" Unternehmen deutlich erhöht.[80]
Von den Medien werden auch künftig nur die sportlich interessantesten Veranstaltungen übertragen, die entsprechende Einschaltquoten und Werbeeinnahmen garantieren (Henze 1991).[81]

7.8.2 Die technische Entwicklung der Fernsehmedien

Werbemanager erwarten, daß im Zuge der technischen Entwicklung bei den Kommunikationsmedien bald eine genaue Erfassung der tatsächlichen Reichweite der jeweiligen Sendung bzw. der Werbespots möglich sein wird. Die Werbespotpreise könnten dann auf der Basis der

---

[79]Es ist damit zu rechnen, daß die Kontakteffektivität bei Sportübertragungen eher noch etwas abfällt, weil aufgrund neuer Kamerapositionen mit verschiedenen Zeitlupenaufnahmen von spielentscheidenden Szenen noch stärker vom sportlichen Geschehen in den Bann gezogen wird und ruhende Kamerapositionen eher die Ausnahme sein werden.

[80]Nutzten bis 1976 ca. 500 bis 800 Unternehmen die Fernsehwerbung, so belief sich Ende der 80er Jahre der Kundenstamm des größten Privatsenders Publitalia auf knapp 2.000 Unternehmen (Tostmann 1989).

[81]RTLplus verzichtete aufgrund der geringen Einschaltquoten bei den Übertragungen der Gruppenspiele im Cup der Landesmeister auf sein vertragliches Live-Übertragungsrecht nach dem zweiten Gruppenspieltag.

tatsächlichen Reichweite errechnet werden (Tostmann 1989).[82] Für den Sport könnte das dann gleichfalls die Abkehr von festen, einschaltquotenunabhängigen Preisen für die Übertragungsrechte bedeuten. Damit werden auch die Sportunternehmen in die Verantwortung genommen, sich um eine zuschauerattraktive Darstellung ires Outputs zu bemühen.
Die weiter zunehmende "fernsehgerechte" Aufarbeitung der Sportereignisse soll dem Zuschauer einen neuen, noch interessanteren, fesselnderen Eindruck von dem Sportereignis vermitteln. Zeitlupeneinstellungen, neuartige Kameraführung und Kamerapositionen erzeugen eine Dimension des sportlichen Anlasses, die mit der sportlichen Realität im Stadion immer weniger gemeinsam hat (o.V. 1993_1). Der Fernsehzuschauer wird durch die Entwicklung neuer technischer Übertragungssysteme den sportlichen Wettkampf künftig aus einer ganz anderen Perspektive erleben können..[83]
Neue Übertragungstechniken, die die Übertragung von mehreren hundert Fernsehkanälen ermöglichen, befinden sich bereits in Amerika in der Planung bzw. in der Erprobung.[84]

7.8.3 Die Renaissance des Radios

Experten erwarten bis zum Jahre 2000 eine deutliche Verschiebung und Gewichtsverlagerung im Medienkonsum. Der Fernsehkonsum dürfte in Deutschland mittlerweile einen Sättigungsgrad erreicht haben (Schürmann 1990).
Die Tendenz geht eindeutig zum Radio.[85] Als mobiles Freizeitmedium kann es zu jeder Zeit an jedem Ort gehört werden. Es stört nicht die Kommunikation, sondern unterstützt noch den Freizeitdrang durch seine Mobilität.[86]

[82]Die Fernsehanstalten müßten nur noch einen Grundpreis für alle Sendungen auf der Basis von 1000 Kontakten angeben.

[83]In San Francisco wird seit April 1993 ein in der Testphase befindliches Sportübertragungssystem ins Kabelnetz eingespeist, bei dem die Sportzuschauer die jeweilige Kameraposition per Knopfdruck selber wählen können, d.h. sie sind ihr eigener Regisseur (o.V. 1993_{13}).

[84]Die Tele-Communications Inc. (TCI), das größte amerikanische Kabelfernseh-Unternehmen, plant u.a. den Anschluß von mehreren Millionen amerikanischer Haushalte an ein sog. "Glasfaser-Netz", daß die Übertragung von mehreren hundert Fernsehkanälen ermöglicht (o.V. 1993_{13}).

[85]Trendsetter dieser Entwicklung war Anfang der neunziger Jahre die Gruppe der 20 bis 24jährigen Erwachsenen (Meffert, Wagner, Backhaus 1991).

[86]im Auto, am Strand, beim Joggen etc..

7.8.4 Konsequenzen für das Sportsponsoring

Die zunehmende Zahl von Fernsehsendern führt zu einer weiteren Steigerung des Informationsangebotes und eines steigenden Informationsüberflusses. Expertenschätzungen gehen davon aus, daß lediglich ein bis zwei Prozent aller angebotenen Informationen beachtet und konsumiert werden (Tostmann 1989).[87] Attraktive Sportübertragungsrechte, die den Sender hohe Einschaltquoten garantieren, werden auch künftig ein knappes Gut bleiben.[88]
Während in Amerika bereits eine deutliche Marktsättigung zu erkennen ist, sind für Europa noch zahlreiche Entwicklungsmöglichkeiten offen. Der werbefreie Kabelkanal "Premiere" war sicher nur der Anfang. Das gleichfalls werbefreie "Pay per view" - Fernsehen dürfte auch in Deutschland vor allem bei herausragenden Sportveranstaltungen und Kinofilmen eine entsprechende Zuschauerresonanz erfahren.
In diesem werbeneutralen Medienumfeld lassen sich nur durch entsprechende Sportsponsoringaktivitäten im Bereich der Trikot- und Bandenwerbung entsprechende Werbekontakte herstellen, die dann aber deutlich höhere Aufmerksamtkeitswerte erzielen können.

Das Sponsoring von Sportübertragungen im Hörfunk ist bisher noch weitgehend unbekannt. Hier eröffnet sich für Rundfunkanstalten und Wirtschaftsunternehmen ein neuer, sicherlich nicht unattraktiver Sponsoringmarkt, dessen effektive Bearbeitung allerdings eine entsprechende Kommunikationskreativität erfordert.

---

87 Kroeber-Riel schätzt den Informationsüberschuß eines Konsumenten in Deutschland generell auf 98,1 Prozent (Anteil der nicht konsumierten Informationen am gesamten Informationsangebot) und speziell für das Medium TV auf 96,8 Prozent (Kroeber-Riel 1992).

88 Übertragungsrechte von Olympischen Spielen, den Grand Slam Tennisturnieren, Welt- oder Europameisterschaften sowie nationalen Wettbewerben der populären Sportarten.

8. Voraussetzungen für ein erfolgreiches Sportsponsoringsystem

8.1 Die Professionalisierung der Sportunternehmen

8.1.1 Zielproblematik von Sportunternehmen in der Rechtsform von Kapitalgesellschaften

Mit der Umwandlung der Vereine in Wirtschaftsunternehmen müssen die Vereinsziele den neuen wirtschaftlichen Tätigkeiten angepaßt werden. Anstelle außerökonomischer Ziele[1] treten jetzt ökonomische Ziele, also Wirtschaftlichkeits-, Produktivitäts- oder Rentabilitätskennziffern (Wittmann 1982). Die Sportunternehmen stehen plötzlich in Konkurrenz zu anderen Anbietern und müssen sich bei der Produktion ihrer Leistungen an den Bedürfnissen der Nachfrager orientieren.

Die Investoren (Kapitalgeber) sind an einer Verzinsung ihrer Einlagen zum Marktzins interessiert. Kapitalgeber, die ausschließlich am sportlichen Erfolg einer Mannschaft interessiert sind, also sozusagen in Form einer nicht-monetären Dividende am Erfolg des Sportunternehmens partizipieren wollen, dürfte es nur in Einzelfällen geben.[2]
Der Sport wird damit endgültig zum Geschäft, das als solches von Zuschauern und Aktiven betrachtet und akzeptiert werden muß.

In den USA sind die populären Mannschaftssportarten (Baseball, Basketball, Football, Hokkey) kartellmäßig organisiert. Eine Gruppe von Firmen (Clubs) innerhalb derselben Branche (Sportart) hat eine gemeinsame Körperschaft (Liga) und organisiert ihre Geschäfte nach gemeinsamen Regeln und Absprachen im gesamteinheitlichen Interesse, in Ausgrenzung von Konkurrenten, d.h. das Kartell ist nicht frei zugänglich (Fischer 1986). Jede Profiliga bildet quasi ein Monopol, da die verschiedenen Profiligen innerhalb einer Sportart eine direkte Konkurrenzsituation durch eine geschickte, "marketingstrategische" geographische Verteilung der "Franchises" (Spiellizenzen) vermeiden und sich aufgrund unterschiedlicher schichten- und saisonspezifischer Aspekte gegenseitig kaum Konkurrenz machen.[3]
Der Professional Sport in den Major Leagues im Football (NFL), Baseball (American League und National League), Basketball (NBA) und Eishockey (NHL) ist ein geschäftsträchtiger Teil

---

[1] Persönlichkeitsentwicklung, Fairneß, sportlicher Erfolg, Mittelverwendung im Sinne der Mitglieder.

[2] Ein aktuellstes Beispiel war sicherlich der "Flop" der geplanten Aktienemission des Hamburger SV in der Saison 1991/92.

[3] Ross sieht den Erfolg dieser "Professional Sport Leagues" langfristig durch die fehlenden marktwirtschaftlichen Wettbewerbszwänge und den damit einhergehenden ineffizienten Managementstrukturen gefährdet (Ross 1991).

der amerikanischen Unterhaltungsindustrie.[4] Die "Team-Franchises", die Anteile und Rechtstitel im Kartell der jeweiligen League, sind im Verlauf der letzten fünfzehn Jahre immer teurer geworden.[5] Ein Franchise kann man nur erwerben, wenn entweder die League expandiert, d.h. in einer Stadt wird ein neues Team aufgebaut, oder ein Besitzer (Gruppe von Besitzern) seinen (ihren) Franchise verkaufen will.[6]

Die Profi-Teams in Amerika stellen eigenständige, unabhängige Unternehmen (sog. Franchises) dar, deren primäres Ziel die Gewinnmaximierung ist.[7] Sie verstehen sich deshalb auch als professionelle Dienstleistungsanbieter innerhalb der Unterhaltungsindustrie (Schulte 1993). Die permanente Ligazugehörigkeit[8], die Fernsehgelder und die gemeinsame Vermarktung eröffnen allen Vereinen sichere finanzielle Planungsgrundlagen und das Draft-Verfahren den schwächsten Vereinen positive sportliche Perspektiven für die neue Saison.[9] In der NBA ist für alle Teams seit der Saison 1984/85 eine Obergrenze bei der Gehaltssumme einer Mannschaft bzw. ein Mindestgehalt für den einzelnen Spieler festgeschrieben, um die Kluft zwischen armen und reichen Mannschaften nicht zu breit werden zu lassen und die schwächeren Spieler zu schützen (Fischer 1986).[10]
Im Gegensatz zu den amerikanischen Teams müssen sich deutsche Sportunternehmen gerade in den Mannschaftssportarten viel stärker am sportlichen Erfolg ausrichten. Die sportliche Qualifikation entscheidet über die Teilnahme an nationalen und/oder internationalen Liga- und Pokalwettbewerben, die von unterschiedlicher sportlicher und finanzieller Attraktivität

---

[4]Die Saison verläuft im Baseball im Frühjahr und Sommer, im Football im Herbst und Winter, im Basketball und Eishockey im Winter und Frühjahr.

[5]1992 kosteten die Franchises für die neuen Baseball-Teams der "Colorado Rockies" und der "Florida Marlins" bereits jeweils 95 Millionen Dollar (Scheffler 1993).

[6]Gründe für den Kauf eines Franchises sind vorwiegend steuerlicher oder persönlicher Natur (Fischer 1986).

[7]Einer Aufstellung des amerikanischen Wirtschaftsmagazins Forbes aus dem Jahr 1992 zufolge besaßen 22 Besitzer von amerikanischen Profiteams ein Vermögen von mehr als 300 Millionen Dollar (Quick 1992).
Zu den zahlreichen Beteiligungen des Zigarettenkonzerns Philip Morris zählt auch das NHL-Team der "Quebec Nordiques" (Beamish 1991).

[8]Es gibt keine Auf- und Absteiger. Die jeweils besten Teams spielen in sog. Play-Offs nach Abschluß der Vorrunde den "Meister" aus (Fischer 1986).

[9]Draft wird das Verfahren der Nachwuchsrekrutierung bezeichnet, bei dem sich die Professional Clubs die besten College-Absolventen untereinander aufteilen. Dabei erhält das schlechteste Team der vergangenen Saison in der ersten Runde den ersten "Pick", die Möglichkeit den besten College-Spieler der letzten Saison zu verpflichten, um eine Ausgeglichenheit der Liga zu gewährleisten. Die Spieler haben keinerlei Einfluß darauf, welches Team sie auswählt. Sie haben nur die Wahl zwischen einem Vertrag mit diesem Team oder der Untätigkeit (Fischer 1986).

[10]Die Höchstsumme beträgt derzeit 12,5 Millionen Dollar im Jahr. Doch wird diese Regel von vielen Vereinen umgangen. Allein der zwanzigjährige Profineuling Shaquille O`Neal erhält bei den Orlando Magic in sieben Jahren 40 Millionen Dollar (Scheffler 1993).

geprägt sind. Der sportliche Erfolg ist für deutsche Sportunternehmen also eine notwendige Voraussetzung für einen finanziellen Erfolg.[11] Strategische Planungen sind für Sportunternehmen daher mit einer sehr großen Unsicherheit behaftet.[12]
Der Deutsche Eishockeybund plant aufgrund der finanziellen Probleme seiner Profivereine spätestens ab der Saison 1995/96 eine umfangreiche Neustrukturierung seiner Bundesligen, durch die die bisherigen Vereine als Kapitalgesellschaften in einer Profiliga nach dem Vorbild der nordamerikanischen Profiliga NHL zusammenfaßt werden (o.V. 1994_2).

Wirtschaftswissenschaftliche Erkenntnisse können nicht, wie bereits aufgezeigt, einfach auf den Sport übertragen werden, sondern sie müssen dann unter Berücksichtigung der spezifischen Besonderheiten für den Sport modifiziert werden.

8.1.2 Der Sport als gleichberechtigter Partner

Das Sportsponsoring muß sich langfristig zu einem sog. Emanzipationsprogramm entwickeln. Die Sportunternehmen müssen im Verlauf ihrer Professionalisierung vom Bittsteller zum Partner von Wirtschaftsunternehmen bzw. Medien werden, der den Nachfragern eine entsprechende Leistung anbieten kann. Die wirtschaftlichen Partnerschaften, die vom Sport eingegangen werden, dürfen nicht zu einer Einflußnahme durch sportfremde Partner führen. Ernsthaften Wirtschaftspartnern des Sports muß es ein Anliegen sein, darauf zu achten, daß der Sport seine fachliche Zuständigkeit behält, denn auf Dauer wird nur eine gleichberechtigte Partnerschaft erfolgreich sein.

Die Wirtschaft und die Medien müssen begreifen, daß sie dem Sport nur nützen bzw. nur langfristig auch Nutzen aus dem Sport ziehen können, wenn sie bei der weiteren Kommerzialisierung die Interessen des Sports berücksichtigen. Die Eingriffsrechte des Sponsors hinsichtlich interner Mitspracherechte gerade auch im sportlichen Bereich müssen sorgfältig definiert, am besten völlig ausgeschlossen werden (Grosjean 1992).
Nur mit einem partnerschaftlichen Verhalten seitens der Sponsoren und Medien kann auf Dauer der Gefahr begegnet werden, daß der Sport in Abhängigkeit von Wirtschaft und/oder

[11] Der sportliche Erfolg ist aufgrund der hohen Preise der Übertragungsrechte und der Koppelung der Sponsorbeträge an den sportlichen Erfolg zu einer notwendigen, aber nicht hinreichenden Bedingung für den wirtschaftlichen Erfolg eines Sportunternehmens geworden. Hinreichend insofern nicht, als daß auch sportlicher Erfolg kein Garant für ein nachhaltige Gewinnerzielung ist. Beispielsweise kann trotz sportlichem Erfolges die Zuschauerresonanz deutlich hinter den Erwartungen zurückbleiben.

[12] Die sportliche Qualifikation sichert einem Verein erhebliche Mehreinnahmen, mit denen er aber nicht langfristig im Sinne einer strategischen Planung kalkulieren kann. Im Falle eines Abstiegs in die 2. Liga reduzieren sich allein die Einnahmen aus Fernsehrechten und von Sponsoren um rund 50 Prozent.

Medien gerät.[13] Voraussetzung ist jedoch eine solide Finanzierung der Vereine bei gleichzeitiger fachlicher Kompetenz der entscheidungsrelevanten Führungskräfte.

Es gibt keine Organisation außer dem Sport, die über solche Kenntnisse und Erfahrungen verfügt bzw. derart flächendeckend verbreitet ist, um einen millionenfachen Sportbetrieb aufrecht erhalten zu können. Der Sport ist zudem ein nicht unwesentlicher Wirtschaftsfaktor.

Der Sport als gleichberechtigter Partner der Wirtschaft muß seine vielfältigen Beziehungen untereinander prüfen und Voraussetzungen finden, daß alle Verantwortlichen des Sports in das Sportsponsoringsystem integriert werden und Personen und Organisationen gleichermaßen zu ihrem Recht kommen. Es darf also nicht nur Wettkampf, sondern es muß auch Abstimmung bzw. Konsens zwischen den Sportorganisationen und -unternehmen herrschen (Henze 1991).[14]
Besonders sportlich erfolgreiche und telegene Sportarten und/oder Sportunternehmen profitieren von der Kommerzialisierung des Sports. Dadurch besteht die Gefahr, daß die Schere zwischen armen und reichen Sportunternehmen (-verbänden) immer weiter auseinanderklafft.
Die Chancengleichheit droht verloren zu gehen, wenn der Sport nicht solidarisch beginnt, nach selbstauferlegten sportlichen und wirtschaftlichen Maßstäben die Fernseh- bzw. Sponsorengelder zu verteilen (innerhalb der Verbände und zwischen den Verbänden).
Beispielhaft soll hier der Deutsche Fußballbund mit dem sog. "Live-Pool"[15] und den "Ausgleichszahlungen" für die Vereine der zweiten Fußball-Bundesliga angeführt werden.[16]
Der Sport setzt sich z.Zt. selber gehörig unter Druck, indem er die Sportveranstaltungen in immer größeren Dimensionen plant, immer höhere Spielergehälter zahlt und dadurch eine Kostenlawine auslöst, die immer höhere Eigenmittel erfordert. Veranstaltungen werden immer aufwendiger konzipiert, insbesondere Veranstaltungen im Umfeld der eigentlichen Wettkämp-

[13] Coca Cola, der Pionier im Sportsponsoring, nimmt für sich in Anspruch nicht nur das marktwirtschaftliche Prinzip von Leistung und Gegenleistung zu verfolgen, sondern auch als verantwortungsvoller Partner des Sports aufzutreten. Als Beispiele werden Spenden an das IOC genannt. Diese Angaben entstammen dem Vortrag von W.E. Thiede von der Coca Cola GmbH anläßlich des Workshops zum Thema "Sponsoring" am 16.11.1989 in Münster (Meffert, Wagner 1990).

[14] Strittig wird die Frage nach dem "Produzenten der vermarktungsfähigen Leistung". Kennzeichen der momentanen Situation ist der aufkommende Verwertungs-Egoismus von Einzelsportlern, Vereinen und Verbänden. Derartige Vorschriften können dann eher wettbewerbshindernd wirken.

[15] 20 Prozent des Fernsehhonorars jeder Live-Übertragung im deutschen Fußball fließen in einen sog. "Live-Pool", der am Saisonende im Verhältnis 65 zu 35 Prozent an alle Erst- und Zweitligisten ausgeschüttet wird (Angaben Herr Möglich, DFB).

[16] Jeder Fußball-Zweitligist erhielt in der Saison 1993/94 zusätzlich zum Fernsehgeld noch eine einmalige Entschädigung in Höhe von 300 000 Mark, als Ausgleich für etwaige finanzielle Einbußen bzw. höhere Reisekosten aufgrund der Integration der ostdeutschen Vereine in den Spielbetrieb des deutschen Profifußballs ab der Saison 1991/92 (in der Saison 1991/92 zwei zwölfer Gruppen, in der Saison 1992/93 eine vierundzwanziger Gruppe) (Angaben Herr Möglich, DFB).

fe, wie z.B. Bewerbungen für die Veranstaltungen oder die Eröffnungs- oder Abschlußzeremonien von Großveranstaltungen (Henze 1991).[17]

8.1.3 Die Professionalisierung des Sportmanagements

Neben den kommerziellen Konkurrenten stellen gesellschaftliche, politische und wirtschaftliche Entwicklungen neue Anforderungen an die Sportunternehmen und gefährden seine Existenzgrundlage, sein traditionelles Selbstverständnis. Die Sportunternehmensführung ist gefordert, neue Wege, vor allem im institutionellen Bereich, zur Sicherung der im Verein organisierten Sportbewegung zu suchen.

Die gemeinsame Verankerung von Breiten-/Freizeitsport und Leistungssport unter einem Dach in Vereinen und Verbänden erweist sich gerade unter wirtschaftlichen und steuerlichen Gesichtspunkten als immer problematischer. Die traditionellen Sportvereine mit einer eigenen Profi-Abteilung stehen derzeit vor einem Dilemma. Der Profisport bietet die am besten zu vermarktenden Güter, der Breiten- und Freizeitsportbereich stellt die Mitglieder. Das Kostenverursachungs- und Kostendeckungsprinzip innerhalb des Vereins gefährdet die Sportsolidarität, die normativen Systeme der Vereinsintegration verlieren ihr Fundament.
Eine verursachungsgerechte Aufwands- und Ertragsrechnung erfolgt bisher in den seltensten Fällen. Die Folgen sind u.a.:

- vereinsinterne Streitigkeiten über die Mittelverteilung,
- divergierende Interessen hinsichtlich der Vermarktung bzw. Mittelverwendung,
- keine oder nur unzureichende Sponsoringkonzepte für den Freizeit- und Breitensportbereich.

Eine Herausnahme der Profiabteilung aus dem Hauptverein und die Überführung in eine Kapitalgesellschaft bedeutet für den Freizeit- und Breitensportbereich die Chance, unkalkulierbare wirtschaftliche Risiken abzuschütteln und der Gefahr einer Gesamthaftung im Falle eines leistungsmäßigen oder wirtschaftlichen Konkurses der Profiabteilung zu entgehen.
Unter dem Dach einer Vereinsholding können dann der Profi-, der Freizeit- und der Breitensportbereich als eigenständige Gesellschaften geführt werden. Ein erfolgreiches Beispiel für die Integration eines wirtschaftlichen Geschäftsbetriebes zur Vermeidung des Verlusts der Gemeinnützigkeit liefert der Deutsche Tennisbund (DTB). Neben dem DTB e.V. - dem eigentlichen Verband - wurde als Folge des Tennis-Booms Mitte der achtziger Jahre eine DTB-

[17]Die Eröffnungsfeier bei der Leichtathletik-Weltmeisterschaft 1993 in Stuttgart, die bereits erwähnte Bewerbung von Berlin für die Olympischen Spiele im Jahr 2000 (o.V. 1992$_9$).

Holding als Dachorganisation für alle wirtschaftlichen Unternehmungen des Deutschen Tennis Bundes gegründet (Hecht 1993).
Allein die Ausgliederung der Profi-Abteilung aus dem Hauptverein garantiert noch keine Verbesserung des Management.

Auf die Qualität des Primärproduktes eines Fußballvereins, die mit dem Spiel verbundene Spannung, kann das Management keinen direkten Einfluß ausüben. Dagegen würden aber Veränderungen der Rahmenbedingungen und des Service im Umfeld der sportlichen Outputerstellung sich positiv auf das Produkt Fußball auswirken.[18]
Untersuchungen von Kremer/Söltzer bei den Vereinen der ersten Fußball-Bundesliga ergaben die ernüchternde Erkenntnis, daß selbst bei den am weitesten mit der Professionalisierung fortgeschrittenen Vereinen selten eine Auswertung der umfangreichen Sekundärdaten, die die Vereine von Dauerkarteninhabern und Vorbestellungen etc. erhalten, erfolgt (o.V. 1993g).

Auch auf Verbandsseite müssen entsprechende Anstrengungen zur Professionalisierung des Management unternommen werden. Selbst der Deutsche Fußballbund, einer der professionalisiertesten Verbände ist derzeit noch nicht im Stande, mit Hilfe eines geeigneten Lizenzierungsverfahrens die wirtschaftliche Tätigkeit seiner Mitgliedsvereine ausreichend zu überprüfen.[19]

8.2 Sportsponsoring als Bestandteil der strategischen Unternehmensplanung

8.2.1 Strategische Aspekte des Sportsponsoring

Die zentrale Aufgabe der strategischen Planung besteht in der Sicherung der langfristigen Unternehmensentwicklung und damit in der Gewährleistung der Überlebensfähigkeit in einer turbulenten Umwelt. Entsprechende Erfolgspotentiale, mit denen langfristig überdurchschnittliche Erträge zu erzielen sind, müssen aufgebaut werden (Romer 1988). Merkmal der strategischen Planung ist die Analyse der Chancen und Risiken in der relevanten Umwelt und die Gegenüberstellung von Stärken und Schwächen (Ressourcen) der Unternehmung.[20]

---

[18] Die Logen im Bremer Weserstadion (Lemke 1993).

[19] Zur Saison 1994/95 soll endlich der wirtschaftliche Status, die Vermögens- und Ertragssituation der Vereine anhand von Kennziffern wie Verschuldungsgrad, Eigen- und Fremdkapitalrentabilität beurteilt werden. Bisher erhielten die Vereine beim Nachweis einer ausreichenden Liquidität die Lizenz für die neue Saison. Präsentierte Werbeverträge oder Bürgschaften wurden nach der Lizenzerteilung wieder zurückgezogen (z.B. der Zweitligist Rot-Weiß-Essen bei der Einreichung der Lizenzunterlagen für die Saison 1993/94).

Ein geplantes Sponsoringengagement muß also auf die Veränderung seiner wichtigsten Determinanten (Rahmenbedingungen) untersucht werden, d.h. die künftigen Chancen und Risiken müssen ermittelt und bewertet und daraus die entsprechenden Sponsoringstrategien (Bewertung/Auswahl der Sportart, Leistungsebene und Sponsoringform) hergeleitet werden. Ein flächendeckendes, über das gesamte Jahr präsentes Sportsponsoring bedarf aufgrund der saisonalen Struktur der Wettkämpfe und der Internationalität der Veranstaltungen einer umfangreichen Planung.

Entscheidungskriterien zur Beurteilung der künftigen Chancen und Risiken eines Sportsponsoringengagements sind:[21]

- die Kongruenz zwischen dem angestrebten Soll-Image und dem tatsächlichem Image der Sportart bzw. des Sportunternehmens,
- die Anzahl der potentiellen Zuschauerkontakte,
- die Kongruenz zwischen den Konsumenten des Sports und der angestrebten Zielgruppe,
- die Visualität des Sponsorenschriftzugs (-logos) für die Zuschauer bei der Veranstaltung bzw. in den Print- und TV-Medien,
- der Umfang der Übertragungen, die Übertragungstechnik, die Einstellung der Kameras,
- Möglichkeit, Umfang und Kosten für die Schaltung von Werbespots in den Übertragungspausen der Sportveranstaltung,[22]
- die Verbandsvorschriften bzgl. der Größe, Plazierung und dem Umfang der "Sponsoringbotschaften",[23]
- das gesamte Werbeumfeld,
- der konsequente Einsatz des sog. "Corporate Entertainment" im Rahmen von Sportveranstaltungen,

[20]Die strategische Planung geht also von der Gesamtsicht der langfristigen Unternehmensplanung aus. Ansatzpunkte sind vorwiegend die Festlegung der Produkt-Markt-Kombinationen, die Personenverteilung, die Organisations- und Kontrollstruktur, die Kapitalstruktur, die Standortwahl und die Abgrenzung des Planungshorizontes (Kreikebaum 1991).

[21]Die Ergebnisse einer von Merbold anläßlich der B-Weltmeisterschaft im Eishockey 1986 in Österreich durchgeführten Tracking-Sudie bzgl. der Werbewirkung des Sportsponsoring belegen die kurzzeitige, schnell abklingende Aktivierung ohne nachhaltige Depotwirkungen und unterstützen damit die Forderung nach einer mittel- bis langfristigen Sponsoringkonzeption in Abstimmung mit den anderen relevanten Kommunikationsinstrumenten (Merbold 1989).

[22]Werbebanden im Umfeld der Spielerbänke geraten bei Tennisübertragungen in den privaten Fernsehanstalten aufgrund der permanenten Schaltung von Werbespots während der Seitenwechsel nur selten ins Blickfeld der Fernsehzuschauer.

[23]Mit steigender Anzahl von "Sponsoren" sinkt die Werbewirkung für den einzelnen Sponsor. Sportler bzw. Sportgeräte werden zu Werbefriedhöfen. Vgl. hierzu die ausführlichen Untersuchungen von Hermanns über die Werbewirkung im Motorrennsport (Hermanns 1985 und Hermanns 1986).

- die Berücksichtigung von wirtschaftlichen und strategischen Gesichtspunkten bei der Analyse der Gesponserten,
- die Koordination der Sponsoringaktivitäten mit Sponsoren, deren Marken im adäquaten Imageumfeld liegen,[24]
- die Managementqualifikation des Sportunternehmens,
- sportliche Leistungen, (künftige) Erfolge, Tradition, Bekanntheitsgrad und Einzugsgebiet des Gesponserten,
- das Fanpublikum,
- die Vergabe von Prädikaten, Lizenzen, Titeln durch Verbände bzw. Organisationen,
- die Öffentlichkeitsarbeit, das Auftreten des (der) Gesponserten in der Öffentlichkeit,
- Möglichkeiten zur Integration des Gesponserten in die gesamte Kommunikationspolitik.

In der Vergangenheit geriet Sportsponsoring häufig zum Hobby bzw. Prestigeobjekt einzelner Unternehmensmanager, die offensichtlich daran Spaß fanden, im Millionenpoker um Sportstars, Teams oder Veranstaltungen ohne Berücksichtigung ökonomischer Kriterien mitzuwirken, sich mit entsprechenden Stars zu schmücken, bzw. die Konkurrenz auszustechen. Mittlerweile hat ein Umdenken stattgefunden. Die Unternehmen beginnen anhand ihrer Kommunikationspolitik erst einmal zu prüfen, ob das Sportsponsoring einen sinnvollen Beitrag zur Lösung ihrer kommunikationspolitischen Probleme leisten kann.

Eine umfangreiche Darstellung der Planungssystematik des Sportsponsoring von der Strukturierung und Festlegung der Zielsetzungen bis zur Werbewirkungskontrolle liefert Hanrieder (Hanrieder 1990).

8.2.2 Integration des Sportsponsoring in die strategische Kommunikationspolitik

Die Unternehmensphilosophie stellt den Orientierungsrahmen für die gesamte Unternehmung dar. Die Unternehmensphilosophie soll das Verhältnis des Unternehmens zu den relevanten Interaktionspartnern festlegen. Die Unternehmensphilosophie bestimmt das unternehmerische

[24]Die Firma BMW ist der Überzeugung, daß durch ein gemeinsames Auftreten von Marken, in diesem Falle von BMW und Warsteiner im Sportsponsoring nicht nur ein Image-Transfer zwischen Sport und Marke, sondern auch zwischen den Marken untereinander stattfindet (Strassl 1989). Diese Vermutung ist bisher allerdings noch nicht empirisch belegt worden.

Denken und Handeln (also auch die Ziele) und wirkt damit prägend auf die Unternehmenskultur (Kreutzer, Jugel, Wiedmann 1986).[25]

Der in der Unternehmensphilosophie festgelegte Leistungsanspruch muß die Basis für alle Ziele, Strategien und Maßnahmen im Sportsponsoring sein. Eine Unternehmensphilosophie, die als Kurzformulierung leicht kommunizierbar wird, sollte zur Leitidee werden (sog. Kompetenzformulierung). Die Implementierung des Sports in die Leitidee erweist sich mit Ausnahme der Sportartikelunternehmen oder einiger sportnaher Unternehmen als kaum praktikabel.[26] Mit der Übernahme gesellschaftlicher Verantwortung oder der Unterstützung von "Spitzenleistungen" lassen sich in der Unternehmensphilosophie Ansatzpunkte für ein Sportsponsoringengagement finden.

Sportsponsoring erfordert eine ganzheitliche Betrachtung der Unternehmenskommunikation. Ausgehend von der Unternehmensidentität und den daraus abgeleiteten Konzepten

- der Unternehmensphilosophie:
  welche Leitbilder sind für das Unternehmen im Umgang mit Marktpartnern, den Mitarbeitern und dem Umfeld prägend?

- der Unternehmenskultur:[27]
  die konkrete Umsetzung der Unternehmensleitbilder in Verhaltensweisen,

- des Unternehmensimages:
  die angestrebte Wahrnehmung des Unternehmen durch externe und interne Zielgruppen,

muß das Sportsponsoring auf die Grundsätze und Leitgedanken der Unternehmenskommunikation abgestimmt werden (Bruhn/Dahlhoff 1990).

Sportsponsoring muß einen systematischen Planungs- und Entscheidungsprozeß durchlaufen, analog zu den anderen Kommunikationsinstrumenten. Auf der Basis einer Situations- und

---

[25]Die Unternehmensphilosophie muß:
- die spezifische Unternehmenskompetenz aufzeigen,
- künftige realisierbare Ziele aufzeigen (Beitrag zur Problemlösung),
- grundlegende Ziele und deren Realisierung aufzeigen,
- das Verhältnis zu den unternehmensrelevanten Zielgruppen bestimmen,
- Erfolgskriterien festlegen (Kreutzer, Jugel, Wiedmann, 1986).

[26]Ein Wandel der Unternehmenskultur ist ein langfristiger Prozeß. Kieser nennt für diese Transformation einen Zeithorizont von 6-15 Jahren bei einer Erfolgswahrscheinlichkeit von allenfalls 50 Prozent (Kieser 1984).

[27]Klassisches Beispiel ist der Leitspruch von Coca Cola "Wo Sport ist, ist auch Coca Cola."(Jacobi 1987).

Zielanalyse sind die Maßnahmen zu planen, zu organisieren, durchzuführen und zu kontrollieren.

Voraussetzung ist die Abstimmung des Sponsoring mit den anderen Kommunikationsinstrumenten in bezug auf das langfristige Kommunikationsziel, die Zielgruppen und die Inhalte der Werbebotschaft. Sämtliche Kommunikationsaktivitäten müssen durch die Konzepte der "Corporate Identity" gebündelt werden.

8.2.3 Integration des Sportsponsoring in das Corporate Identity-Konzept

Der Grundgedanke des Corporate Identity-Konzeptes besteht darin, ein Unternehmen möglichst klar, einheitlich und sympathisch darzustellen.[28] Eine Förderung des "Wir-Bewußtseins" verbessert die Integrations- und Kooperationsbereitschaft der Mitarbeiter. Über eine höhere Zufriedenheit und Identifikation mit dem Unternehmen (sog. Unterziele) soll die Leistungsmotivation der Mitarbeiter erhöht werden (Kreutzer, Jugel, Wiedmann 1986).

Ähnlich dem Marketing-Mix stehen dem CI drei Instrumente zur Verfügung, die zielorientiert aufeinander abzustimmen sind (Kreutzer, Jugel, Wiedmann 1986):

- Das Corporate Design bestimmt das gesamte visuelle Erscheinungsbild eines Unternehmens (Zeichen, Symbole, Schrift, Farben sowie bestimmte Stilelemente).
- Die Corporate Communications als strategisches Dach jeder Kommunikation setzt die gewünschte Identität durch eine genaue Abstimmung aller Aktivitäten des Marketing-Mix in der internen und externen Kommunikation.[29]
- Das Corporate Behaviour umfaßt die schlüssige und widerspruchsfreie Gestaltung der Verhaltensweisen des Unternehmens und seiner Mitarbeiter nach innen und außen.[30]

Ein CI-Ziel wird nie endgültig und unveränderlich zu realisieren sein. Die Corporate Identity muß sich mit dem Unternehmen und seiner Umwelt weiterentwickeln. Eine ständige Aktuali-

[28]Externes Ziel einer CI-Strategie ist die bessere Identifikation mit dem Unternehmen (höheres Vertrauen und Goodwill), internes Ziel ist der bereits genannte Aufbau eines "Wir-Gefühls" unter den Mitarbeitern zur Steigerung der Motivation (Kreutzer, Jugel, Wiedmann 1986).

[29]Corporate Communications umfaßt den systematischen und kombinierten Einsatz der Kommunikationsinstrumente, also Werbung, Verkaufsförderung und Public Relations. Corporate Communications soll zum einen das Risiko einer negativen Beeinflussung des Unternehmensimages mindern, und zum anderen bei eher grundsätzlichen und gesellschaftspolitischen Auseinandersetzungen als auch bei der Bewältigung konkreter Krisensituationen darauf abzielen, Unterstützungspotentiale innerhalb der Gesellschaft zu identifizieren und zu mobilisieren (Kreutzer, Jugel, Wiedmann 1986).

[30]Die Mitarbeiter müssen vom "Unternehmensstil" überzeugt werden. Werden die Führungsgrundsätze und Denkhaltung (Führungsstil, Gestaltung des Personalaufwands, Gestaltung der Arbeitsbedingungen, Personalwerbung) allgemein angenommen, dann wird das angestrebte Corporate Behaviour auch wahrnehmbar (Kreutzer, Jugel, Wiedmann 1986).

sierung und Anpassung an die tatsächlichen Gegebenheiten im Unternehmen ist Voraussetzung für die Identifikation und Integration der Mitarbeiter. Eine Corporate Identity kann sich nur entwickeln, wenn die einzelnen Aktivitätsfelder in einem in sich schlüssigen und damit widerspruchsfreien Konzept unternehmerischen Auftretens eingebunden sind. Sämtliche Unternehmensbereiche müssen eine identische Kultur besitzen bzw. sich zumindest auf gemeinsame Kulturelemente zurückführen lassen. Die Berücksichtigung von Umweltfaktoren muß aktiv vollzogen werden, d.h. mögliche Chancen müssen eruiert werden, und es muß in den Wertewandlungsprozeß der Gesellschaft eingegriffen werden. Voraussetzung ist eine flexible Auslegung des Corporate Identity-Konzeptes.

Für das Sportsponsoring ergeben sich daraus die folgenden Konsequenzen:

1. Bestandteil sämtlicher kommunikativer Maßnahmen muß das jeweilige Corporate Design des Unternehmens sein.
2. Nur die Integration des Sponsoring in die Corporate Communications-Strategie des Unternehmens sichert die Nutzung der Ausstrahlungseffekte des Sponsoring.
3. Sponsoringart und -objekt dürfen nicht dem internen und externen Verhalten des Unternehmens widersprechen (Faulstich 1992).

Sportsponsoring sollte bei allen Unternehmen aus strategischen Überlegungen resultieren und Ausdruck einer Unternehmensphilosophie sein, die ein gesellschaftliches Engagement anstrebt. Das Sportsponsoring verfügt wie die übrigen Instrumente des Marketing-Mix über eine strategische Komponente. Mit einer Einbindung in die Corporate Identity-Strategie kann das Wirtschaftsunternehmen mit dem Sportsponsoringengagement in besonderer Weise Einfluß auf seine Unternehmenskultur nehmen. Das Sportsponsoring kann zum Ausdruck einer Unternehmensphilosophie werden, die ein gesellschaftliches Engagement anstrebt bzw. gesellschaftliche Verantwortung übernimmt.[31]
Das professionelle Handling verlangt die Einbindung des Sportsponsoring ins Marketing-Mix, also die Produktpolitik, PR-Arbeit, Händler-Incentives, Händler-Aktivitäten, Event-Marketing und Werbung.[32]

---

[31] Die Übernahme gesellschaftlicher Verantwortung läßt sich mit dem Sportsponsoring insbesondere im Spitzensportbereich nur sehr schwer glaubhaft dokumentieren. Die entsprechenden Unternehmen müssen durch begleitende kommunikative Maßnahmen diese angestrebte gesellschaftliche Verantwortung deutlich hervorheben.

[32] Die Ausschöpfung der Synergieeffekte eines Sportsponsoringengagements erfordert neben den direkten (Honorare und Provisionen) und indirekten Kosten (Mitarbeitereinsatz, Wirkungskontrolle) auch erhebliche "follow-up" Kosten für begleitende PR-, Verkaufsförderungs- oder Werbemaßnahmen.

8.2.4 Die Standardisierung von Kommunikationsprogrammen

Im Mittelpunkt der Standardisierung von Marketingprogrammen steht eine Vereinheitlichung des Inhalts der Marketingkonzepte für den länderübergreifenden Einsatz. Diese internationalen Unternehmen versuchen mit globalen Marketingstrategien standardisierte Produkte zu unveränderten Preisen und Konditionen über gleiche Distributionskanäle zu vermarkten (Kreutzer 1989).[33]
Eine Standardisierung der Kommunikationsaktivitäten verhindert eine Verwässerung des Unternehmensimages, selbst wenn differenzierte Produktgruppen auf verschiedenen Märkten abgesetzt werden. Da die Kommunikationsaktivitäten in den bearbeiteten Ländern einen gemeinsamen Kern aufweisen, tragen sie zum Aufbau eines Global Corporate Image bei. Befinden sich die in mehreren Ländern vermarkteten Güter zu einem bestimmten Zeitpunkt in unterschiedlichen Produktlebenszyklus-Phasen, so muß auf einen simultanen Einsatz der standardisierten Kommunikationsstrategie verzichtet werden. Es besteht dann lediglich die Möglichkeit einer zeitlich verschobenen Übertragung der Kommunikationsstrategien (Kreutzer 1989).

Der Einsatz identischer Produkt- und Kommunikationskonzepte soll den internationalen Media-Overspill, der mit der Ausstrahlung vorhandener Print- und Funkmedien länderübergreifend verbunden ist, möglich machen (Kreutzer 1989).
Dabei müssen allerdings sämtliche Konvergenz- und Divergenzprozesse mit ihren Ausstrahlungen auf Kultur, Werte und Bedürfnisse, sowie Lebens-, Arbeits- und Konsumstile berücksichtigt werden.[34] Der Sport und der Tourismus werden aufgrund ihres zentraler Stellenwertes in der Gesellschaft zu einem interessanten Konvergenzfaktor.

Gegen eine (weitgehende) Standardisierung von Werbekampagnen im Fernsehen sprechen

- das Verbot von Werbesendungen im Fernsehen in manchen Ländern,
- die Werbebeschränkungen oder -verbote für bestimmte Produktarten (Zigaretten, alkoholische Getränke),
- das Fehlen entsprechender publikumsstarker Fernsehprogramme, die gleichzeitig in mehreren Ländern empfangen und gesehen werden (Berndt 1988).[35]

---

[33] Länderspezifische Besonderheiten werden zugunsten länderübergreifender homogenerer Segmente vernachlässigt (Berndt 1988).

[34] Konvergenz impliziert eine länderübergreifende Angleichung von Kauf- und Verbrauchsprozessen sowie von Lebensstilen, die aufgrund einer vergleichbaren Informationsversorgung und einer damit einhergehenden Annäherung grundlegender Werte und Normenstrukturen zurückgeführt werden (Kreutzer 1989).

[35] Der Musiksender MTV und der Sportsender Eurosport bilden derzeit die Ausnahme.

8.2.5 Die Abstimmung des Sportsponsoring mit den kommunikationspolitischen Instrumenten

Die Koordination der Sportsponsoringaktivitäten mit den übrigen kommunikationspolitischen Instrumenten erfordert eine umfangreiche Koordination, Abstimmung und Organisation der betroffenen Abteilungen bzw. externen Partnern in inhaltlicher, zeitlicher und gestaltungstechnischer Hinsicht (u.a. Hanrieder 1990, Roth 1990, Bruhn 1991):

1. Inhaltliche Abstimmung im Kommunikations-Mix:
   - Sind die durch das Sportsponsoring anzustrebenden Imagemerkmale auch in den anderen Kommunikationsinstrumenten enthalten?
   - Können mit Hilfe der geplanten Sponsorships die beabsichtigten Imagetransfers erreicht werden?
   - Ziel der sachlichen Integration ist das Erreichen von Synergiewirkungen durch Imagewerbung (z.B. in der klassischen Werbung) und Imagetransfer (durch Sportsponsoring).

2. Verknüpfung der Sponsoringaktivitäten mit den anderen Kommunikationsinstrumenten und -aktivitäten:
   - Werbung mit Sportlern, Ereignissen, Prädikaten etc. in der Anzeigen- und Fernsehwerbung (klassische Medien),
   - PR-Aktionen mit Sportlern für Konsumenten und Händler (Verkaufsförderung),
   - PR-mäßige Berichterstattung über Sportförderung und Sponsorship,
   - Einbindung in die interne Unternehmenskommunikation.

3. Zeitliche Abstimmung der Sponsoringaktivitäten mit den anderen Kommunikationsinstrumenten:
   - Marketingmaßnahmen (Einführung einer neuen Marke, Relaunch, Verpackungsänderung),
   - klassische Werbung (Berücksichtigung best. Werbekampagnen, Abstimmung mit dem Mediaplan, Durchführung eigener Werbekampagnen aufgrund des Sponsorship),
   - Verkaufsförderung (Einbindung in die Aktionsplanung, Durchführung spezieller Incentive-Aktionen),
   - Öffentlichkeitsarbeit (Ankündigung in Pressekonferenzen, Einbindung in die tägliche Pressearbeit, Einbindung des Sponsorship bei bestimmen Terminen , z.B. Tag der offenen Tür).
4. Abstimmung auf die Corporate Identity:
   - Einheitliches Corporate Design in der gesamten Unternehmenskommunikation,

- Markenzeichen, Logo etc. nach den formalen Vorgaben (Schrifttyp, Farbe, Größe) bei sämtlichen Auftritten des Sportsponsoring einhalten.

5. Abstimmung der Vorbereitung, Durchführung und Nachbereitung von Sponsoringmaßnahmen mit folgenden Abteilungen:
   - Werbeabteilung (begleitende Maßnahmen in der klassischen Werbung),
   - Promotionsabteilung (gemeinsame VK-Aktionen, Bereitstellung von Displaymaterial und Warenproben, Produktpräsentationen bei Sponsoringveranstaltungen),
   - PR-Abteilung (Presseerklärungen, gemeinsame Pressekonferenzen mit den Gesponserten, Bereitstellung von Fotomaterial),
   - Marktforschungsabteilung (Zielgruppenanalyse, Werbeerfolgskontrolle, Analyse der Medienwirkungen).

6. Koordination mit den externen Marktteilnehmern, die mit dem Unternehmen zusammen arbeiten:
   - Werbeagenturen,
   - PR-Agenturen,
   - Marktforschungsinstitute,
   - Sportsponsoringagenturen,
   - Vermarktungsgesellschaften.

Die aufgezeigten und erhofften Synergieeffekte einer integrierten Kommunikationsstrategie können bei der Implementierung des Sportsponsoring in die Kommunikationspolitik aber nur dann ausgeschöpft werden, wenn entsprechende personale, funktionale und organisatorische Regelungen und Voraussetzungen rechtzeitig von den entscheidungsrelevanten Personen getroffen werden (Bruhn 1992_1):

- Eine genaue Festlegung der Entscheidungskompetenzen, da die verschiedenen Kommunikationsabteilungen unterschiedlichen Instanzen (Werbung, Vertrieb, Öffentlichkeitsarbeit etc.) zugeordnet sind.
- Eine verbindliche Regelung, welche Stelle und Instanz das Recht und die Gesamtverantwortung für die Koordination hat und entsprechende Weisungsbefugnisse zur Durchsetzung der Integrationsmaßnahmen erteilen darf.[36]

[36] Unter Weisungsbefugnis wird das Recht einer Instanz verstanden, einer nachgeordneten Stelle konkrete Handlungsanweisungen für die Durchsetzung entsprechender Maßnahmen zu geben (Bruhn 1992_1).

- Auf Mitarbeiterebene muß ein breiter Konsens zum Sportsponsoring erreicht werden. Kooperationsbereitschaft, Informationsbereitschaft, Kommunikationsfähigkeit und Koordinationswille im Team müssen gefördert werden (Bruhn 1992_1).

Sportsponsoring bedarf zu seiner vollständigen Entfaltung der Anwendung spezieller Marketingtechniken. Basierend auf diesen Überlegungen sollte das Sportsponsoring, wenn es in größerem Umfang unter mittel- bis langfristigen Gesichtspunkten betrieben wird, als eigenständige Form neben den traditionellen kommunikationspolitischen Instrumenten geführt werden. Die Sponsoringbudgets gewährleisten die Finanzierung des Sponsoringobjektes, die Kommunikationsaktivitäten werden von den traditionellen PR-Funktionen finanziert. Für Anstoß und Koordination zeichnen sich die Sponsoringmitarbeiter verantwortlich, Planung und Durchführung wird von den einzelnen Kommunikationsfunktionen übernommen.

8.2.6 Die operative Umsetzung der Sportsponsoringaktivitäten

Für die operative Umsetzung der Sportsponsoringaktivitäten sollten die Unternehmen bedenken, daß der Einsatz des Sportsponsoring zahlreiche Gemeinsamkeiten mit Börsenspekulationen aufweist. So wird die Handlungsweise und der Erfolg des Gesponserten genauso wie die Kursentwicklung einer Aktie häufig von Irrationalitäten bestimmt.
Daher wäre es für Sponsoren sehr nützlich, wenn sie bei ihren einzelnen Sportsponsoringengagements von vornherein sog. Interventionspunkte festlegen, bei deren Erreichen[37] automatisch entsprechende unterstützende oder gegensteuernde Aktionen in Kraft gesetzt werden.[38]
Beispiele für derartige Aktionen ergeben sich aus der Integration des Sportsponsoring in die klassischen Kommunikationsinstrumente (Dahlhoff 1992):

Verkaufsförderung	• Direktverkauf bei der Veranstaltung (Getränkeindustrie), • Promotionsaktionen mit dem Handel zum Thema "Sponsoring".
PR-Aktionen	• VIP-Betreuung, • Betreuung der Journalisten/Vertreter von Funk und Fernsehen so wie der Meinungsbildner.
Klassische Werbung	• Einsatz von Testimonials in der Anzeigen- und Fernsehwerbung.[39]

[37] An den Börsen spricht man von sog. "Hedgern", Marktteilnehmern, die Future-Kontrakte benutzen, um ihr individuelles Risiko- und damit auch ihr individuelles Ertragspotential zu reduzieren (Benkner 1990).

[38] z.B. Schaltung von Anzeigen nach sportlichen Erfolgen der gesponserten Sportunternehmen, Präsentation der erfolgreichen Sportunternehmen.

Händler-Incentives	• Reisen zu Sportstars bzw. Sportveranstaltungen.
Händleraktivitäten	• Sportplakate, Autogrammstunden, Preisausschreiben.
Event-Marketing	• die VIP-Lounge als begehrter Treff bei Sportveranstaltungen, • Fahrservice.
Produkt	• Sondermodelle zum Thema Sport.[40]

8.3 Die Zusammenarbeit zwischen Sport, Wirtschaft und Medien

8.3.1 Die Gründung einer Arbeitsgemeinschaft Sportsponsoring

In Deutschland existiert trotz des hohen Stellenwertes des Sportsponsoring in der Gesellschaft und in der Kommunikationspolitik der Unternehmen bisher keine Interessenvertretung für dieses Kommunikationsmedium.[41]
Die Voraussetzungen für die Optimierung des Sportsponsoringsystems können noch so gut sein, sie nutzen trotzdem nichts, wenn sie nicht von den Beteiligten gemeinsam umgesetzt werden. Zum Interessensausgleich sollte deshalb von allen Beteiligten eine Arbeitsgemeinschaft, vergleichbar dem ZAW, gegründet werden.[42]

Diese Arbeitsgemeinschaft muß sich aus Vertretern von Wirtschaft, Medien und Sport zusammensetzen, die Sportsponsoring gestalten, bestreiten, vorbereiten, durchführen und vermitteln.

39 Die Opel-Anzeigen im Rahmen der sog. "Hero-Kampagne" nach spektakulären Erfolgen der sportlichen Werbeträger (Dahlhoff 1992). Gleichzeitig wurden auch nach Niederlagen entsprechende Anzeigen mit "aufmunterndem" Anzeigentext geschaltet.

40 Das Opel-Corsa-Sondermodell "Steffi special" oder die fünf Sondermodelle des Opel Kadett zum Thema "Sport" mit entsprechender Unterstützung in den klassischen Werbemedien (Anzeigen und TV-Spots) (Dahlhoff 1992).

41 In Großbritannien existiert seit 1985 das "Institute of Sport Sponsorship". Ziel des Instituts ist die Erhöhung des Sportsponsoring bzw. die Verbesserung seiner Qualität. Es bietet den Sportsponsoringinteressierten Modellverträge und Informationen über die kritischen Faktoren des Sports wie Wetter, TV-Rechte, Sicherheit der Zuschauer etc. (Luss 1989).

42 Der Zentralausschuß der Werbewirtschaft (ZAW) versucht seinen 42 Mitgliedsverbänden freie Entfaltungsmöglichkeiten zu sichern und insbesondere eine staatliche Werbereglementierung und Aufsicht entbehrlich zu machen. Er vertritt die Werbewirtschaft gegenüber Behörden und Gesetzgebungsorganen, organisiert Ausstellungen, Kongresse und Studienreisen.

Aufgabe einer solchen Arbeitsgemeinschaft müßten u.a. sein:

- der Interessensausgleich aller am Sportsponsoring Beteiligten,
- die Formulierung einer gemeinsamen Sportsponsoringpolitik,
- die Verbesserung der Qualität des Sportsponsoring durch entsprechende Informationen und Modellverträge,
- die Vertretung der Beteiligten in allen grundsätzlichen Fragen nach außen.

8.3.2 Die Selbstkontrolle der Beteiligten

Das Ziel dieser Arbeitsgemeinschaft sollte die Erhöhung der Sportsponsoringaufwendungen sein bzw. die Verbesserung der Effizienz dieses Kommunikationsmediums. Den Mitgliedern und den Interessenten sollten Informationen über die besondere Wirkungsweise des Sports, die Zuschauer, Imagewertanalysen etc. angeboten werden.

Weiterhin sollten allgemeine, für alle Mitglieder verbindliche Richtlinien im Umgang mit dem Sportsponsoring festgelegt werden. Die Beteiligten sollten untereinander freiwillig ein sog. Selbstbeschränkungsabkommen schließen und allgemein gültige Verhaltensregeln aufstellen, die eine übertriebene Kommerzialisierung und Mediatisierung des Sports verhindern.[43]

Derartige Verhaltensvorschriften müßten u.a. folgende Sachverhalte regeln:

1. Bandenwerbung bei Sportveranstaltungen,
2. einheitliche Sponsoringverträge,
3. Kamerapositionen bei Sportveranstaltungen,
4. die Berichterstattung über den Sport in den Medien,
5. den Einfluß der Medien und der Wirtschaft auf den Sport,
6. die organisatorischen Voraussetzungen des Sports,
7. Werbeblocks während der Sportübertragungen,
8. die kapitalmäßige Verflechtung von Sportunternehmen und Medien.

Die Bereitschaft einer Vielzahl von Unternehmen sich den "strategischen Spielregeln" anzupassen, wird eine mißbräuchliche Nutzung von Freiheitsräumen durch einige wenige Teil-

[43]Eine solche Möglichkeit könnte die Errichtung einer Institution zur Selbstkontrolle der Beteiligten sein, etwa vergleichbar mit der freiwilligen Filmselbstkontrolle oder den Selbstbeschränkungsabkommen in mehreren Wirtschaftsbereichen (z.B. Zigarettenindustrie) (Nieschlag, Dichtl, Hörschgen 1991).

nehmer zum Schaden des gesamten Systems nicht verhindern können. Gerade deshalb müssen Verhaltensregeln für die Werbung im Sport und mit dem Sport aufgestellt werden, damit der Sport nicht um jeden Preis mediatisiert und kommerzialisiert wird.

9. Chancen für das Sportsponsoring

9.1 Sportsponsoring als integraler Bestandteil erfolgversprechender Kommunikationsstrategien

9.1.1 Sponsoring - ein Mittel zur Umgehung der Werbeantipathie"

Die stetige Zunahme der Werbung, die Reizüberflutung der Konsumenten mit Werbebotschaften jeglicher Art und in den unterschiedlichsten Situationen wird die bereits bestehende Antipathie der Konsumenten gegen Werbung noch verstärken. Gesucht werden Kommunikationsformen, die eine effektive, zielgruppenspezifische Konsumentenansprache in einem interessanten Umfeld ermöglichen. Das sind genau die Anforderungen, die der Sport langfristig nahezu perfekt erfüllen kann:

- Der gesellschaftliche Stellenwert des Sports wird aufgrund der weiteren Kommerzialisierung und des Wertewandels tendenziell zunächst noch steigen.
- Sportsponsoring wird trotz einer steigenden Antipathie auch gegenüber der Werbung im Umfeld des Sports seine gegenüber anderen Kommunikationsformen deutlich positivere Akzeptanz behaupten können.
- Die Trendsportarten ermöglichen eine wesentlich zielgruppenspezifischere Konsumentenansprache.[1]
- Der Zuschauer kann sich der Wahrnehmung der Werbebotschaft nicht entziehen.
- Die Einschaltquoten von Sportübertragungen bleiben allgemein auf einem hohen Niveau.[2]

Sportsponsoring kann nur solange einen Beitrag zur Umgehung der Werbeantipathie beim Konsumenten leisten, wie bei ihm eine positive Akzeptanz gegenüber diesem Medium vorherrschend bleibt. Hier sind nun die Beteiligten gefordert, durch einen maßvollen Einsatz das Wirkungspotential dieses Mediums zu erhalten.

[1] Präferierte Sportarten der jungen, konsumfreudigen Generation sind z.Zt. Basketball, Mountain-Biking und Snowboarding.

[2] Fußball und Tennis bleiben die präferierten Mediensportarten. Die Einschaltquoten werden aber immer stärker vom sportlichen Erfolg nationaler Spieler/Mannschaften bzw. deren gesellschaftlichen Stellenwert beeinflußt.

9.1.2 Sportsponsoring - das Basismedium einer Global Marketing-Strategie

Sportsponsoring ist das einzige Kommunikationsinstrument, das in einer globalen Marketingstrategie ohne Berücksichtigung von sozialen, kulturellen und sprachlichen Aspekten weltweit einheitlich eingesetzt werden kann.[3]
Im Mittelpunkt der Standardisierung von Marketingprogrammen steht eine Vereinheitlichung des Inhalts von Marketingkonzepten für den länderübergreifenden Einsatz. Mit dem Einsatz identischer Produkt- und Kommunikationskonzepte soll der internationale Media-Overspill, der mit der Ausstrahlung nationaler Print- und/oder Funkmedien über Ländergrenzen hinweg verbunden ist, möglich sein (Kreutzer 1989).
Mit der Schaffung des EG-Binnenmarktes sind auch die politisch-rechtlichen Voraussetzungen für ein länderübergreifendes, europaweites Fernsehen geschaffen. Bestehende kulturelle und sprachliche Barrieren werden allerdings nur sehr langsam abgebaut und verhindern die von vielen erhoffte Übermittlung eines einzigen "europaweiten" Werbespots (Paefgen 1989).[4]

Europaweite Live-Übertragungen von Spielen aus den europäischen Fußballwettbewerben sichern den Sponsoren ein Millionenpublikum. Modifikationen am Spielmodus sollen zudem ab der Saison 1994/95 garantieren, daß die stärksten Vereine nicht frühzeitig ausscheiden und damit sozusagen eine ganze "Nation" das Interesse an dem weiteren Verlauf des Wettbewerbs verliert und für die Sponsoren werblich nicht erreichbar ist.[5]

9.2 Die Übernahme gesellschaftlicher Verantwortung mit dem Sportsponsoring

9.2.1 Die Notwendigkeit der Übernahme gesellschaftlicher Verantwortung

Der Konsument erwartet von den Unternehmen im Zeichen des Wertewandels nicht nur die Lösung rein ökonomischer Probleme, sondern er fordert von den Unternehmen gezielt gesamtgesellschaftliches Verantwortungsbewußtsein.
Gerken glaubt, daß der Ethik-Trend in den Industrienationen immer größer wird. Immer mehr Menschen verlangen von den Unternehmen ethische Garantien, die mit dem Marketing nur schwer zu vereinbaren sind. Denn bisher war das Marketing fast ausschließlich darauf ausge-

[3] Das Product Placement ist aufgrund sozialer und kultureller Unterschiede zwischen den verschiedenen Ländern auch nur bedingt für einen globalen Einsatz geeignet.

[4] Paefgen gehört wie Tietz zu den Befürwortern eines Globalmarketing (Paefgen 1989).

[5] Der 1. FC Kaiserslautern und der VfB Stuttgart schieden in den Jahren 1991/92 bzw. 1992/93 frühzeitig im Europapokal der Landesmeister "Champions League" aus. Die attraktiven Gruppenspiele fanden ohne Beteiligung deutscher Mannschaften, sozusagen unter Ausschluß der deutschen Öffentlichkeit statt.

richtet, psychologische Defizite der Menschen (Prestige, Liebe, Aggression etc.) durch Produkte zu befriedigen (Gerken 1990).
Die bisher nur dem Öko-, Kultur- und Soziosponsoring zugesprochene Möglichkeit der Übernahme gesellschaftlicher Verantwortung dürfte künftig in Anbetracht der großen gesellschaftlichen Herausforderungen auch im Sportsponsoring eine entscheidende Rolle spielen. Umweltschutz, Ausländerintegration, Gesundheit, Jugend-, Senioren- und Behindertensport sind Problemfelder, die gerade durch bzw. mit dem Sport, der mitgliederstärksten Vereinigung in Deutschland, aufgegriffen und angegangen werden müssen.[6]
Mit Hilfe von Sponsoringaktivitäten in diesen Bereichen haben die Unternehmen die Möglichkeit, den artikulierten Ressentiments gegenüber Konsum sowie der negativen Einstellung zur herkömmlichen Werbung entgegenzutreten (Schürmann 1990).

9.2.2 Der Umweltschutz

Die Mehrzahl der Sportunternehmen ist derzeit aus finanziellen Gründen und mangelndem Know-how nicht in der Lage ein eigenes Umweltkonzept zu entwickeln.[7] Ausrichter von Großveranstaltungen wie Olympischen Spiele oder Weltmeisterschaften versuchen aus PR-Gründen beim Bau der notwendigen Sportanlagen bzw. der Infrastruktur verstärkt ökologische Kriterien zu berücksichtigen.[8]
Sport und Wirtschaft sind deshalb gemeinsam gefordert, in Zusammenarbeit vielleicht auch mit Umweltschutzorganisationen, entsprechende Projekte im Sport zu initiieren und nach Finanzierungsmöglichkeiten zu suchen.[9] Denn gerade über bzw. durch den Sport lassen sich viele Menschen ansprechen und auch in eine gewisse umweltpolitische Verantwortung nehmen.

Umweltbelastende Sportarten wie der Motorrennsport und einige Natursportarten können langfristig in einen Legitimationszwang bzgl. des gesellschaftlichen Nutzens oder Schadens

---

[6]Für Matthias Kleinert, verantwortlich für die Öffentlichkeitsarbeit bei Daimler-Benz, ist das Engagement des Konzerns für den Sport ein wichtiger Bestandteil der Unternehmensphilosophie, eine klare Konsequenz gesellschaftlicher Verantwortung (Kleinert 1991).

[7]Eine Ausnahme bildet der 1.FC Kaiserslautern.

[8]In Lillehammer wurden lokale Umweltschutzgruppen in die Planung integriert. In Sydney, das den Zuschlag für die Ausrichtung der Olympischen Sommerspiele im Jahr 2000 erhielt, arbeiteten die Planer bereits bei der Erstellung des Konzeptes mit der nationalen Vertretung der Umweltschutzorganisation Greenpeace zusammen.

[9]Der 1.FC Kaiserslautern ist 1993 als umweltfreundlichster Klub der Bundesliga ausgezeichnet worden. Hauptpunkte des Umweltkonzeptes sind nach Angaben der Geschäftsführung des Vereins neben dem der Pfandrückgabe der Plastikbecher auch ein groß angelegtes Park and Ride-System für die Besucher der Heimspiele.

ihrer Sportausübung bzw. der Veranstaltung kommen. Umweltbewußte Unternehmen sollten deshalb zur Vermeidung von negativen Imagetransfers rechtzeitig als Sponsoren aus diesen Sportarten aussteigen oder aktiv an spürbaren Veränderungen zur Reduzierung der Umweltbelastung beitragen.

Der Weltcup der Sportkletterer wird mittlerweile fast ausschließlich in Hallen ausgetragen, weil bei einer derartigen Veranstaltung in der freien Natur zu viel zerstört werden würde. Damit verschafft sich diese Sportart ein umweltbewußtes Image. Auch bei den am Gardasee unter freiem Himmel ausgetragenen "Rockmasters" wird an einer Kunstharzatrappe geklettert (Kazda 1993$_2$).[10]

Unternehmen bieten sich nun zahlreiche Möglichkeiten in Zusammenarbeit mit den Vertretern des Sports im Rahmen einer Sponsorschaft, "ökologische Prinzipien" zu berücksichtigen bzw. einzuführen.[11] Möglichkeiten für eine derartige Zielgruppenansprache sind

- die Förderung umweltbewußten Handelns im Rahmen der Sportausübung,[12]
- die Verringerung von Umweltbelastungen im Rahmen der Sportausübung,[13]
- die Vermeidung und/oder Reduktion von Schadstoffemissionen durch den Veranstaltungsverkehr und von Abfall der Veranstaltungsbesucher,[14]
- die Förderung umweltbewußten Handelns in Lebensbereichen, die eng mit dem Sport verbunden sind,[15]
- die Unterstützung von politischem Handeln im weitesten Sinne, also Proteste gegen gesundheitsgefährdende Luft- und Gewässerverschmutzungen oder umweltschädigende Sportanlagen.[16]

---

[10] An fünfzehn Meter hohen Glasfieber- und Kunstharzwänden werden die besten Kletterer im Geschwindigkeits- und Schwierigkeitsklettern ermittelt. Entsprechende Werbebotschaften lassen sich an der Kleidung der Aktiven wirkungsvoll ins Bild setzen. Die Kletterwand wurde bisher weitgehend von Werbeaufschriften freigehalten (Kazda 1993$_2$)

[11] Die Firma Opel, Hauptsponsor des FC Bayern München, gibt seit 1993 viermal jährlich ein Fanmagazin in einer Auflage von 30.000 Exemplaren heraus ("News for Fans"), das von den Fans kostenlos abonniert werden kann. In jeder Ausgabe werden drei Fanclubs ausgewählt und prämiert, hauptsächlich für Aktionen im Umwelt- und Sozialbereich (Hennecker, Wild 1993).

[12] Beispiel Klettern.

[13] z.B. eine drastische Limitierung des Spritverbrauchs bzw. der Einsatz von Katalysatoren im Motorsport, der Verzicht auf das Präparieren der Pisten mit chemischen Mitteln im Alpinen Skilauf.

[14] Einhaltung von Umweltregeln, Vermeidung/Reduzierung bzw. Recycling von Abfall bei Sportveranstaltungen, Umstieg auf öffentliche Verkehrsmittel etc..

[15] Vereinsleben, Körperpflege, Ernährung.

[16] Proteste gegen Rodungen zum Bau von Abfahrtspisten im Alpinen Skilauf.

Der Sport muß erkennen, daß er gefordert ist, derartige Entwicklungen im eigenen Interesse mitzutragen bzw. in Eigeninitiative aktiv zu werden, denn die Wirtschaftsunternehmen kommen bald nicht mehr umhin, bei der Auswahl ihrer Sportsponsoringengagements umweltpolitische Aspekte zu berücksichtigen.

9.2.3 Die Integration von Ausländern

Die freie Wahl von Wohnort und Arbeitsplatz innerhalb der EG-Staaten und die anhaltende Einwanderungswelle aus Osteuropa und der Dritten Welt werden den Anteil der Ausländer in Deutschland und Europa weiter erhöhen, die Entwicklung zu einer multikulturellen Gesellschaft verstärken. Der Staat als Verantwortlicher dieser Entwicklung, der Sport als sog. Mittler und die Wirtschaftsunternehmen als Arbeitgeber stehen in der Verantwortung, für eine reibungslose Integration der Ausländer in unsere Gesellschaft zu sorgen.

Insbesondere international tätigen detuschen Großunternehmen, mit ihrer zunehmend multinationalen und -kulturellen Mitarbeiterstruktur, müssen angesichts der zumindest latent vorhandenen Ressentiments größerer Bevölkerungsgruppen gegenüber Ausländern in unserer Gesellschaft für eine Verbesserung der Beziehungen untereinander Sorge tragen.[17] Der Sport, als mit Abstand größte deutsche Organisation, bietet sich dafür hervorragend an.

Der Deutsche Fußballbund, der mitgliederstärkste deutsche Sportverband mit einem hohen Anteil an ausländischen Spielern, hat bereits mehrfach entsprechende Aktionen bzw. Änderungen zu einer besseren Integration von Ausländern initiiert.[18]
Als Zeichen gegen die Ausländerfeindlichkeit trugen in einer gemeinsamen Aktion unter dem Motto "Friedlich miteinander" am letzten Spieltag des Jahres 1992 alle Bundesligamannschaften anstelle des Sponsornamens die gemeinschaftliche Aufschrift "Mein Freund ist Ausländer" auf ihren Trikots. Dieses völkerverbindende Bekenntnis wurde noch durch eine Reihe begleitender Aktionen im Umfeld der Veranstaltungen unterstützt (Stadiondurchsagen, der Einsatz von ausländische Kindern als Balljungen etc.) (Horeni 1992).[19]

---

[17] aus personalpolitischen Gründen.

[18] Dazu zählt die Regelung des "Fußball-Deutschen". Ausländer die mindestens fünf Jahre - davon drei Jahre in Jugendmannschaften - ununterbrochen in Deutschland im Verein Fußball gespielt haben, erhalten den Status von "Fußball-Deutschen" und belasten damit nicht das Ausländerkontingent der deutschen Profi-Fußballvereine (DFB 1992).

[19] Die Firma Trigema, der Trikotsponsor von Borussia Mönchengladbach, unterstrich mit ihrer Forderung nach einer Entschädigung in Höhe von 50.000 Mark in werblichen Gegenleistungen für den einmaligen Verzicht der Trikotwerbung einmal mehr das in vielen Unternehmen vorherrschende Unverständnis für die Belange und Wirkungen des Sportsponsoring.

Die integrative Funktion des Sports liefert den Sponsoren ausgezeichnete thematische Ansatzpunkte für die Integration der Ausländerthematik in die unternehmensinterne und -externe Öffentlichkeitsarbeit: zur Demonstration von gesellschaftlicher Verantwortung und einem besseren Verständnis der eigenen Mitarbeiter untereinander.

Möglichkeiten ergeben sich in

- der Übernahme von Patenschaften für integrative Modelle in Vereinen bzw. Verbänden,[20]
- der Unterstützung von bestehenden Projekten zur Ausländerintegration,[21]
- der Ausrichtung/dem Sponsoring von Veranstaltungen, deren Reinerlös entsprechenden Projekten zugute kommt.

Die Integration von Ausländern im Sport darf den Sport und die Sponsoren nicht darüber hinwegtäuschen, daß die eigentlichen Probleme ausländischer Sportler, insbesondere derer, die nicht im medialen Rampenlicht stehen, meist erst außerhalb des sportlichen Umfeldes anfangen. Hier muß bereits die eigentliche Aufgabe von Sport und Sponsoren beginnen: das friedliche Miteinander aus dem Sport in unsere Gesellschaft zu übertragen.

9.2.4 Gesundheitsmotiv

Rückenschmerzen sind einer Statistik des Bundesverbandes der Betriebskrankenkassen (BKK) zufolge, die häufigste Ursache für Arbeitsunfähigkeit.[22] Dadurch gehen schätzungsweise 12 Millionen Arbeitstage pro Jahr verloren. Die volkswirtschaftlichen Kosten für die Behandlung und die Renten bei Invalidität summieren sich auf weit über 20 Milliarden Mark jährlich (Brüser 1993). Die Unterstützung des Gesundheitsports wird damit aus ökonomischen Gründen für Versicherungen und Krankenkassen, aber auch für die einzelnen Wirtschaftsunternehmen immer wichtiger.
Herzsportgruppen, Wirbelsäulengymnastik, Asthmasport, Gymnastik für Morbus-Bechterew-Patienten, für Osteoporose-Leidende, Sport in der Krebsnachsorge und für Diabetiker etc. sind mögliche Angebote des Gesundheitssports (Deiss 1993).

---

[20] Sponsoring von Vereinen mit einem hohen Ausländeranteil.

[21] Die Zuschüsse für das 1989 vom Deutschen Sportbund ins Leben gerufene Projekt "Sport mit Ausländern" mußten aufgrund der Sparbeschlüsse des Bundes die Zuschüsse zu diesem Projekt um etwa 50 Prozent gekürzt werden, so daß dieses bisher recht erfolgreich angelaufene Projekt künftig in wesentlich geringerem Umfang von den jeweiligen Landesverbänden in Eigenregie getragen werden muß (DSB 1992_2, Rettich 1993).

[22] Der durch die zunehmende Bürotätigkeit hervorgerufene Bewegungsmangel läßt die stützende Bauch- und Rückenmuskulatur atrophieren (Deiss 1993).

Unter dem Aspekt der Volksgesundheit und der Präventivmedizin erweist sich der Breitensport als gutes Werbemedium für Krankenkassen und Versicherungen. Genauso können Hersteller von Sportprodukten und -geräten sowie von Produkten, die zur Sportausübung beitragen, das Sportsponsoring als Kommunikationsmedium sehr gut nutzen (Gietz 1992).[23]

Dazu zählt auch die Unterstützung von Breitensportveranstaltungen mit Modellcharakter für die Umwelt. Wenn die Sportausübung zu Lasten der Umwelt geht, dreht sich der Gesundheitsaspekt ins Negative. Im Bereich des Breitensports, dazu gehört natürlich auch der Betriebssport, lassen sich allgemein gute Ansatzpunkte für das Gesundheitsmotiv finden.[24]
Am Beispiel des VfL Sindelfingen wird deutlich, daß sich der Gesundheitssport im Verein in Zusammenarbeit mit Krankenkassen durchaus selbst tragen kann.[25]

Eine Unterstützung des Spitzensports erweist sich nämlich aufgrund der gesundheitlichen Problematik für Versicherungsunternehmen und Krankenkassen als äußerst schwierig und sollte sehr sensibel gehandhabt werden.

9.2.5 Der Jugend- und Nachwuchsbereich

Der Jugendbereich nimmt im Sport eine nicht zu unterschätzende Stellung ein. Er liefert einerseits den Nachwuchs für den Sport, andererseits verkörpern diese jugendlichen Aktiven neben einer beträchtlichen aktuellen Kaufkraft die Verbraucher der Zukunft, die bereits frühzeitig an Marken gebunden werden können (Gietz 1991).
Gerade Sportartikelhersteller versuchen die jugendlichen Konsumenten durch vielfältige Aktionen und Kollektionen im Unternehmenssinne zu beeinflussen und an das Unternehmen zu binden.

Aktuelle Beispiele sind:

- die Streetball-Turniere von adidas und Reebok,
- die für 1994 geplanten "street soccer-Turniere" von Puma, adidas oder diadora,

---

[23]Zu den Produkten, die zur Sportausübung beitragen, zählen u.a. Erfrischungsgetränke, Vitaminprodukte, Duschgels.

[24]Die DAK schaltete im Frühjahr 1993 eine Anzeige in Sportzeitschriften, wo die "100 besten Ausreden, keinen Sport zu treiben", gesucht wurden.

[25]1992 erwirtschaftete der VfL Sindelfingen im Freizeit- und Gesundheitssport einen Reingewinn von 60.000 Mark, der allerdings zu einem großen Teil zur Finanzierung der Hochleistungssportler verwendet wurde (Deiss 1993). In diesem Falle kann man fast schon von Zweckentfremdung der Mittel sprechen.

- die Verpflichtung von Stars und deren Vermarktung im Unternehmenssinne.[26]
- der Schulwettbewerb "Jugend trainiert für Olympia",[27]
- die Förderung erfolgreicher Jugendarbeit bzw. hoffnungsvoller Jugendlicher.[28]

Im Gegensatz zu den aufgeführten Programmen steht beim Patenschaftsprogramm der Deutschen Sporthilfe zur Nachwuchsförderung allein der soziale Gesichtspunkt im Vordergrund.[29] Für Henze belegen Aktionen wie die "Fair-Play-Initiative" der Deutschen Olympischen Gesellschaft (DOG) in Zusammenarbeit mit IBM und den Sparkassen, "Keine Macht den Drogen", das Patenschaftsprogramm der Sporthilfe, das "Grüne Band der Sympathie" der Dresdner Bank, daß ein gewisser Geist des Mäzenatentums in das Sportsponsoring der Unternehmen zurückkehrt ist, allerdings mit mehr Bedacht auf Eigennutz (Henze 1991). Die Unternehmen versuchen durch derartige Aktionen gesellschaftspolitische Werte wie Gesundheit, Leistung, Wettbewerb, Völkerverständigung, Teamgeist und Fairneß im Interesse des Sports zu fördern und gleichzeitig auf die eigene Unternehmenskultur zu übertragen.

Die Gründung eigener Stiftungen bieten eine hervorragende Möglichkeit gesellschaftspolitische Verantwortung zu zeigen. Als gesellschaftsrelevante Förderungsziele würden sich u.a. folgende Bereiche anbieten:

- die Nachwuchsarbeit,[30]
- der Behindertensport,
- der Gesundheitssport,
- Sport und Umwelt,
- der Hochschulsport,
- die Ausländerintegration.[31]

---

[26]Vgl. Kap. 9.3.2.

[27]Das Unternehmen Kellogs engagiert sich bereits seit 1987 als Hauptsponsor von "Jugend trainiert für Olympia".

[28]• Die Ruhrgas AG hat sich der Förderung von hoffnungsvollen Jugendlichen gewidmet. Sie sucht und fördert erfolgreiche junge Sporttalente aus den olympischen Einzeldisziplinen. Eigenen Angaben zufolge sind seit 1986 bereits mehr als 300 Sportler(innen), darunter auch Franziska van Almsick, in den Genuß der Förderung gekommen (Unternehmensangaben).
• Die Förderung der Vereinsarbeit im Jugendbereich durch die Dresdner Bank.

[29]Firmen können mit einer Spende von 7.500 Mark dieses Patenschaftsprogramm für hoffnungsvolle Nachwuchssportler unterstützen (Haffner 1992).

[30]z.B. das ehemals von der Firma Hoechst finanzierte Volleyball-Internat in Frankfurt/Main.

[31]Vgl. hierzu auch die Ausführungen von Mussler zum Sponsoring der 90er Jahre (Mussler 1992).

9.3 Der Einsatz der klassischen "Sportsponsoring-Formen"

9.3.1 Trikot- und Bandenwerbung

Die Live-Übertragung eines Fußballspiels läßt aufgrund des Spielverlaufs im Gegensatz zum Tennis oder auch zum American Football "nur" eine Plazierung von sog. Werbeinseln vor und nach dem Spiel bzw. während der Halbzeitpause zu. Die Vorhersehbarkeit bzw. das Wissen um die Dauer dieser Werbeinseln[32] ermöglicht es den Zuschauern ohne großen Informationsverlust kurzfristig auf ein anderes Programm umzuwechseln oder den Raum zu verlassen.[33] Zwar versuchen die Medien die Zuschauer durch aktuelle Interviews und Hintergrundinformationen vom "Zapping" abzuhalten. Trotzdem stellen sich viele Unternehmen angesichts der hohen Werbekosten und der hohen Anzahl der Programmwechsler die Frage nach der Effizienz einer solchen Werbeplazierung bzw. nach möglichen Alternativen.
Der Sport als direktes Werbemedium, in Form von Trikot- oder Bandenwerbung, bietet, wie bereits dargestellt, im Vergleich zu den klassischen Kommunikationsinstrumenten, keine oder allenfalls begrenzte Möglichkeiten der werblichen Informationsvermittlung. Die Zuschauer können sich dagegen der im sportlichen Umfeld verpackten Werbebotschaft nicht bewußt entziehen, ohne gleichzeitig das sportliche Geschehen zu vernachlässigen. Unternehmen, die auch künftig die hohen Aufmerksamkeitswerte des Sports für eigene werbliche Ziele nutzen wollen, werden sich angesichts einer eher zunehmenden Werbeantipathie wieder verstärkt um die direkten Sportwerbemedien kümmern, insbesondere um die Trikot- und/oder Bandenwerbung.[34]

Der Sport darf sich unter keinen Umständen an die Mediengesellschaften verkaufen. Er muß sich auf seine eigentlichen Stärken (Potential) besinnen. Dazu zählen das teilweise enorme Zuschauerinteresse und die mit dem Sport verbundenen positiven Imagewerte, hervorgerufen durch einen authentischen, derzeit noch weitgehend "werbefreien" Spiel- (Wettkampf-) verlauf. Diese Werte sollte man nicht zugunsten einer vielleicht kurzfristig finanziell

[32]Der genaue Beginn einer Fußballübertragung kann der Presse bzw. den Ankündigungsplakaten entnommen werden. Die reguläre Spielzeit und eine in etwa konstante Pausenzeit ermöglichen dem Fernsehzuschauer eine relativ genaue Planung hinsichtlich der eigentlichen Übertragungszeit.

[33]Die exakte Anpfiffzeit entnimmt der Zuschauer der Tagespresse. Die Dauer der Halbzeitpause ist mit ca. 15 Minuten durch die Spielregeln vorgegeben.

[34]Die Bandenwerbung ist die mit 61,6 Prozent die im Sportsponsoring am häufigsten vertretene Werbeform (o.V. 1993_{15}). Untersuchungen zur Werbewirksamkeit dieses Mediums kommen alle zum gleichen Ergebnis, daß mit dem isolierten Einsatz von Bandenwerbung nur geringe Recallwerte zu erreichen sind. Rollierende Banden, auf denen jeweils für eine bestimmte Zeit nur ein Sponsor alleine erscheint, oder auch eine Exklusivvermarktung an eine begrenzte Zahl von Sponsoren können die Werbewirkung erhöhen.

lukrativeren, weil mediengerechteren Verwertung gefährden. Die große Publikumsresonanz und seine Imagewerte sind und bleiben das Kapital des Sports, das ihn für Medien und Sponsoren so interessant macht. Ein durch die übersteigerte Kommerzialisierung des Sports hervorgerufener Rückgang des Zuschauerinteresses würde für alle am Sportsponsoring Beteiligten zum Bumerang werden. Ein im Spiel-/Wettkampfverlauf werbefreier Sport ist für die klassischen Sportsponsoren wesentlich interessanter.[35]
Solange der Sport sich nämlich auf seine eigenen Werte beruft, kann er sich einer entsprechenden steigenden Nachfrage werbetreibender Unternehmen gewiß sein.[36]

9.3.2 Der Einsatz von Testimonials

Der Wertewandel in unserer Gesellschaft bewirkt, daß Leitbilder in Form von Personen, Unternehmen und Organisationen an Bedeutung gewinnen, die für den Menschen ethisch-moralische, gesellschaftliche, politische, soziale und natürlich auch wirtschaftliche Werte repräsentieren und vorbildsmäßige Verhaltensweisen zeigen (Freyer 1990). Die Medien und die Sportartikelindustrie werden versuchen, bekannte und erfolgreiche Sportstars durch die Imitation, vielleicht sogar Internalisation demonstrierter und gelebter Werthaltungen und Konsumorientierungen in unserer Gesellschaft zu Leitbildern in ihrer Zielgruppe aufzubauen.

Sportartikelhersteller und Hersteller sportnaher Produkte werden deshalb verstärkt Sportstars in ihre Werbung integrieren bzw. sportlich attraktive Mannschaften ausrüsten.[37]

9.3.3 Der Breiten- und Leistungssport

Spitzen- und Breitensport besitzen ihren eigenen Charakter bzw. ihre eigenen Entwicklungstendenzen. Der Breitensport spricht andere Bevölkerungsgruppen als der Spitzensport an und entwickelt auch immer deutlicher eigenständige Formen und Inhalte (etwa die Tendenz zu Natursportarten).[38]

---

[35]Unter klassischen Sponsoren werden diejenigen Sponsoren verstanden, die mit dem Sport unmittelbar werben (Trikot, Bande etc.) und nicht ausschließlich in dessen Medienumfeld.

[36]Werbeeinblendungen während Spielunterbrechungen, insbesondere beim Fußballspiel, dürften zu sinkenden Einschaltquoten und damit auch wegen geringerer Medienkontakte mittel- bis langfristig zu sinkenden Preisen bei der Trikot- und Bandenwerbung führen.

[37]Heike Henkel hat sich im Olympiajahr 1992, sicherlich begünstigt durch den Dopingskandal von Kathrin Krabbe, zur beliebtesten deutschen Sportlerin bei der Werbeindustrie entwickelt. Sechs Unternehmen (u.a. Mars, Wash & Go) werben mit ihr. In ihr, die vom Spiegel schon als Kultfigur des deutschen Sport apostrophiert wird, sehen die Deutschen ihre Sehnsucht nach Sauberkeit, Sinneslust und Leistungsbereitschaft erfüllt (o.V. 1992_{11}).

Breitensportvereine bieten den Sponsoren anstelle von Fernsehzeiten eine große Anzahl von Mitgliedern und die Präsenz in den lokalen Medien. Breitensportaktionen haben eine entsprechende Breitenwirkung, da jeder Sportverein in seinem spezifischen Umfeld eine hohe Aufmerksamkeit und hohes Interesse hat (Bruhn/Mussler 1991). Das Sponsoring im Breiten- und Leistungssportbereich ermöglicht die direkte Ansprache einer großen Anzahl von "Aktiven" bei einem vergleichsweise geringen Zuschauerinteresse und Medienexposure.

Der Leistungssport ist in einem festen Wettkampfrahmen organisiert und setzt regelmäßiges Training voraus. Das Konkurrenzprinzip erfordert eine Differenzierung nach Altersstufen. Jugend- und Seniorensport ermöglichen eine sehr gute Zielgruppenansprache. Der Jugendsport liefert den Nachwuchs für den Sport, die Aktiven haben eine erhebliche Kaufkraft und sind die Verbraucher der Zukunft, die frühzeitig an Marken gebunden werden müssen. Ein regionales oder nationales Sponsoring von Jugendmannschaften kann dieses Vorhaben fördern (Gietz 1991).

Die folgenden Sportsponsoringengagements belegen den Trend zu einem verstärktem Sponsoring im Breitensport- und Leistungssportbereich:

- Das 29. Deutsche Turnfest, die weltweit größte Breitensportveranstaltung, findet 1994 in Hamburg statt und wird von namhaften deutschen Unternehmen unterstützt.[39]
- Im Nachwuchsbereich sponsert IBM auf Länderebene den entsprechenden "IBM Sprintcup".[40]

9.3.4 Das Eventsponsoring

Die Tatsache als Sponsor bei einem Sportunternehmen aufzutreten, ist heute nichts besonderes mehr, sondern heute bzw. künftig interessiert nur noch die Frage nach dem "wie?". Den Besuchern der gesponserten Veranstaltungen bzw. ganz speziell den geladenen, unternehmensrelevanten Personen müssen zusätzliche, vom Sponsor initiierte Höhepunkte im Umfeld der sportlichen Veranstaltung dargeboten werden. Die Verpflegung mit kulinarischen Köstlichkeiten ist Bestandteil fast jeder Veranstaltung und nichts Besonderes mehr.

[38]Der Breitensport ist damit mehr als nur ein Rekrutierungsfeld für den Spitzensport. Er kann zugleich Freizeitsport und Gesundheitssport sein.

[39]Die Unternehmen Kraft, Boehringer Mannheim, Spar Deutschland, Duales System Deutschland und Daimler Benz unterstützen die Veranstaltung mit je 600.000 Mark (Herz 1993).

[40]Der "Sprintcup" besteht aus drei Veranstaltungen, deren Programm jeweils aus einem Sprint-Dreikampf "30 Meter fliegend, 30 und 60 Meter aus dem Startblock" (o.V. 1993_{20}).

Die Sponsoren müssen dazu übergehen, ihren Gästen besondere Erlebnisse zu vermitteln, die normalerweise käuflich nicht zu erwerben sind. Dazu zählen Trainingsstunden und Gesprächsrunden mit den Stars der Veranstaltung. Solche sog. "Event im Event"-Strategien ermöglichen es dem Sponsor, zusätzliche Kommunikationsleistungen zu seinen "klassischen" Sponsoringaktivitäten zu erbringen, um eine glaubwürdige Publicity zu erreichen (Mauerer 1992).

9.3.5 Sportsponsoring als Mittel zur Entlastung und Förderung der kommunalen Wirtschaftsstruktur

Die hohe Staatsverschuldung und die leeren Kassen von Bund, Ländern und Gemeinden verlangen Ausgabenkürzungen, von denen der Sport bzw. seine Infrastruktur nicht verschont bleiben kann.

Die Städte werden dazu übergehen, den Vereinen die stadteigenen Sportplätze, -anlagen und -hallen nicht mehr wie bisher kostenlos z.Vfg. zu stellen bzw. kommunale Sporteinrichtungen, insbesondere die Hallen- und Freibäder, aufgrund der hohen Unterhaltskosten zu schließen.[41] Derartige Zusatzbelastungen und fehlende Übungsstätten bedrohen die Existenz zahlreicher (kleinerer) Vereine.

Der Verein kann seinen gesellschaftspolitischen Auftrag als kostengünstiger Sportanbieter dann nur noch bedingt nachkommen. Die weitgehend durch das Subsidiaritätsprinzip gesicherte Autonomie gerät ins Wanken, wenn sich der Sport bei seinem Übungsangebot nach streng marktwirtschaftlichen Kriterien zu organisieren beginnt.

Sponsoren können im kommunalen Bereich, vornehmlich im Umfeld ihres Standortes, soziale bzw. gesellschaftliche Verantwortung übernehmen, indem sie den Unterhalt, Bau oder Umbau kommunaler Sporteinrichtungen unterstützen bzw. finanzieren und damit gewährleisten, daß der sportliche Übungsbetrieb im Verein in der bisherigen Form aufrechterhalten werden kann. Derartige Möglichkeiten eignen sich am Hauptsitz des Unternehmens oder an Plätzen, wo bedeutende Zweigniederlassungen bestehen.

Sponsoringmöglichkeiten im Bereich der kommunalen Wirtschaftsstruktur sind also:

- der Bau oder Umbau bestehender Sport- und oder Freizeitanlagen,
- der Unterhalt von kommunalen Sportstätten,

[41] Die Stadt Frankfurt gehört zu den Vorreitern dieser Entwicklung. Es ist zu befürchten, daß weitere hochverschuldete Städte diesem Beispiel folgen werden.

- infrastrukturelle Investitionen von überwiegend privater Hand zur Durchführung von sportlichen Großveranstaltungen.[42]

Auch bei großen internationalen Sportveranstaltungen gehen die Veranstalter dazu über, mit Hilfe von finanzkräftigen Sponsoren notwendige Einzelobjekte finanzieren zu lassen.
Die Ausrichtung der Olympischen Sommerspiele 1984 in Los Angeles erbrachte für das Nationale Olympische Komitee Amerikas einen Gewinn von rund 200 Millionen Dollar. Die Gesamtwertschöpfung betrug nach amerikanischen Berechnungen etwa 3,5 Milliarden Dollar und kam zum größten Teil den dortigen Kommunen zugute (Maennig 1992).

Derartige Investitionsrechnungen basieren auf recht willkürlichen Kostenverrechnungsmethoden wie das Beispiel der Olympiabewerbung Berlins zeigt. Die Kosten-Nutzen-Rechnung von Professor Wolfgang Maennig über die Wirtschaftlichkeit der geplanten Olympischen Spiele in Berlin im Jahr 2000 ergab für die Berliner Region einen Nettonutzen von 4,7 Milliarden Mark. Der volkswirtschaftliche Nutzen setzt sich aus einem erhofften primären und sekundären Einkommenseffekt und zusätzlichen Steuereinnahmen zusammen. Ein Vergleich der ermittelten Effizienz mit anderen öffentlich finanzierbaren Projekten wie Weltausstellungen, Bundesgartenschauen etc. entfällt mit der wissenschaftlich äußerst fadenscheinigen Begründung, daß die Olympischen Spiele zu einem großen Teil durch ausländische Mittel finanziert werden könnten, die sonst kaum bereitgestellt werden würden (Maennig 1992).[43]

9.4 Die Sportarten der Zukunft

9.4.1 Internationale Sportarten und Sportveranstaltungen

Die Globalisierung von erfolgreichen professionellen nationalen Sportarten wird weiter zunehmen.[44] Dem Tennis- und Motorsport werden weitere Sportarten folgen.

[42]Daimler Benz finanzierte den Umbau des Stuttgarter Neckarstadions für die Leichtathletik-Weltmeisterschaften 1992 als Gegenleistung für die Umbenennung der in unmittelbarer Unternehmensnähe gelegenen Anlage in "Gottlieb Daimler-Stadion" (Angaben Graf Vitzthum, Leiter der Sponsoringabteilung bei Mercedes Benz).

[43]Die Unterscheidung in olympiabedingte Kosten und solche, die aufgrund der angeblich allgemein notwendigen Infrastruktur sowieso anfallen würden (Ausbau des öffentlichen Nah- und Fernverkehrs) ließ die Bilanz noch wesentlich positiver aussehen.

[44]Auch Maguire erwartet bis zum Ende des 20. Jahrhunderts eine weitere Globalisierung insbesondere bei den amerikanischen Profisportarten Football und Basketball (Maguire 1991).

Die erfolgreichen amerikanischen Sportunternehmen NBA und NFL suchen aufgrund des weitgehend gesättigten Heimatmarktes neue Absatzmärkte. Ziele sind Europa und Asien.[45] Mit Berichterstattungen über die Spiele aus den Profiligen soll das Interesse der europäischen und asiatischen Sportfans geweckt werden[46], und die Umsätze aus Lizenzverkäufen von Sportkleidung, Souvenirs etc. angekurbelt werden. Hinzu kommen entsprechende medienwirksame Auftritte von Vereins- und/oder Auswahlmannschaften.[47]
Die NHL wird langfristig, insbesondere durch den Erfolg der NBA, verstärkt international auftreten und bemüht sein, bei Weltmeisterschaften die besten nordamerikanischen Profis in den Nationalteams der USA und Kanada aufzubieten. Erstmals 1995 soll die NHL-Saison anläßlich der Eishockey-Weltmeisterschaften für zehn Tage unterbrochen werden.[48]

Die FIFA versucht derzeit in Nordamerika und Japan den Fußballsport u.a. durch Vergabe der Weltmeisterschaften populär zu machen.[49]
Große internationale Sportveranstaltungen, wie Olympische Spiele und Weltmeisterschaften, werden aufgrund ihrer vielfältigen transnationalen Auswirkungen für internationale Sponsoren weiter an Bedeutung gewinnen (Maguire 1991, Chalip 1992). Voraussetzungen sind hauptsächlich ein internationales Teilnehmerfeld mit Sportlern/Mannschaften aus den wichtigsten Absatzmärkten der Sponsoren, eine entsprechende Dauer der Veranstaltung und eine begeisterungsfähige Atmosphäre.[50]

Insbesondere Sportartikelausrüster werden die Olympischen Spiele verstärkt zur Produktdemonstration nutzen. In dem bislang noch werbeneutralen sportlichem Umfeld dürften die Markenzeichen der Sportartikelunternehmen auf Kleidung und Ausrüstung der Aktiven bewußter von den Zuschauern wahrgenommen werden.[51]

---

[45]Die FIFA hatte bereits Ende der siebziger Jahre einen erfolglosen Versuch unternommen, den Fußballsport in Amerika durch den Aufbau einer professionellen Liga mit Hilfe populärer europäischer und südamerikanischer Spieler, u.a Franz Beckenbauer und Pele, zu etablieren.

[46]Neben Eurosport und dem DSF berichtet auch SAT. 1 seit dem Herbst 1993 regelmäßig über die Spiele aus der NBA.

[47]z.B. der Auftritt des amerikanischen "Dream Team" im Basketball bei den Olympischen Sommerspielen 1992 in Barcelona, die Welttournee der Basketballmannschaft von Magic Johnson, die Teilnahme von NBA-Teams beim MacDonald`s Open-Turnier, das jährliche Freundschaftsspiel von zwei NFL-Teams im Berliner Olympiastadion.

[48]Damit wird der Terminplan für die Punktrunde der NHL noch enger. Die Spieltage müssen aus wirtschaftlichen Gründen nachgeholt werden, da ansonsten die NHL-Teams allein bei den Zuschauereinnahmen Einbußen von schätzungsweise 50 Millionen Dollar zu verzeichnen hätten (Heß 1993).

[49]Die USA sind 1994 und Japan 2002 Ausrichter der Fußball-Weltmeisterschaften.

[50]Deswegen hat die FIFA die Zahl der Mannschaft am Endturnier der Fußball-Weltmeisterschaft 1986 wieder von 16 auf 24 Mannschaften erhöht. Deshalb finden die Olympischen Sommer- und Winterspiele seit 1994 alternierend alle zwei Jahre statt.

[51]Ebenso wie bei den All England Championships in Wimbledon.

9.4.2 Erfolgreiche Zielgruppenansprache mit Trendsportarten

Trendsportarten schneiden derzeit im Vergleich zu den traditionellen Sportarten im Preis-Leistungsverhältnis deutlich besser ab und ermöglichen eine noch genauere Zielgruppenansprache, insbesondere beim jungen Publikum (Herz 1993). Diese Sportarten treffen den momentanen Zeitgeist unserer Gesellschaft: Selbstverwirklichung, Eigeninitiative etc.. Trendsportarten vermitteln ein dynamisches und aktuelles treffendes Image und sind bisher noch weitgehend frei von Doping- oder Drogenproblemen.

Zu den derzeitigen, aktuellen Trendsportarten zählen:

- Snowboarding,[52]
- Freeclimbing,
- Basketball/Streetball,
- Windsurfing,
- Mountain-Biking,[53]
- Badminton,
- American Football.

Mit Ausnahme von Badminton werden diese Sportarten überwiegend von Jugendlichen präferiert.

Modeunternehmen und Konsumgüterhersteller, die eine Imagedynamisierung ihrer Produkte bzw. ihres Unternehmens anstreben, werden sich diesem Sportarten künftig verstärkt zuwenden. Das Modeunternehmen Hugo Boss unterstützt deshalb neuerdings die Individualsportarten Windsurfing, Snwoboarding and Freeclimbing, die Schweizer Uhrenfirma Swatch sowie der Elektronikkonzern Grundig sponsern die Sportarten Snowboarding und Mountain-Biking, die Henninger Bräu AG engagiert sich im American Football (Herz 1993).

[52]Weltweit wurden im Winter 1992/93 über 300.000 Snowboards abgesetzt. Die junge Generation hat eine "coole" Sportart entdeckt. Kennzeichen sind eine eigene Sprache ("Loop" ist gleichbedeutend mit Salto, "Mega-Air" mit einem besonders hohen Sprung oder "Cruising" mit genußreichem, gemütlichem Fahren) und ein individuelle Kleidung (weite Maurerhosen, großkarierte Flanellhemden, Baseballkappen) (Henkel 1993).

[53]z.B. die "Grundig -Top-Ten-Serie" für Mountainbiker (Friese 1988).

9.5 Die Sportsponsoren der 90er Jahre

9.5.1 Medienunternehmen

Medien- und Kommunikationsunternehmen werden in den nächsten Jahren auch in Deutschland im Kampf um Marktanteile nicht mehr nur in Übertragungsrechte investieren, sondern sich auch direkt an erfolgreichen Sportunternehmen beteiligen, sobald sich diese in Kapitalgesellschaften umgewandelt haben. International gibt es schon zahlreiche Beispiel dafür:

- Der französische Abonnementsender CanalPlus ist Mehrheitsaktionär beim französischen Erstligisten Paris St. Germain.
- In Italien sichert sich Silvio Berlusconi, dessen Firmenkonglomerat vor allem im Medienbereich knapp 36.000 Angestellte beschäftigt, als Besitzer des AC Mailand die Übertragungsrechte für seinen Sender "Canale 5".[54]
- In Amerika hat sich der Walt Disney Konzern für eine Aufnahmegebühr von fünfzig Millionen Dollar in die NHL eingekauft. Seit der Saison 1993/94 tritt das Konzern-Team unter dem Name "Mighty Ducks Anaheim" an.[55] Die Heimspiele werden in einer eigens dafür gebauten Arena "Anaheim Pond" in Anaheim Kalifornien (direkt neben Disneyland) ausgetragen (Erne 1993).
- Paramount Pictures besitzt die Eishockeymannschaft der New York Rangers und das Basketballteam der New York Knicks. Beide Teams spielen im konzerneigenen Madison Square Garden, aus dem der konzerneigene Kabelsender überträgt (McNeill 1992).
- Der Medienkonzern Tribune Company aus Chicago sichert sich als Besitzer des Baseballteams der Chicago Cubs die Übertragungsrechte für seine beiden lokalen Fernsehstationen (McNeill 1992).

Für die Medienkonzerne ergeben sich aus diesen Investitionen zahlreiche interessante ökonomische Synergieeffekte:

- Die Unternehmen brauchen keine teuren, "betriebsfremden" Sportstars für Werbeeinsätze und Interviews zu verpflichten, sondern können die "eigenen" Sportstars als PR-Stars auftreten lassen, die zudem auch noch eine direkte Konzernbeziehung (bessere Identifikation) haben.

---

[54] Berlusconi finanzierte dem Ortsrivalen Inter Mailand 1993 die Verpflichtung der holländischen Stars Bergkamp und Jonk im Gegenzug für weitgehende Übertragungsrechte (Quelle: kicker Sportmagazin).

[55] Der Bau des Stadions kostete den Disney Konzern weitere 103 Millionen Dollar (Erne 1993).

- Dem unternehmenseigenen Kabelsender sind viele preiswerte Stunden an Sportprogrammen durch die Übertragungsrechte an den Heimspielen der Mannschaft garantiert (o.V. 1992_{19}, Erne 1993).
- Die Übertragungsrechte an den Spielen können weiter vermarktet werden.

In Deutschland sind erste Anfänge gemacht. Zwar können sich die Medienkonzerne aufgrund der bisherigen Rechtsform an den Vereinen noch nicht beteiligen, doch stehen sie sozusagen schon in den Startlöchern:

- Die Ufa, ein Tochterunternehmen des Medienunternehmens Bertelsmann hat mit dem FC Bayern München einen entsprechenden Sponsorvertrag abgeschlossen. Bayern München tritt künftig in Deutschland nur noch bei Fußball-Hallenturnieren an, bei denen die Ufa bzw. ihre Tochterfirmen RTL oder Premiere die Senderechte besitzen.[56] Die Ufa übernimmt außerdem die Vermarktung sämtlicher Heimspiele des FC Bayern München im Münchener Olympiastadion (Erne 1993).
- SAT. 1 sammelt Erfahrungen als Trikotsponsor von Mainz 05.

9.5.2 Sportartikelunternehmen

Der Versuch der amerikanischen Professional Leagues und des Weltfußballverbandes mit ihren Sportarten international neue Märkte zu erobern, eröffnet den Sportartikelherstellern neue interessante Absatzräume. Im Aufbau und der totalen Vermarktung internationaler Stars erhoffen sich die Sportartikelausrüster noch erhebliche Marktpotentiale.
Sportartikelfirmen kreieren eigene Kollektionen für die Sportstars, und versuchen werbemäßig eine enge emotionale Bindung zwischen dem Star und den (potentiellen) Konsumenten aufzubauen.[57]
Das Geschäft mit der Illusion, so wie der Superstar zu sein, wird von der Sportartikelindustrie und den Sportunternehmen genutzt, um entsprechende Accessoires, Schuhe, Strümpfe, Shirts und Mützen der Stars zu verkaufen.[58]

---

[56]Als Gegenleistung finanziert die Ufa u.a. einen Teil der Gage von Lothar Matthäus von Bayern München.

[57]Beispiele sind im Foodbereich die Limonade im Shaq-Pack oder im Bereich der Unterhaltungsindustrie die Rap-CD (o.V. 1993_5).

[58]Die Sportartikelfirma Nike hat dies perfekt in ihren Kampagnen "To be like Mike" und dem entsprechenden Ausrüstungsangebot umgesetzt. Eine vergleichbare Strategie versucht(e) Puma mit der "Torminator Werbung" um Lothar Matthäus (Hecker 1993_2).

10. Schlußbetrachtung

Für die weitere Entwicklung des Sportsponsoring in Deutschland zeichnen sich trotz der vielfältigen, systemimmanenten Probleme erfolgversprechende Perspektiven ab.
Es ist nicht Aufgabe einer wissenschaftlichen Arbeit, Spekulationen über die Höhe der Steigerungsraten oder die Verteilung der Sponsoringaufwendungen anzustellen. Das ist Sache der Marktforscher. Stattdessen sollte mit Hilfe eines theoretischen Ansatzes die Funktionsweise des Sportsponsoring dargestellt und analysiert werden, um daraus Perspektiven für die künftige Entwicklung des Sportsponsoring abzuleiten.

Das Sportsponsoring ist mittlerweile mehr als nur ein Kommunikationsinstrument für die Wirtschaftsunternehmen. Es ist zum entscheidenden Finanzierungsinstrument für den Sport geworden. Der Sport wiederum entwickelt sich im Zuge seiner fortschreitenden Kommerzialisierung und Professionalisierung zum Investitionsobjekt für sportfremde Kapitalgeber. Die Sportunternehmen laufen damit Gefahr, insbesondere durch den zu erwartenden Einstieg von kapitalkräftigen Investoren bei der Wandlung der in Kapitalgesellschaften, unter den Einfluß bzw. in die Abhängigkeit sportfremder Interessen und Ziele zu geraten.

Der Sportsponsoringmarkt weist aufgrund der vielfältigen Interaktionen zwischen den am Sportsponsoring Beteiligten zahlreiche Parallelen zu Investitionsgütermärkten auf. Erst ein Interaktionsansatz ermöglicht deshalb die Erfassung sämtlicher Beziehungen und ihrer Auswirkungen. Dabei hat sich gezeigt, daß die Zuschauer die entscheidende Determinante im Sportsponsoring sind. Das Zuschauerinteresse determiniert die Affinität zwischen Sport, Wirtschaft und Medien.

Die Probleme der Werbewirkung in unserer heutigen Informationsgesellschaft lassen den Kommunikationsprozeß im Sportsponsoring, ursprünglich als der eigentliche Schwachpunkt betrachtet, zur attraktiven Alternative bei der Umgehung der Werbeantipathie der Konsumenten werden. Der Zuschauer kann sich der Sponsoringbotschaft nicht bewußt, ohne Vernachlässigung seines sportlichen Informationsbedürfnisses, entziehen. Auch das Problem der Informationsübermittlung im Sportsponsoring relativiert sich angesichts der technisch immer ähnlicher werdenden Produkte und der damit einhergehenden Konzentration der werbetreibenden Wirtschaft auf den Aufbau eines emotionalen Zusatznutzens für ihre Produkte.

Der Sportsponsoringmarkt ist hinsichtlich seiner Markt- und Wirkungsmechanismen für die Beteiligten transparenter, aufgrund des vielfältigen Angebots an Sponsoringmöglichkeiten jedoch eher unübersichtlicher geworden.

Diejenigen Sportarten bzw. Sportunternehmen werden auch weiterhin von einem verstärkten Sponsoreninteresse profitieren, die den Sponsoren ein klares, eigenständiges Image, eine möglichst exakte Zielgruppenansprache und die Übernahme gesellschaftlicher Verantwortung bieten. Damit können sich auch mediale Randsportarten ein interessantes Sponsoringpotential erschließen.

Überhaupt wird in unserer von gesellschaftlichen und ökologischen Problemen belasteten Gesellschaft die Übernahme von gesellschaftlicher Verantwortung immer mehr auch von den Sponsoren erwartet und verlangt. Gerade der Sport als mit Abstand größter Verband kann sich derartigen gesellschaftlichen Entwicklungen nicht mehr verschließen. Andernfalls läuft er Gefahr, seine Glaubwürdigkeit bei Zuschauern und Sponsoren zu verlieren.

Der Sport ist nicht erst durch das Geld der Wirtschaft bzw. Medien zur Zweiklassengesellschaft geworden. Durch das Sportsponsoring sind sicherlich Mißstände offen zutage getreten. Diese waren und sind allerdings wie gezeigt meist sportimmanenter Natur und in der Vergangenheit entweder erfolgreich geleugnet worden oder weitgehend unentdeckt geblieben.
Es ist ein Trugschluß zu glauben, daß die so häufig beschworene Solidarität im Sport hauptsächlich durch die fortschreitende Kommerzialisierung zerstört wird. Im angeblich so solidarischen deutschen Verbands- und Vereinswesen gab es schon immer eine Unterscheidung zwischen arm und reich, was sich schon am Grundbesitz oder auch an den Mitgliedereinnahmen eines Vereins /Verbandes widerspiegelt.

Der Sport wird durch die beschleunigte Kommerzialisierung und Professionalisierung zu einem Medienereignis, bei dem der eigentliche sportliche Wettkampf immer mehr in den Hintergrund der Berichterstattung tritt. Die ursprünglichen Werte des Sports gehen verloren, wenn der Sport zum reinen Geschäft denaturiert. Es geht dann am Sport verloren, was nicht in Geld auszudrücken ist. Die Sportunternehmen produzieren dann unter dem Postulat der Gewinnmaximierung eine Leistung, die an den Bedürfnissen der Nachfrager ausgerichtet ist.
Die Sportunternehmen entwickeln sich als Folge dieser Kommerzialisierung zu Dienstleistungsunternehmen, der Hochleistungssport, sofern er es noch nicht ist, immer mehr zum Showsport. Der Hochleistungssport wird dann, wie in Amerika bereits geschehen, zum festen Bestandteil der Unterhaltungsindustrie.

Der Verlust der sportimmanenten Werte zugunsten sog. Show- und Unterhaltungswerte muß für die Entwicklung des Sportsponsoring keine unmittelbaren negativen Auswirkungen haben. Solange das Interesse der Zuschauer am Sport unvermindert anhält, werden Wirtschaft und Medien diesen für eigene wirtschaftliche und kommunikative Zwecke zu nutzen versuchen.

Der Sport darf bei seinen Adaptionsprozessen an die medienpolitischen Anforderungen und Vorgaben unter keinen Umständen das aufgeben, was ihn für Zuschauer, Sponsoren und Medien gleichermaßen interessant macht - die Spannung, die Atmosphäre und die Ungewißheit des sportlichen Ausgangs.

Die Entwicklung der Sportsponsoringaufwendungen wird zwischen den verschieden Sportarten, -veranstaltungen und -unternehmen in Zukunft sicherlich erheblich differieren. Auswahlkriterien für ein Sportsponsoringengagement werden immer mehr

- der Umfang der kommunikativen Wirkung,
- die Möglichkeit einer exakten Zielgruppenansprache,
- die Übernahme gesellschaftlicher Verantwortung,
- ein unternehmens-/produktkonformes Image sein.

Es kommt zu einer Globalisierung von ehemals nationalen Sportarten, die insbesondere für multinationale Unternehmen interessant werden.

Die derzeitige Tendenz geht eindeutig zum Sponsoring von internationalen Großveranstaltungen bzw. -unternehmen, zu Trendsportarten und zu Breitensportveranstaltungen hin. Hier wird künftig die Frage nach einem ausgewogenen Sponsoring-Portefeuille und die Nutzung der vielfältigen kommunikativen Möglichkeiten des Sportsponsoring von entscheidender Bedeutung für die Sponsoren sein.

Der weitere Erfolg des Sportsponsoring hängt natürlich trotz der positiven Rahmenbedingungen entscheidend von der Zusammenarbeit der Beteiligten ab. Anstelle einer kurzfristigen, nur auf Gewinnmaximierung ausgerichteten Sportsponsoringpolitik müssen bei allen Beteiligten langfristige, strategische Konzepte treten. Nur so läßt sich die volle Wirkung des Sportsponsoring erzielen bzw. dieses Kommunikations- und Finanzierungsmedium für alle Beteiligten langfristig zu erhalten. Die Gründung einer gemeinsamen Institution mit Vertretern aller Parteien könnte dieses Ziel verwirklichen helfen.

Betriebswirtschaftliche Erkenntnisse sind aufgrund der vielfältigen Imponderabilien und unterschiedlichen Wirkungsweisen nicht so einfach auf den Sport übertragbar. Interdisziplinäre Ansätze sind im Zuge der weiter fortschreitenden Professionalisierung gefragt, um die wirtschaftswissenschaftlichen Erkenntnisse für die Belange des Sports optimal nutzen zu können. Als solches soll der in dieser Arbeit entwickelte Interaktionsansatz für das Sportsponsoring einen weiteren Schritt zur Entwicklung einer Sportökonomie liefern. Weitere Ansätze müssen im Interesse des Sports und seiner Nachfrager dringend folgen.

Literaturverzeichnis

Allgaier, Henry (1992): Der Fußballplatz als Heimat in einer fremden Welt, in: FAZ, 24.12.1992, S. 26.

Allgaier, Henry (1993): Pyrenäenspiele sind nichts für unsichere "Canyonisten", in: FAZ, 06.05.1993, S. 31.

Allmeroth, Jörg (1992): Tennisasse klagen über Termindiktat des Senders CBS, in: Frankfurter Allgemeine Sonntagszeitung, 13.09.1992, S. 24.

Anders, Georg (Hrsg. 1989): Vereinssport an der Wachstumsgrenze, Witten 1990.

Anders, Hans-Jürgen (1987): Freizeit und Konsumentenverhalten, in: Marktforschung, 3/1987, S. 85.

Arbeitsgemeinschaft der ARD Werbegesellschaft (Hrsg. 1993): Media-Perspektiven, Frankfurt 1993.

Barth, Hans-Ulrich (1988): Die Entwicklung des Sportvereinswesens seit Bestehen der Bundesrepublik Deutschland, Bochum 1988.

Beamish, Rob B. (1991): The Impact of Corporate Ownership on Labor-Management Relations in Hockey, in: Staudohar, Paul D., Mangan James A. (1991): The Business of Professional Sports, S. 202-221, Illinois 1991.

Becker, Peter (Hrsg. 1982): Sport und Sozialisation, Hamburg 1982.

Bellmann, Achim (1990): Sport-Marketing, Essen 1990.

Benner, Gerd (1992): Risk Management im professionellen Sport: auf der Grundlage von Ansätzen einer Sportbetriebslehre, Köln 1992.

Bettermann, Stella (1993): Fit als Lebenssinn, in: Focus, 22/1993, S. 114-118.

Bilgmann, Günter (1992): Beispiel Deutsche Bundespost Telekom, in: Strahlendorf, Peter (Hrsg.): Jahrbuch Sponsoring `92, S. 89-96, Düsseldorf 1993.

Bocklitz, Peter (1992): Vom Mäzenatentum zum Sponsoring, in: Strahlendorf, Peter (Hrsg.): Jahrbuch Sponsoring `91, S. 148-156, Düsseldorf 1992.

Böhme-Köst, Peter (1992): Die Kinder der 68er sind die Einsteiger `92, in: Marketing Journal, 1/1989, S. 22-26.

Bohus, Julius (1986): Sportgeschichte, München 1986.

Brinkmann, Theodor (1991): Die demographische Entwicklung in Deutschland und ihre Konsequenzen für die Versicherungswirtschaft, Karlsruhe 1991.

Brokhoff, Klaus, Dobberstein, Nikolai (1990): Zapping, in: Marketing ZFP, 1/1990, S. 27-36.

Brokhoff, Klaus, Krawinkel, Henriette (1992): Von der Idee zum Konzept. Sponsoring von Museen, in: absatzwirtschaft, Sondernummer Oktober 1992, S. 220-226.

Bruhn, Manfred (1989): Handbuch des Marketing, München 1989.

Bruhn, Manfred (1991): Sponsoring: Unternehmen als Mäzene und Sponsoren, Wiesbaden 1991.

Bruhn, Manfred (1992): Integrierte Unternehmenskommunikation, Stuttgart 1992.

Bruhn, Manfred (Hrsg. 1988): Sport-Sponsoring: Strategische Verklammerung in der Unternehmenskommunikation, Bonn 1988.

Bruhn, Manfred, Dahlhoff, Dieter (1990): Sponsoring für Umwelt und Gesellschaft: neue Instrumente der Unternehmenskommunikation, Bonn 1990.

Bruhn, Manfred, Mehlinger, Rudolf (1992): Rechtliche Gestaltung des Sponsoring, Bd.1, München 1992.

Bruhn, Manfred, Mussler, Dieter (1991): Sponsoringfibel, Wiesbaden 1991.

Brüser, Elke (1993): Wenn Büroarbeit ins Kreuz schießt, in: Süddeutsche Zeitung, 22.04.1993, S. 23.

Busch, Andreas, Hägele, Martin (1992): Milliarden Business Sport, in: Forbes, 6/1992, S. 53-67.

Cachay, Klaus (1988): Sport und Gesellschaft, Schorndorf 1988.

Chalip, Laurence (1992): The Construction and Use of Polysemic Structures: Olympic Lessons for Sport Marketing, in: Journal of Sport Management, 6/1992, S. 87-98.

Chandler, Joan M. (1991): Sport as TV Product: A Case Study of "Monday Football Night", in: Staudohar, Paul D., Mangan James A.: The Business of Professional Sports, S. 48-60, Illinois 1991.

Dahlhoff, Dieter (1992): Sport-Sponsoring, in: Strahlendorf, Peter (Hrsg.): Jahrbuch Sponsoring `91, S. 117-131, Düsseldorf 1992.

Deiss, Jutta (1993): Gesundheitssport hilft den Leistungssport sanieren, in: FAZ, 01.07.1993, S. 28.

Deutscher Fußballbund (Hrsg. 1992): Lizenzspielerstatut, Frankfurt 1992.

Deutscher Fußballbund (Hrsg. 1993): Rundschreiben Nr. 1 zum Lizenzierungsverfahren 1993/94, Frankfurt 1993.

Deutscher Sportbund (Hrsg. 1991): Umweltregeln im Sport, Frankfurt 1991.

Deutscher Sportbund (Hrsg. 1992_1): Sport in der Bundesrepublik Deutschland, Frankfurt 1992.

Deutscher Sportbund (Hrsg. 1992_2): Sport mit Aussiedlern, Frankfurt 1992.

Digel, Helmut (Hrsg. 1988): Sport im Verein und Verband, Schorndorf 1988.

Digel, Helmut (Hrsg. 1991): Wettkampfsport - Wege zu einer besseren Praxis, Aachen 1991.

Diller, Hermann (Hrsg. (1992): Vahlens Großes Marketing Lexikon, München 1992.

Disch, Wolfgang K.A. (1986): Sport-Werbung. Die "Andere" im Kommunikations-Mix, in: Marketing-Journal, 3/1986, S. 268-270.

Drees, Norbert (1991): Sportsponsoring, Wiesbaden 1991.

Dreyer, Axel (1986): Werbung im und mit dem Sport, Göttingen 1986.

Dreyer, Axel (1987): Aktionen und Athleten, in: absatzwirtschaft, Sonderheft Okto-ber 1987, S. 196-208.

Dumrath, Carla (1993): Social Sponsoring als gesellschaftliche Verantwortung, in: Strahlendorf, Peter (Hrsg.): Jahrbuch Sponsoring `92, S. 31-36, Düsseldorf 1993.

Eichler, Christian (1993): Ein Erfolgsnovum, aber auch ein Zeichen der Abnutzung, in: FAZ, 23.11.1993, S. 32.

Erdtmann, Stefan L. (1989): Sponsoring und emotionale Erlebniswerte, Wiesbaden 1989.

Erne, Matthias (1993): Eishockey in Anaheim - Disneyland in der Profiliga, in: FAZ, 08.12.1993, S. 31.

Faulstich, Werner (1992): Grundwissen Öffentlichkeitsarbeit, München 1992.

Fischer, Harald (1986): Sport und Geschäft - Professionalisierung im Sport, Berlin 1986.

Fohrbeck, Karla (1990): Kulturfinanzierung, Bonn 1990.

Franke, Rainer (1991): Teurer als die Beene von Marlene, in: kicker Sportmagazin, 46/1991, S. 13.

Freyer, Walter (1988): Strategisches Marketing im Sport, Berlin 1988.

Freyer, Walter (1990): Handbuch des Sportmarketing, Wiesbaden 1990.

Friese, Ulrich (1988): Ein langfristiges Konzept ist gefragt, in: Handelsblatt, 30.03.1988, S. 21.

Gellner, Winand (Hrsg. 1989): Europäisches Fernsehen - American - Blend?, Berlin 1989.

Gerhardt, Rudolf (1993): Ein Drahtseilakt für die Reklametexter, in: FAZ, 17.05.1993, S. 11.

Gerken, Gerd (1990): Abschied vom Marketing: Interfusion statt Marketing, Düsseldorf 1990.

Ghazizadeh, U.R. (1987): Werbewirkungen durch emotionale Konditionierung, Frankfurt/Main 1987.

Gieseler, Karlheinz (1992): Der Sport ist ein Kind der Mediengesellschaften aller Länder, in: FAZ, 17.07.1992, S. 27.

Gietz, Axel (1992): Sponsorship ist planbar, in: Strahlendorf, Peter: Jahrbuch des Sponsoring `91, S. 56, Düsseldorf 1992.

Glabus, Wolfgang (1992): Sponsoren und Fußballer kämpfen um die Gunst des Publikums, in: FAZ, 06.06.1992, S. 11.

Goslich, Lorenz (1993): Der Ball bleibt trozdem rund, in: FAZ, 04.03.1993, S. R14.

Grix, Stephanie (1988): So denken die Deutschen über Profitennis!, in: tennis-magazin, 6/1988, S. 13-19.

Grosjean, René Klaus (1992): Handbuch Geldbeschaffung, München 1992.

Gross, Michael (1992): Sport-Sponsoring-Praxis - nicht jedes Gold glänzt, in: Strahlendorf, Peter (Hrsg.): Jahrbuch Sponsoring `91, S. 96-102, Düsseldorf 1992.

Gross, Michael (1993): Indoor Surfing, in: FAZ-Magazin, 27.03.1993, S. 44-51.

Haase, Henning (1991): Sport und Kommerz, in: Leistungssport, 1/91, S. 5-8.

Haase, Henning (1993): Professionalisierung im Sport, in: Strähl, Ernst, Georg, Anders (Hrsg.): Spitzensportler - Helden und Opfer, Bericht zum 31. Magglinger Symposium v. 28.-30. Mai 1992, S. 220-234, Magglingen 1993.

Hackforth, Josef (Hrsg.) (1987): Sportmedien und Mediensport, Berlin 1987.

Hackforth, Josef (1990): Zwischen Bandenwerbung und Bandenwirkung, in; Roth, Peter: Sportsponsoring: Grundlagen, Strategien, Fallbeispiele, S. 101-111, Landsberg 1990.

Haffner, Steffen (1992): Kein Geld von der Sporthilfe für Stars wie Heike Henkel, in: FAZ, 02.10.1992, S. 23.

Hahn, Jörg (1992): Olympisches Fernsehmotto: Live dabei sein ist alles, in: FAZ, 03.07.1992, S. 32.

Hanrieder, Manfred (1990): Die Planungssystematik des Sportsponsoring, in: Roth, Peter (Hrsg.): Sportsponsoring, S. 157-183, Landsberg 1991.

Hecht, Jens-Peter (1993): Modell für erfolgreiche Sportförderung, in: Strahlendorf, Peter (Hrsg.): Jahrbuch Sponsoring `92, S. 77-80, Düsseldorf 1993.

Hecker, Anno (1993_1): Spitzensport heute (4): Deutsche Dopingkontrollen werden weder verlacht noch bewundert, in: FAZ, 06.01.1993, S. 18.

Hecker, Anno (1993_2): Schuhe stinken, Geld nicht, in: Frankfurter Allgemeine Sonntagszeitung, 31.10.1993, S. 21.

Heiduk, Günter (1987): Marketing für Sportvereine, in: Heinemann, Klaus: Betriebswirtschaftliche Grundlagen des Sportvereins, S. 204-235, Schorndorf 1987.

Heinemann, Klaus (1987): Betriebswirtschaftliche Grundlagen des Sportvereins, Schorndorf 1987.

Heinemann, Klaus (1988): Zum Problem ehrenamtlicher und hauptamtlicher Mitarbeiter im Verein, in: Digel, Helmut (Hrsg.): Sport im Verein und Verband, S. 123-137, Schorndorf 1988.

Heinemann, Klaus, Horch, Hans-Dieter (1988): Strukturbesonderheiten des Sportvereins, in: Digel, Helmut (Hrsg): Sport im Verein und Verband, S. 109-122, Schorndorf 1988.

Heinemann, Klaus, Schubert, Manfred (1992): Ehrenamtlichkeit und Hauptamtlichkeit in Sportvereinen, Schorndorf 1992.

Henkel, Doris (1993): Die Snowboard-Jünger haben es schon weit gebracht, in: FAZ, 09.01.1993, S. 23.

Henkel, Hans-Olaf (1992): Umwelt-Sponsoring, in: Strahlendorf, Peter (Hrsg.): Jahrbuch Sponsoring `91, S. 111-116, Düsseldorf 1992.

Hennecke, Thomas, Wild, Karlheinz (1993): Das große Geschäft mit dem Schlußpfiff, in: kicker Sportmagazin, 7/1993, S. 14-15.

Henze, Heiner (1991): Kommerzialisierung des Leistungssports - Eine Chance für wen?, in: Digel, Helmut (Hrsg.): Wettkampfsport - Wege zu einer besseren Praxis, S. 97-112, Aachen 1991.

Hermanns, Arnold (1985): Sport und Werbung - Wahrnehmung von Werbebotschaften auf Rennfahrzeugen, München 1985.

Hermanns, Arnold (1986): Sport und Werbung - Präsenz und Erinnerungswirkung ausgewählter Werbeträger an Rennstrecken, München 1986.

Hermanns, Arnold (1987): Werbewirkung und Werbewirkungskontrollen im Sportssponsoring, in: Planung und Analyse, 7-8/1987, S. 288-293.

Hermanns, Arnold (1989): Sport- und Kultursponsoring, München 1989.

Hermanns, Arnold, Drees, Norbert (1986): Sportwerbung, in: Wirtschaftswissenschaftliches Studium, 12/1986, S. 639-641.

Hermanns, Arnold, Drees, Nobert (1989): Sportsponsoring-Märkte: Grundlagen und Thesen zur Situation des Gesponserten, in: Hermanns, Arnold: Sport- und Kultursponsoring, S. 88-99, München 1989.

Hermanns, Arnold, Drees, Norbert (1990): Wirkungsaspekte bei der Nutzung offizieller Prädikate im Sportsponsoring, in: Roth, Peter: Sportsponsoring: Grundlagen, Strategien, Fallbeispiele, S. 113-120, Landsberg 1990.

Heß, Peter (1993): Eine "echte" Eishockey-Weltmeisterschaft kostet viel Geld, in: Frankfurter Allgemeine Sonntagszeitung, 25.04.1993, S. 22.

Horak, Roman, Penz, Otto (Hrsg. 1992): Sport - Kult & Kommerz, Wien 1992.

Horeni, Michael (1992): "Friedlich miteinander" gegen Ausländerfeindlichkeit, in: FAZ, 11.12.1992, S. 32.

Hornauer, Urs (Hrsg. 1990): Sport & Wort, Hannover 1990.

Hortleder, Gerd (1978): Sport in der nachindustriellen Gesellschaft, Frankfurt 1978.

ISL (Hrsg. 1986): TPO - The Consumer View: An International Research Survey into Sponsorship of the Olympic Games, Luzern 1986.

Jacobi, Christoph (1987): Das Sport-Engagement der Coca-Cola Organisation, Referat im Rahmen eines Seminars an der European Business School, Reichartshausen 1987.

Jetter, Karl (1992): Die Olympischen Spiele sind ein rentables Weltspektakel, in: FAZ, 21.02.1992, S. 17.

Jugel, Stefan (1991): Ansatzpunkte einer Marketing-Konzeption, München 1991.

Julitz, Lothar (1993): Ohne Zuwanderung schrumpft die Bevölkerung in Deutschland, in: FAZ, 08.04.1993, S. 16.

Kaiser, Harald (1992_1): Ohne Garantie, in: Wirtschaftswoche, 32/1992, S. 83-86.

Kaiser, Harald (1992_2): Zwischen Frust und stolzer Brust, in: kicker Sportmagazin, 17/1992, S. 12-13.

Kalweit, Udo (1988): Product Placement, in: Marketing ZFP, 2/1988, S. 111-115.

Kazda, Leonhard (1993_1): Galaxy-Manager Luck glaubt an die Rückkehr, in: FAZ, 20.01.1993, S. 43.

Kazda, Leonhard (1993_2): Sportklettern - eine aufstrebende Disziplin versetzt den Berg in die Halle, in: FAZ, 01.04.1993, S. 55.

Kern, Egbert (1990): Der Interaktionsansatz im Investitionsgütermarketing, Berlin 1990.

Kern, Horst, Salcher Ernst F. (1990): Empirische Marktuntersuchung zum Sportsponsoring, in: Roth, Peter: Sportsponsoring: Grundlagen, Strategien, Fallbeispiele, S. 185-205, Landsberg 1990.

Kirsch, Werner, Lutschewitz, Hartmut, Kutschker, Michael (1977): Ansätze und Entwicklungstendenzen im Investitionsgütermarketing, München 1977.

Klein, Thomas (1992): Dritte Macht ohne Feindbilder und Streik, in: FAZ, 22.09.1992, S.32.

Kleinert, Michael (1991): Die Förderung der Olympia-Stützpunkte - Daimler Benz als Partner des Sports, in: Digel, Helmut: Wettkampfsport - Wege zu einer besseren Praxis, S. 113-116, Aachen 1991.

Koppelmann, Udo (1989): Produktmarketing, Stuttgart 1989.

Kotler, Philip (1992): Marketing-Management, Stuttgart 1992.

Kreikebaum, Hartmut (1991): Strategische Unternehmensplanung, Stuttgart 1991.

Kreutzer, Ralf (1989): Global Marketing - Konzeption eines länderübergreifenden Marketing, Wiesbaden 1989.

Kreutzer, Ralf, Jugel, Stefan, Wiedmann, Klaus-Peter (1986): Unternehmensphilosophie und Corporate Identity, Mannheim 1986.

Kroeber-Riel, Werner (1991): Strategie und Technik der Werbung, Stuttgart 1991.

Kroeber-Riel, Werner (1992): Konsumentenverhalten, München 1992.

Kroeber-Riel, Werner (1993): Zukunftsperspektiven der Werbung, in: absatzwirtschaft, 4/1993, S. 46-52.

Kutschker, Michael, Kirsch, Werner, (1978): Das Marketing von Investitions-gütern, Wiesbaden 1978.

Lemke, Willi (1993): Werder Bremen: Durch Sponsoring zum sportlichen Erfolg, in: Strahlendorf, Peter (Hrsg.): Jahrbuch Sponsoring `92, S. 73-76, Düsseldorf 1993.

Löhmer, Manfred (1993): Discountwelle überrollt Europa, in: absatzwirtschaft, 5/1993, S. 50-61.

Luh, Andreas, Beckers, Edgar (Hrsg. 1991): Umbruch und Kontinuität im Sport - Reflexionen im Umfeld der Sportgeschichte, Bochum 1991.

Maennig, Wolfgang (1992): Die Kalkulation der fünf Ringe, in: FAZ, 06.06.1992, S. 13.

Maguire, Joseph (1992): Medien, amerikanischer Sport, europäische Gesellschaften, in: Horak, Roman, Penz, Otto (Hrsg.): Sport - Kult & Kommerz, S. 73-90, Wien 1992.

Markovits, Andrei S. (1993): Sozialismus und Fußball sind in den USA chancenlos, in: Frankfurter Rundschau, 03.07.1993, S. 14.

Marx, Uwe (1992): Aufschlag für alle, in: kicker Sportmagazin, 23.11.1992, S. 84-85.

Mauerer, Stefan (1992): So finden Sie den richtigen Sponsor, München 1992.

McNeill, Margaret: Made in Canada, in: Horak, Roman, Penz, Otto (Hrsg.): Sport - Kult & Kommerz, S. 37-58, Wien 1992.

Meffert, H.; Wagner, H., Backhaus, K. (1991): Marketing in der Freizeit- und Dienstleistungsgesellschaft, Dokumentation des 20. Münsteraner Führungsgesprächs, Münster 1991.

Meffert, Heribert, Wagner, H. (1990): Sponsoring - Dokumentation des Workshops vom 16. Nov. 1989, Münster 1990.

Meier, Werner A. (1990): Sport und Fernsehen: Zwischen einseitiger und gegenseitiger Abhängigkeit, in: Hornauer, Urs (Hrsg.): Sport & Wort, S. 191-202, Hannover 1990.

Meinberg, Eckhard (1991): Die Moral im Sport, Aachen 1991.

Merbold, Claus (1989): Sportsponsoring aus der Sicht eines Investitionsgüterherstellers, in: Roth, Peter: Sportsponsoring: Grundlagen, Strategien, Fallbeispiele, S. 122-149, Landsberg 1990.

Mohrmann, Günter (1990): Europäischer Binnenmarkt 1992, Hamburg 1990.

Müller, Werner-J., Kalb, R. (1993): Sturmlauf in die roten Zahlen, in: Focus, 30/1993, S. 104-105.

Mussler, Dieter (1991): Voraussetzungen für ein erfolgreiches Sponsoring, in: Industriemagazin, 9/1991, S. 42-50.

Mussler, Dieter (1992): Sponsoring in den 90er Jahren, in; Strahlendorf, Peter (Hrsg.): Jahrbuch Sponsoring `91, S. 7-19, Düsseldorf 1992.

Netzle, Stephan (1988): Sponsoring von Sportverbänden, Zürich 1988.

Nieschlag, Robert, Dichtl, Erwin, Hörschgen, Hans (1991): Marketing, Berlin 1991.

Norden, Gilbert, Schulz, Wolfgang (1988): Sport in der modernen Gesellschaft, Linz 1988.

Opaschowski, Horst W. (1991): Freizeitstile der Deutschen in Ost und West, Hamburg 1991.

Opaschowski, Horst W. (1989): Sport in der Freizeit, Hamburg 1989.

Ortner, Helmut (1987): Das Geschäft mit dem Sport, Rastatt 1987.

o.V. (1984): Marketing im Pool, in: absatzwirtschaft, 12/1984, S. 30-34.

o.V. (1987_1): Mit der Marke im Rennen, in: absatzwirtschaft, 3/1987, S. 48-55.

o.V. (1987_2): Markforschung für Sport, in: Markenartikel, 5/1987, S. 198.

o.V. (1988_1): In den Motorsport gehen die meisten Millionen, in: medien, 3/1988, S. 93.

o.V. (1988_2): Albingia ist Versicherer der Fußball-Europameisterschaft, in: FAZ, 10.06.1988, S. 19.

o.V. (1990): Product Placement, in: manager magazin, 5/1990, S. 247-255.

o.V. (1991): TV-Gelder bis 1994, in: Sport-Bild, 28.08.1991, S. 44.

o.V. (1992_1): Im Nest der Staatsförderung, in: Der Spiegel, 18/1992, S. 287-298.

o.V. (1992_2): Sport und Wirtschaft - zwei, die sich heutzutage mehr denn je brauchen, in: Berliner Morgenpost, 19./20.04.1992, S. 25.

o.V. (1992_3): Bundesliga zwischen Bonität und Liquidität, in: FAZ, 25.04.1992, S. 24.

o.V. (1992_4): Bisher nur geringe Umsätze mit dem Programm-Sponsoring, in: FAZ, 13.11.1992, S.16.

o.V. (1992_5): Es muß immer um etwas gehen, in: Der Spiegel, 27/1992, S. 236.

o.V. (1992_6): Keine weiteren Schritte gegen Sponsoring, in: FAZ, 27.06.1992, S.12.

o.V. (1992_7): Aus der Olympia-Faszination sollen Verkaufserfolge werden, in: FAZ, 06.08.1992, S. 13.

o.V. (1992_8): Goldene Olympia-Bilanzen für die Veranstalter der Spiele, in: FAZ, 11.08.1992, S. 11.

o.V. (1992_9): Goldene Nasen, in: Der Spiegel, 49/1992, S. 238-240.

o.V. (1992_{10}): Makellos rein, in: Der Spiegel, 33/1992, S. 205.

o.V. (1992_{11}): Das ganze System kippt, in: Der Spiegel, 33/1992, S. 196-199.

o.V. (1992$_{12}$): Der Wettbewerb verschiebt das Preisgefüge in der Fernsehwerbung, in: FAZ, 15.08.1992, S. 10.

o.V. (1992$_{13}$): Wehe, wenn der Lothar kommt, in: Der Spiegel, 38/1992, S. 278-281.

o.V. (1992$_{14}$): Start in den Binnenmarkt (7) - Den Europäer in der Werbung gibt es nicht, in: FAZ, 05.11.1992, S. 12.

o.V. (1992$_{15}$): Sponsoring oder klassische Spotwerbung, in: TV Business, 11-12/1992, S. 30-31.

o.V. (1992$_{16}$): Countdown im "Juwel des Sonnengürtels", in: Frankfurter Allgemeine Sonntagszeitung, 22.11.1992, S. 8.

o.V. (1992$_{17}$): Windei, in: FAZ, 30.12.1992, S. 19.

o.V. (1992$_{18}$): "Ohne internationales Geschäft können wir nur zwei Jahre überstehen, in: FAZ, 12.12.1992, S. 18.

o.V. (1992$_{19}$): Donald Puck, in: Der Spiegel, 52/1992, S. 171-174.

o.V. (1992$_{20}$): Fernsehbühne frei für den "kleinen Sport", in: FAZ, 02.12.1992, S. 32.

o.V. (1992$_{21}$): Die Olympischen Spiele bilden ein Sonderrisiko, in: FAZ, 06.08.1992, S. 13.

o.V. (1993$_{1}$): "Alle Scharmützel im Kasten", in: Der Spiegel, 8/1993, S. 185-192.

o.V. (1993$_{2}$): "Freizeitmekka " am Main, in: FAZ, 20.04.1993, S. 41.

o.V. (1993$_{3}$): Warenhauskette Macy`s kündigt Aufbau eines TV-Kaufhauses an, in: FAZ, 07.06.1993, S. 18.

o.V. (1993$_{4}$): 13 Ausrüster auf einem bunten Markt: Die Fußball-Bundesliga trägt neue Kleider, in: FAZ, 12.08.1993, S. 21.

o.V. (1993$_{5}$): Vom Kind zum Konzern, in: Der Spiegel, 3/1993, S. 154-155.

o.V. (1993$_{6}$): Den Mythos Olympia verkauft, in: Der Spiegel 35/93, S. 166-170.

o.V.(1993$_{7}$): Football in der Halle mit hohem Tempo und viel Akrobatik, in: FAZ, 29.01.1993, S. 69.

o.V. (1993$_{8}$): Die Geldrangliste der Sportler 1993, in: kicker Sportmagazin, 09.12.1993, S. 32.

o.V. (1993$_{9}$): Marketing im Abseits, in: absatzwirtschaft, 9/1993, S. 88-93.

o.V. (1993$_{10}$): Die Entwicklung geht weiter, in: Sportstätten + Schwimmbäder, 1-2/1993, S. 7-8.

o.V. (1993$_{11}$): Mehr Geld denn je für die Trikotwerbung, in: FAZ, 23.07.93, S. 59.

o.V. (1993$_{12}$): Gemischte Bilanz für die Sportwerbung im Olympiajahr, in: FAZ, 16.11.1993, S. 11.

o.V. (1993$_{13}$): Wimbledon und US Open im neuen Programm, in: FAZ, 27.05.1993, S. 31.

o.V. (1993$_{14}$): Im Sportsponsoring kehrt mit der Rezession Bescheidenheit ein, in: FAZ, 15.04.1993, S. 19.

o.V. (1993$_{15}$): Sportsponsoring - viel Erfolg nur mit viel Geld, in: FAZ, 03.05.1993, S. 32.

o.V. (1993$_{16}$): Sporthilfe fördert 1993 mit 32 Millionen Mark, in: FAZ, 23.02.1993, S. 27.

o.V. (1993$_{17}$): Vom Main in Frankfurt an die Park Avenue nach New York, in: FAZ, 04.05.1993, S. 40.

o.V. (1993$_{18}$); Die Werbebranche wächst auch in der Rezession, in: FAZ, 6.12.1993, S. 17.

o.V. (1993$_{19}$): Für Olympia 1996 sind die Werberechte fast vergeben, in: FAZ, 15.11.1993, S. 19.

o.V. (1993$_{20}$): Dem Leichtathletik-Nachwuchs Beine machen, in: FAZ, 12.11.1993, S. 80.

o.V. (1993$_{21}$): Die Mountainbiker radeln in ihre erste Hallensaison, in: kicker Sportmagazin, 09.12.1993, S.32.

o.V. (1994$_{1}$) Studie zeigt: Sport ist wichtiger Wirtschaftsfaktor, in: FAZ, 09.02.1994, S. 27.

o.V. (1994$_{2}$): Votum für neue Liga ein Sieg für das Eishockey, in: FAZ. 17.01.1994, S. 20.

Paefgen, Thomas Christian (1989): Globales und Euro-Marketing, Baden-Baden 1989.

Penders, Peter (1992): Wo Einschaltquoten wichtiger sind als Tennisergebnisse, in: FAZ, 20.11.1992, S. 58.

Pfister, Eckhard (1990): Die Mediaplanung in der Sportwerbung, in: Roth, Peter: Sportwerbung: Grundlagen, Strategien, Fallbeispiele, S. 147-166, Landsberg 1990.

Pöttiner, Peter (1989): Wirtschaftliche und soziale Grundlagen der Professionalisierung im Sport, Wiesbaden 1989.

Quick, James (1992): The Business of Professional Team Sports, New Jersey 1992.

Raithel, Helmut (1990): You can win it all, in: manager magazin, 5/1990, S. 246-255.

Raithel, Helmut (1992): Vorlage ins Risiko, in: manager magazin, 8/1992, S. 54-60.

Reinsch, Michael (1993$_1$): Der Staat schmückt sich auf Kosten der Steuerzahler mit olympischen Medaillen, in: FAZ, 13.01.1993, S. 26.

Reinsch, Michael (1993$_2$): "Wir suchen dort nicht den Dreck unter dem Teppich", in: FAZ, 12.11.1993, S. 31.

Rigauer, Bero (1982): Sportsoziologie: Entwicklung, Methoden, Analysen, Hamburg 1982.

Rigauer, Bero (1992): Sportindustrie, in: Horak, Roman, Penz, Otto (Hrsg.): Sport - Kult & Kommerz, S. 186-201, Wien 1992.

Rittner, Volker (1988): Sport als ökonomisches Interessenobjekt, in: Digel, Helmut (Hrsg.): Sport im Verein und Verband, S. 158-185, Schorndorf 1988.

Rittner, Volker, Mrazek, Joachim (1989): Die Differenzierung des Sports - Zur Notwendigkeit der Differenzierung des Sportsponsoring, in: Hermanns, Arnold: Sport- und Kultursponsoring, S. 78-87, München 1989.

Romer, Karl-Heinz (1988): Strategische Unternehmensplanung in gesättigten Märkten, München 1988.

Röper, Burkhardt (1976): Werbung für Markenartikel, Teil B, in: Blume, O., Müller, G., Röper, B., 1976, S. 157-608.

Ross, Stephen F. (1991): Break Up the Sports League Monopolies, in: Staudohar, Paul D., Mangan James A. (1991): The Business of Professional Sports, S. 152-174, Illinois 1991.

Roth, Peter (1989): Kultursponsoring: Meinungen, Chancen und Probleme: Konzepte, Beispiele, Landsberg 1989.

Roth, Peter (1990): Sportsponsoring: Grundlagen, Strategien, Fallbeispiele, Landsberg 1990.

Schäfers, Manfred (1993): Cézanne und die Wirtschaftsförderung, in: FAZ, 28.04.1993, S. 20.

Scheffler, Wolfgang (1993): Spitzensport heute (7): Nur die amerikanischen Erfindungen machen in Amerika das "big business", in: FAZ, 16.01.1993, S. 24.

Schmitt, Josef (1993): Der TV Großwallstadt plant den Neuanfang, in: FAZ, 29.12.1993, S. 35.

Schreiber-Rietig, Bianka (1993): Die neue Sportlichkeit hat den alten Sportgeist abgelöst, in: Frankfurter Rundschau, 02.06.1993, S. 18.

Schulke, Hans-Jürgen (1990): Sport - Alltag - Kultur, Aachen 1990.

Schulke, Fietze, Mahltig, Scharf (1992): Gesundheit in Bewegung, Aachen 1992.

Schulte, Hans J. (1993): Cash mit sportlichem Einsatz, in: absatzwirtschaft, 12/1993, S. 26-29.

Schürmann, Paul (1990): Gesellschaftliche Trends und Sponsoring, in: Roth, Peter: Sportsponsoring: Grundlagen, Strategien, Fallbeispiele, S. 239-249, Landsberg 1990.

Siegfried, Michael (1990): Die Fernsehberichterstattung von Sportveranstaltungen, Gießen 1990.

Siegmund-Schultze, Manuel (1992): Die unsichtbare Hand des Marktes, Hamburg 1992.

Sport-Brockhaus (Lexikon 1984): Alles vom Sport von A bis Z, Wiesbaden 1984.

Staudohar, Paul D., Mangan James A. (1991): The Business of Professional Sports, Illinois 1991.

Stehr, Ilona, Fromme, Johannes, Nahrstedt, Wolfgang (Hrsg. 1991): Freizeit bildet - bildet Freizeit?, Bielefeld 1991.

Steiner, Udo (Hrsg. 1990): Sport und Medien, Heidelberg 1990.

Steinmann, Horst, Löhr, Albert (Hrsg. 1991): Unternehmensethik, Stuttgart 1991.

Strahlendorf, Peter (Hrsg. 1992): Jahrbuch Sponsoring `91, Düsseldorf 1992.

Strahlendorf, Peter (Hrsg. 1993): Jahrbuch Sponsoring `92, Düsseldorf 1993.

Strassl, Dirk Henning (1989): Sportsponsoring aus der Sicht eines Konsumgüterherstellers, in: Hermanns, Arnold: Sport- und Kultursponsoring, S. 78-87, München 1989.

Thiel, Erhard (1989): Die Geschichte des Förderns, in: Roth, Peter: Kultursponsoring: Meinungen, Chancen und Probleme: Konzepte, Beispiele, S. 13-18, Landsberg 1989.

Thiel, Erhard (1990): In Schlagzeilen und Zitaten: Werbung mit dem Sport 1966-1988, in: Roth, Peter: Sportsponsoring: Grundlagen, Strategien, Fallbeispiele, S. 7-12, Landsberg 1990.

Thiel, Erhard (1991): Sport und Sportler - Image und Marktwert, Landsberg 1991.

Tietz, Bruno (1990): Marketing rückt ins Zentrum, in: absatzwirtschaft, Sondernummer 10/1990, S. 9-38.

Tolksdorf, Michael (1991): Der Europäische Binnenmarkt, Berlin 1991.

Tostmann, Thomas (1989): Auswirkungen Neuer Medien auf die Werbung, in: Bruhn, Manfred: Handbuch des Marketing, S. 474-491, München 1989.

Traxler, Egon (1993): Ein Nachtclub im einst ruhmreichen Armeesportklub, in: FAZ, 16.02.1993, S. 28.

Troll, Kurt (1983): Wirkungen von Bandenwerbung - Bericht über ein Pilotprojekt, in: Jahrbuch der Absatz- und Verbraucherforschung, 3/1983, S. 201-220.

Trosien, Gerhard (Hrsg. 1991): Die Sportbranche und ihre Geldströme, Witten 1991.

Ussler, Wolf-Rüdiger (1988): Profite mit Profis, in: Wirtschaftswoche, 22/1988, S. 67-83.

Volkamer, Meinhard (1984): Zur Definition des Begriff Sport, in: Sportwissen-schaft, 7/1984, S. 196.

Vorwerk, Klaus (1992): Rechtliche Dimensionen des Sponsoring, in: Strahlendorf, Peter (Hrsg.): Jahrbuch Sponsoring `91, S. 20-27, Düsseldorf 1992.

Wagner, Gert (1990): Entwicklungsmöglichkeiten sportbezogener Dienstleistungen, in: Anders, Georg (Hrsg.): Vereinssport an der Wachstumsgrenze, S. 12-33, Witten 1990.

Walkhoff, Gabriele (1993): Entwicklung und Perspektiven des Sport-Sponsoring in Deutschland, in: Strahlendorf, Peter (Hrsg.): Jahrbuch Sponsoring `92, S. 37-47, Düsseldorf 1993.

Weiß, Otmar (1990): Sport und Gesellschaft, Wien 1990.

Wilken, Thomas (1993): Sport im Urlaub: ökologische, gesundheitliche und soziale Perspektiven, Aachen 1993.

Winkler, Joachim (1990): Das Ehrenamt im Spannungsfeld von Öffentlichkeit und Privatheit, in: Anders, Georg (Hrsg.): Vereinssport an der Wachstumsgrenze, S. 96-116, Witten 1990.

Wirtz, Karl-Ernst (1990): Rechtliche Probleme des Sponsoring, in Roth, Peter: Sportsponsoring: Grundlagen, Strategien, Fallbeispiele, Landsberg 1990, S. 250-257.

Wittmann, Waldemar (1982): Betriebswirtschaftslehre Bd. I + II, Frankfurt 1982.

Wührl-Struller, Klaus (1991): Grundlagen eines strategischen Management-konzeptes für den Bereich des Deutschen Sportbundes (DSB), Würzburg 1991.

Würzberger, Gerd (1992): Sport-Sponsoring-Ergebniskontrolle, in: Strahlendorf, Peter (Hrsg.): Jahrbuch Sponsoring `91, S. 28-36, Düsseldorf 1992.

Young, Kevin (1992): Zuschauergewalt im Spiegel der britischen und nordamerikanischen Presse, in: Horak, Roman, Penz, Otto (Hrsg.): Sport - Kult & Kommerz, S. 91-110, Wien 1992.

Zentes, Joachim (1988): Grundbegriffe des Marketing, Stuttgart 1988.

Zentralverband der deutschen Werbewirtschaft (Hrsg. 1992): Werbung in Deutschland, Bonn 1992.

Zorn, Roland (1992): Immer mehr Geld, immer mehr Schulden, immer mehr Gläubiger, in: FAZ, 25.04.1992, S. 24.

Zorn, Roland (1993): Den Cash-flow in die Mannschaft investieren, in: FAZ, 30.04.1993, S. 13.

SPORTPSYCHOLOGIE

Herausgegeben von Prof. Dr. Henning Haase

Band 1 Andreas Völp: Arbeitsplatz Leistungssport. Sportliche Rahmenbedingungen im Urteil der Athleten. 1990.

Band 2 Jens-Uwe Babin: Perspektiven des Sportsponsoring. 1995.